# ANTENAS DA FLORESTA

*Elvira Lobato*

# Antenas da floresta
## A saga das TVs da Amazônia

Copyright © 2017 by Elvira Lobato

*Grafia atualizada segundo o Acordo Ortográfico da Língua Portuguesa de 1990, que entrou em vigor no Brasil em 2009.*

*Capa e cadernos de fotos*
Mateus Valadares

*Foto de capa*
*Samaumeira na noite*, 1987. Luiz Braga/ Galeria Leme

*Mapas*
Sonia Vaz

*Preparação*
Diogo Henriques

*Revisão*
Angela das Neves
Renata Lopes Del Nero

Dados Internacionais de Catalogação na Publicação (CIP)
(Câmara Brasileira do Livro, SP, Brasil)

---

Lobato, Elvira
    Antenas da floresta : a saga das TVs da Amazônia /
Elvira Lobato. – 1ª ed. – Rio de Janeiro : Objetiva, 2017.

ISBN 978-85-470-0048-6

1. Amazônia – Expedições exploradoras 2. Entrevistas 3. Municípios – Amazonas (AM) 4. Municípios
– Pará (PA) 5. Municípios – Tocantins (TO) 6. Reportagens investigativas 7. Repórteres e reportagens 8.
Televisão I. Título.

| 17-07364 | CDD-070.43 |
|---|---|

---

Índice para catálogo sistemático:
1. Expedições : Amazônia Legal : Televisão :
    Jornalismo investigativo    070.43

[2017]
Todos os direitos desta edição reservados à
EDITORA SCHWARCZ S.A.
Praça Floriano, 19, sala 3001 — Cinelândia
20031-050 — Rio de Janeiro — RJ
Telefone: (21) 3993-7510
www.companhiadasletras.com.br
www.blogdacompanhia.com.br
facebook.com/editoraobjetiva
instagram.com/editora_objetiva
twitter.com/edobjetiva

*Ao amado companheiro, Marcelo*
*Aos filhos Olívia, João e Cecília*
*À enteada, Ana*
*Aos netos João Pedro, Joaquim e Yara*
*A Bruna e Mário*

*Cientificamente, os besouros não deveriam voar porque têm o corpo pesado e as asas muito pequenas. Mas voam. Financeiramente, as pequenas televisões do interior da Amazônia são inviáveis. Elas, no entanto, sobrevivem e se multiplicam. Somos os besouros da radiodifusão.*

Wellington Raulino, apresentador e proprietário da TV Tropical, de Barão de Grajaú, Maranhão

# Sumário

Siga a repórter ........................................................ 11

O diferencial da Amazônia ...................................... 14
Os proprietários ...................................................... 24
Feras soltas ............................................................. 46

### MARANHÃO

Os coronéis do Maranhão ........................................ 67
O repórter e os estupradores ................................... 76
A TV e o êxodo rural ............................................... 87
O Projac de Codó .................................................... 96
O puliça e a pulítica .............................................. 106
Mãe Santa e o poder de Jorge ............................... 115
A bagaceira de Bacabal ......................................... 123
Bonner não faria sucesso em São Mateus .............. 139
O poeta e o foragido de Pedrinhas ....................... 149
Poder e voto na terra do babaçu .......................... 156

## MATO GROSSO

Índios, garimpeiros e sucuris: A TV no Nortão ..................... 171

O dia em que a tigresa ficou nua ............................................. 182

No coração do agronegócio ....................................................... 194

Diamante bruto ........................................................................ 202

A TV do peão de boiadeiro ..................................................... 211

As estrelas de Tangará da Serra ............................................. 218

## TOCANTINS

As retransmissoras do Tocantins ............................................ 233

O uivo do guará ........................................................................ 240

O bicho pega em Araguaína ..................................................... 246

## PARÁ

À meia-noite levarei sua alma ................................................. 265

A costureira das índias Kayapó ............................................... 279

O repórter, a agonia do rio e os conflitos com a Vale ........... 286

Surge um "império" no Reino da Vale ................................... 296

Tchaca tchaca na butchaca ..................................................... 309

## MAIS HISTÓRIAS

A TV do anistiado político ....................................................... 321

O taxista que ganhou duas TVs no Acre ............................... 324

Perdidos na Amazônia .............................................................. 329

Na minha TV mando eu! ......................................................... 335

Uma TV na Cabeça do Cachorro ........................................... 339

Entre os Batalha e os Veloso ................................................... 341

"Maria do Barro", a repórter de Cacoal ................................ 347

Epílogo — Risco de extinção ................................................... 355

Agradecimentos ........................................................................ 357

Créditos das imagens ............................................................... 359

# Siga a repórter

Este livro é resultado de três expedições à Amazônia Legal. As duas primeiras ocorreram em junho e julho de 2015, e foram custeadas pela Fundação Ford, dos Estados Unidos, em parceria com a organização internacional de direitos humanos Artigo 19 e com o Grupo de Pesquisa em Políticas e Economia da Informação e da Comunicação (Peic) da Escola de Comunicação da Universidade Federal do Rio de Janeiro (UFRJ).

Na incursão inicial, percorri cinco municípios do Tocantins e oito do Pará, a bordo de uma picape pilotada por meu irmão Geraldo Francisco de Araújo, e que teve a mulher dele, Ivone Gonçalves, como copiloto. Viajamos cerca de 5 mil quilômetros por terra. A aventura começou em Belo Horizonte com destino final em Belém.

Um mês depois, visitei dez municípios do Maranhão. Daquela vez, além de repórter e fotógrafa, acumulei a função de motorista. Em companhia de minha filha Cecília Beraba e da doutoranda Janaine Aires, da UFRJ, estive em algumas das cidades mais importantes do interior do estado — Codó, Bacabal, Caxias e Santa Inês — e em pequenos povoados.

O relato das duas expedições foi divulgado na internet, em fevereiro de 2016, pela Agência Pública de Jornalismo Investigativo. O trabalho resultou também em um banco de dados com a identificação dos proprietários de 1737 canais de retransmissão de TV da Amazônia Legal, que foi disponibilizado na internet pelo Peic.

Em setembro de 2016, a convite do grupo Companhia das Letras, parti para a terceira expedição a fim de dar um novo mergulho na realidade das televisões daquela região, com vistas à produção do livro. Tive como companheira de viagem a jornalista mineira Dora Guimarães, recém-aposentada do Instituto Nacional de Colonização e Reforma Agrária (Incra). Começamos a aventura por Mato Grosso, onde visitamos Rosário do Oeste, Nobres, Nova Mutum, Diamantino, Barra do Bugres e Tangará da Serra.

Durante minha atuação como repórter, tive oportunidade de conhecer quase todo o território brasileiro. Uma exceção era o interior do Mato Grosso. Assim, parti para a viagem com a ansiedade dos adolescentes, rumo ao desconhecido.

Concluída a etapa mato-grossense, fiz uma nova incursão ao Maranhão para melhor compreender o que eu já havia constatado na expedição anterior. Escolhi estar na região no pico da campanha eleitoral para prefeitos e vereadores. Iniciei a viagem no dia 22 de setembro e percorri sete municípios — São Mateus do Maranhão, Pedreiras, Trizidela do Vale, Lago da Pedra, Viana, Codó e Alto Alegre do Maranhão — na semana que antecedeu o pleito municipal.

As histórias serão apresentadas seguindo as rotas das minhas viagens dentro de cada estado para que o leitor conheça os personagens tal como eu os vi. Meu objetivo é que me acompanhem pelas estradas e se deliciem, como eu, com o encontro com um Brasil ignorado pelos grandes centros urbanos e em rápida transformação econômica e social.

Assim, os relatos estão agrupados por estados. Escolhi os roteiros com maior número de cidades pelo caminho para tornar a expedição mais produtiva, ao menor custo. Seguramente, se eu tomasse outras rotas também me depararia com realidades similares, porque as microtelevisões estão por toda a Amazônia, embora sejam mais frequentes em alguns estados.

Além dos relatos colecionados nas viagens, fiz entrevistas por telefone com personagens que têm boas histórias, mas estavam fora do meu roteiro. Os depoimentos paralelos me ajudaram a entender a complexa realidade da TV da Amazônia Legal.

# O diferencial da Amazônia

Sábado, 4 de julho de 2015. São onze horas da manhã e o ar-
-refrigerado é o único conforto do pequeno estúdio improvisado
em Alto Alegre do Maranhão, município pobre da região dos
Cocais, no leste do estado. No outro lado da parede do estúdio
há um balde para aparar a água que pinga do aparelho e uma placa
que suplica aos visitantes: "Por favor, não mijem aqui".

Estamos na entrada da TV Tapuio (atualmente TV Cidade),
canal 13, que foi inaugurada em 2013 pelo prefeito Maninho de
Alto Alegre, do PTB. Ela retransmite a programação da TV Cidade, afiliada da Record de São Luís, que pertence à família de
outro político: o senador Roberto Rocha, do PSB. No estúdio da
pequena emissora, três jovens estão empenhados em pôr no ar
o programa *Sábado Vip*.

Os jovens citam o prefeito como proprietário com naturalidade,
porque esta é uma prática de longa data no município. O prefeito
anterior, Liorne Branco Almeida Júnior, também teve um canal
de TV na cidade. Essa situação se repete no restante do Maranhão
e, com menor intensidade, nos outros oito estados que compõem
a Amazônia Legal, onde proliferam microemissoras de televisão.

A Tapuio funcionava sem outorga do governo. O canal 13 sequer aparecia no sistema de controle de radiodifusão da Agência Nacional de Telecomunicações (Anatel). Mas nada esfriava o empenho dos funcionários. "Anunciem na TV!", apelava o apresentador Karllos Augusto, de 22 anos, diante da câmera, naquela manhã quente de sábado.

Assim como a TV Tapuio (atualmente TV Cidade), existem centenas de pequenas retransmissoras de televisão na Amazônia Legal que intercalam a programação recebida do satélite com programas produzidos localmente. Para entender por que esse fenômeno acontece na Amazônia é preciso uma explicação inicial sobre a diferença entre geração e retransmissão de TV.

São atividades distintas regidas por legislações diferentes. As geradoras são empresas de televisão com concessão da União para produzir conteúdo de comunicação de massa. Elas podem exibir a programação dentro de sua área de concessão e também fora dela, por meio de emissoras afiliadas e de estações retransmissoras próprias ou de terceiros. As concessões das geradoras são encaminhadas para aprovação do Congresso Nacional pelo presidente da República, via decreto, e depois de aprovadas pela Câmara e pelo Senado são válidas por quinze anos e podem ser renovadas por iguais períodos, indefinidamente.

Só podem ter concessão de TV empresas em nome de brasileiros natos ou naturalizados há mais de dez anos. O capital estrangeiro é permitido até o limite de 30%. O governo deveria, pelo menos em tese, ter informações atualizadas sobre os proprietários das emissoras, porque a legislação determina que toda transação que implique transferência de mais de 50% das cotas de uma concessionária de televisão só pode ser efetivada com a prévia anuência do Executivo, da Câmara e do Senado. Mas, como se verá mais adiante, esse controle é amplamente burlado pelo mercado, através de vendas de concessões por contratos que ficam em sigilo nas gavetas dos donos.

As retransmissoras, como o nome sugere, são estações de repetição das imagens produzidas pelas geradoras. Elas funcionam sob uma regulamentação simplificada. As licenças dos canais de retransmissão são dadas por portaria pelo Ministério da Ciência, Tecnologia, Inovações e Comunicações que absorveu o Ministério das Comunicações no final de maio de 2016, sem passar pelo Congresso Nacional. E são em caráter precário, por tempo indeterminado. Em princípio, o governo pode anular as outorgas de retransmissão, desde que tenha motivo justificado na legislação. Um deles é a interrupção da programação por mais de trinta dias, sem que tenha sido autorizada pelo governo.

Fora da Amazônia Legal, as retransmissoras apenas captam os sinais enviados pelas geradoras via satélite e retransmitem a programação para a população local, sem interferir no conteúdo. São apenas equipamentos ligados a uma antena. Mas, na Amazônia, elas ganham vida. Têm logomarca, estúdio, apresentadores, repórteres e dinheiro entrando no caixa com a venda de anúncios. É praticamente impossível quantificar, com precisão, o tamanho desse mercado, porque emissoras fecham e reabrem segundo as oscilações da economia e o grau de interesse de políticos em mantê-las em funcionamento quando deficitárias.

Dentre os mais de duzentos entrevistados para este livro, só um arriscou fazer uma estimativa do pessoal empregado pelo conjunto das retransmissoras de TV da Amazônia Legal. Raimundo Nonato Vieira, proprietário da TV Nativa, de Imperatriz (segunda maior cidade do Maranhão e opositora histórica da família Sarney), calculou este número em 60 mil pessoas, somando empregados formais e informais. Ele defende que as retransmissoras da Amazônia tenham suas licenças transformadas em concessões de geradoras, seguindo o precedente criado em 1998 pelo ex--presidente Fernando Henrique Cardoso, que autorizou a conversão das retransmissoras de televisão educativa em todo o país em emissoras geradoras. O decreto beneficiou políticos da base do governo, principalmente em Minas Gerais. Na ocasião, treze deputados federais, além de ex-deputados e prefeitos, conseguiram converter suas retransmissoras educativas em geradoras. A maioria deles era ligada ao então ministro das Comunicações, Pimenta da Veiga, que concorreu ao governo de Minas em 2014, pelo PSDB.

Como repórter da *Folha de S.Paulo*, acompanhei por dezenove anos, de 1992 a 2011, as telecomunicações e a radiodifusão no Brasil. Ao me aposentar do jornalismo diário, pensei em fazer uma investigação jornalística sobre a radiodifusão na Amazônia Legal. O que motivou esta aventura foi a certeza de que existia ali uma realidade desconhecida pelos acadêmicos que estudam a mídia, pelos jornalistas que atuam nos grandes veículos de imprensa e até pelas autoridades responsáveis pela radiodifusão, que têm os olhos voltados apenas para as grandes cidades.

A falta de informações sobre a mídia naquela região fica evidente no resultado da pesquisa "Quem é o jornalista brasileiro? Perfil da profissão no país".[*] O estudo, feito com participação espontânea pela internet, conclui que 98% dos jornalistas brasileiros têm diploma universitário e 40% são pós-graduados, quando os do interior da Amazônia, em sua quase totalidade, têm apenas formação prática.

---

[*] Coordenada por Jacques Mick, com a colaboração de Alexandre Bergamo e Samuel Lima, pela Universidade Federal de Santa Catarina em parceria com a Federação Nacional dos Jornalistas (Fenaj), em 2012. A síntese dos resultados está disponível em: <http://perfildojornalista.ufsc.br/files/2013/04/Perfil--do-jornalista-brasileiro-Sintese.pdf>. Acesso em: 8 jun. 2017.

O professor Jacques Mick, coordenador da pesquisa, destacou dois motivos para a discrepância: "O primeiro é que a categoria, em todo o país, se concentra nas metrópoles, e o perfil dos jornalistas das capitais é um pouco diferente dos do interior, frequentemente menos numerosos. O segundo é que o método de pesquisa, via internet, pode ter enviesado parte dos resultados". Cinco mil pessoas responderam ao questionário, e 2731 foram selecionadas como amostra da provável distribuição dos profissionais pelo território nacional.

A Amazônia Legal é gigante em todos os sentidos. São nove estados — Acre, Amazonas, Amapá, Rondônia, Roraima, Mato Grosso, Pará, Maranhão e Tocantins — que somam 5 milhões de quilômetros quadrados e representam 59% do território nacional. Apesar do desmatamento, grande parte da região permanece coberta por florestas, e o acesso aos municípios é difícil, especialmente nos meses chuvosos. Além disso, as comunicações de modo geral são precárias.

O que torna a televisão na Amazônia Legal diferente da existente no resto país é uma legislação especial para a região, que permite a proliferação de miniemissoras de TV aberta. Nos estados mais povoados e com economia mais dinâmica — Pará, Maranhão, Rondônia e Mato Grosso —, cidades pequenas, com menos de 50 mil habitantes, têm duas ou mais emissoras de televisão com programação local.

É uma realidade que desafia, por exemplo, a ideia de monopólio da mídia tão amplamente difundida, sobretudo nos meios acadêmicos dos grandes centros urbanos. Se é verdade que boa parte dessas miniemissoras acabou nas mãos de políticos, muitas outras pertencem a prefeituras, empresários e igrejas (que disputam audiência entre si). É frequente encontrar canais de TV dirigidos por jornalistas autodidatas apaixonados pelo ofício, que se esforçam para produzir programação original e arrancar seu sustento dos pequenos anunciantes locais.

O tratamento diferenciado para as retransmissoras da Amazônia Legal começou em 1978, no governo militar, quando o então presidente general Ernesto Geisel assinou o decreto nº 81600, que permitiu a inserção de programação local nas "regiões de fronteira de desenvolvimento". O decreto, porém, não definiu com exatidão o que eram essas "regiões" e, por isso, não teve consequências imediatas. A definição só veio onze anos depois, em julho de 1989, durante o governo de José Sarney. O então ministro das Comunicações Antonio Carlos Magalhães (cujos filhos controlam a Rede Bahia, afiliada Globo em todo o estado baiano) assinou a portaria nº 93 e definiu que as "regiões de fronteira de desenvolvimento" referidas no decreto de Geisel seriam as da Amazônia Legal, estabelecidas pela lei nº 5173, de 1966.

"Existia um grande vazio de comunicação na Amazônia. Poucos empresários se mostravam dispostos a investir em TV em áreas remotas. Uma forma de atraí-los era dar autonomia financeira às retransmissoras, deixá-las gerar conteúdo para auferir algum recurso com publicidade local", explicou-me o ex-secretário executivo do então Ministério das Comunicações Rômulo Villar Furtado. Ele ocupou o cargo por dezesseis anos consecutivos (de 1974 a 1990) e era o braço direito de ACM quando a portaria nº 93 foi assinada.

Em síntese, a portaria permite que as retransmissoras especiais da Amazônia ocupem até 15% da grade total da programação com conteúdo e anúncios publicitários locais, o que representa uma janela de três horas e meia por dia. Mas o texto é vago em relação ao tipo de conteúdo admitido. Diz apenas que elas devem veicular "notícias e informações de interesse comunitário" e dar "ênfase a aspectos e valores inerentes à cultura local e ao bem-estar individual e coletivo".

Cada emissora interpreta a legislação à sua maneira. E não há fiscalização do governo quanto ao conteúdo. Pela legislação vigente, a fiscalização caberia ao ministério, que sequer tem equipe para tal. Exigências técnicas para restringir a expansão das retransmissoras também foram, ao longo do tempo, solenemente ignoradas. A legislação estabelece, por exemplo, que elas não podem ter programação ao vivo. Em tese, teriam que gravar previamente os programas, o que seria uma dura limitação. O impedimento pode ser burlado com um artifício quase infantil: a instalação de um programa de computador que provoca um delay de segundos na transmissão. A diferença é imperceptível para o telespectador, mas tecnicamente incontestável. As pequenas retransmissoras, instaladas nos locais mais remotos, nem se preocupam com tal restrição. Alguns dirigentes declaram desconhecer a proibição de transmissão ao vivo.

Há, portanto, duas categorias de retransmissoras de TV no Brasil: as da Amazônia Legal — apelidadas de mistas, por poderem atuar parte do tempo como geradoras — e as do resto do país, que apenas repetem o sinal emitido pelas geradoras.

Ao permitir a veiculação de comerciais locais, a legislação especial abriu espaço para o surgimento de empresas interessadas em explorar o serviço de retransmissão de TV na Amazônia, devido à perspectiva de lucro com a receita publicitária. Aguçou também o interesse de políticos em aproveitar a janela de programação local para divulgar sua imagem e atacar a dos adversários. A partir da segunda metade dos anos 1990, apareceu mais um segmento interessado nas retransmissoras da Amazônia: as igrejas.

A presença de políticos na radiodifusão cresceu vertiginosamente a partir de 2012, quando o governo permitiu o funcionamento temporário de retransmissoras sem outorga. Os interessados passaram a colocar os canais no ar logo após a apresentação dos pedidos de licença, antes de os processos serem examinados pela autoridade. O fenômeno se espalhou à medida que se aproximavam as eleições municipais de 2016.

A prática surgiu a partir de uma brecha criada em novembro de 2012, quando o então ministro das Comunicações, Paulo Bernardo, criou uma "política pública de garantia de acesso da população à programação da TV aberta" e assinou um acordo de cooperação técnica com a Anatel, para adequar a fiscalização a essa política.

Nesse acordo, ficou estabelecido que cada município deveria ter ao menos três canais de televisão (geradoras ou retransmissoras) licenciados. Enquanto esse número não for atingido, os fiscais não podem lacrar os canais sem outorga. Assim, o próprio governo abriu as portas para a implantação dessas televisões, sem possuir um sistema eficaz de controle e sem prever as consequências desse processo.

De início, o governo estabeleceu um prazo de nove meses para as retransmissoras se regularizarem. No final de 2014, como não tinha concluído os processos acumulados, o ministério ampliou o prazo de conivência de nove para trinta meses. Assim, se um fiscal chega a uma pequena cidade e constata que existem ali três retransmissoras sem licença, é lavrado um auto de infração e elas ganham prazo de dois anos e meio para se legalizarem, contados a partir da notificação da Anatel. Antes de 2012, as emissoras sem outorga eram lacradas no ato da fiscalização.

O aditivo ao acordo de cooperação foi assinado em novembro de 2014, com validade de quatro anos. Ou seja, a conivência com os canais não licenciados se estenderia no mínimo até novembro de 2018, o que coincide com as eleições para deputados, governadores, senadores e presidente da República. Causa surpresa o fato de o governo ter definido uma política com tal poder de impacto por simples acordo técnico entre o então Ministério das Comunicações e a Anatel.

A portaria que autorizou o acordo justificou a liberalização com o argumento de que a TV aberta é relevante para a população de baixa renda. Mas ex-dirigentes da Anatel me relataram, posteriormente, que a decisão foi tomada para evitar um apagão da TV no interior de Minas Gerais. Em 2012, foi criada uma força-tarefa para regularizar as retransmissoras de TV com pendências na documentação, e o processo começou por Minas, que tinha a situação mais caótica. Se a Anatel fechasse todas as retransmissoras de TV sem outorga em Minas Gerais, centenas de pequenos municípios ficariam sem televisão.

Ao liberar o funcionamento das retransmissoras sem outorga, o governo acabou por estimular a sua proliferação na Amazônia, onde elas são cobiçadas por produzirem conteúdo local. Na expressão de um radiodifusor, "o governo atirou numa rolinha e acertou num jacu". Nas viagens que empreendi, encontrei emissoras nesta situação em várias cidades do Mato Grosso e do Maranhão.

Dizem os bons jornalistas que a profissão é um aprendizado que nunca termina, e que é preciso estar de olhos sempre atentos para o novo e para o desconhecido, pois a informação valiosa muitas vezes vem de onde não se espera. Devo ao apresentador de TV Luiz Carlos Lobo, o Bronca, de Santa Inês, no Maranhão, a informação sobre esta nova realidade. "Esqueça a lista de canais registrados na Anatel e vá atrás das televisões sem outorga", aconselhou-me o apresentador do *Show do Bronca*, na TV Remanso, afiliada da Record. Ele é um grande conhecedor do assunto, porque teve uma emissora nessas condições e apelidou a nova regra de "plano de cegueira da Anatel". Bronca me apontou alguns municípios onde eu poderia constatar o fenômeno.

## DAVI E O GIGANTE

Pelo menos quatrocentas retransmissoras de TV da Amazônia produzem algum conteúdo de programação, que só é exibido na própria comunidade. A grande maioria funciona como microempresa familiar, com estrutura precária e quase amadora. Como as equipes são muito reduzidas, não costuma haver noticiário local nos feriados e fins de semana. Os fatos ocorridos nesse período são exibidos com atraso.

Todas são obrigatoriamente ligadas a uma rede geradora nacional (como SBT, Bandeirantes, Record e RedeTV!) ou a uma rede regional (como a Rede Meio Norte, Rede Brasil, TV Aparecida, TV Nazaré). O principal requisito exigido pelo governo para a implantação de uma retransmissora é a carta de garantia de liberação do sinal assinada pela geradora.

Dentre as redes nacionais de televisão, só a Globo não libera seu sinal a retransmissoras independentes. Como suas afiliadas produzem conteúdo em poucas cidades, a maior parte dos municípios recebe a programação da afiliada na capital do estado, que, por sua vez, também tem pouco conteúdo regional. Nas praças onde a Globo e suas afiliadas não produzem conteúdo, as pequenas retransmissoras das redes concorrentes lideram a audiência durante a exibição da programação local, que, em geral, coincide com a hora do almoço (das onze horas às duas horas da tarde) e com o horário do jantar (das seis da tarde às oito da noite).

Este livro propõe-se a contar as histórias de algumas dezenas de Davis que, no anonimato, dão uma rasteira no gigante.

# Os proprietários

## DO ALTAR AO PALANQUE

Como o conteúdo local das retransmissoras do interior da Amazônia é voltado basicamente para o jornalismo, os protagonistas deste livro são os repórteres, cinegrafistas e apresentadores dos telejornais que diariamente abastecem seu público com notícias de um Brasil que não aparece nas telas das grandes redes de televisão.

Os proprietários das TVs são personagens coadjuvantes nas histórias, mas é importante fornecer alguns dados sobre eles para maior compreensão da realidade que será descortinada nos capítulos seguintes. Eu os agrupei em três blocos: empresários, políticos e igrejas.

A legislação não permite que igrejas sejam acionistas de empresas de radiodifusão. Mas não veta a liberação de canais para fundações. É por esta via que muitas denominações religiosas têm implantado emissoras Brasil afora. Outro caminho usual é pleitear os canais em nome de empresas de religiosos.

Identificar os proprietários das pequenas retransmissoras foi um trabalho árduo, que exigiu a busca de documentos e de informações em juntas comerciais, cartórios e nos bancos de dados públicos da Anatel, da Receita Federal e do Congresso Nacional. Iniciei a pesquisa em outubro de 2014, com respaldo financeiro da Fundação Ford.

Foi preciso produzir um banco de dados para identificar os titulares de 1737 canais, porque o sistema de informação disponibilizado pela Anatel, chamado Sistema de Acompanhamento de Controle Societário (Siacco), só aponta os proprietários das geradoras. Não havia, até então, informações públicas sobre os donos das retransmissoras independentes.

O levantamento mostrou que, a despeito do avanço dos políticos e das igrejas na radiodifusão, os empresários ainda formam o bloco principal entre os proprietários, com 718 canais, que correspondiam a 41% do total autorizado pelo governo até o final de 2015. Os políticos e os parentes próximos destes formavam o segundo maior bloco, com 373 canais, ou 21% do total. O poder Executivo — federal, estadual e municipal — detinha 340 canais, ou 20% do total. As igrejas representavam o quarto bloco, com 16% (271 canais), e o restante estava pulverizado entre acionistas não identificados.

De posse dos dados parti ao encontro do chamado Brasil profundo, quando pude constatar, então, que o dono oficial e o dono de fato raramente são a mesma pessoa. As pequenas emissoras vivem uma realidade tão peculiar e mutável que a velha regra de que vale o que está escrito — reconhecida como lei pelo jogo do bicho — não faz sentido no mundo delas.


VITRINE DOS POLÍTICOS

"O papel da TV é ser uma vitrine para o político ficar em evidência permanente. Para mostrar seus pronunciamentos e suas participações em audiências públicas, de forma que pareça mais inteligente e mais bem preparado que os demais." O autor dessa explicação cristalina para a grande presença de políticos na radio-difusão é o ex-senador Mozarildo Cavalcanti (PTB), de Roraima, profundo conhecedor do diferencial que uma emissora de televisão pode fazer para a vitória ou para a derrota de um candidato.

Sete senadores estão no bloco dos proprietários: Romero Jucá (PMDB, Roraima), Davi Alcolumbre (DEM, Amapá), Jader Barbalho (PMDB, Pará), Acir Gurgacz (PDT, Rondônia), Wellington Fagundes (PR, Mato Grosso), e os maranhenses Edison Lobão (PMDB) e Roberto Rocha (PSB).

Em 1988, Cavalcanti estava em seu segundo mandato de deputado federal quando recebeu do ex-presidente José Sarney a concessão da TV Tropical, canal 10, em Boa Vista. Naquela época, as concessões eram distribuídas gratuitamente, como moeda de barganha política. Por orientação do próprio governo, ele colocou as cotas em nome da mulher, Geilda Cavalcanti. O sócio administrador era Luciano Castro, que ainda não tinha mandato político. A partir de 1995, Castro teve cinco mandatos consecutivos de deputado federal.

Em 2014, os dois sócios disputaram uma vaga no Senado e foram derrotados por Telmário Mota, do PTB. Cavalcanti foi compensado com o cargo de representante do governo de Roraima em Brasília, e Castro assumiu uma secretaria no Ministério dos Transportes, também em Brasília.

Em entrevista para este livro, em 2015, Cavalcanti externou sua mágoa pela desigualdade de exposição aos holofotes da TV com o outro sócio. Reclamou que Castro não lhe dava visibilidade na emissora e anunciou que estava deixando a sociedade e que tinha autorizado a Junta Comercial de Roraima a transferir para terceiros as cotas que estavam em nome de sua mulher. "A televisão não foi bom negócio para mim, nem como instrumento de divulgação política nem como investimento comercial. Eu tinha o ônus político de ser sócio da TV e não tinha o bônus. Não havia espaço para mim na emissora", queixou-se o ex-senador.

Até julho de 2017, porém, a transação não tinha sido consumada. Geilda Cavalcanti continuava a figurar no cadastro da Receita Federal como proprietária de 45% do capital da TV Tropical, afiliada SBT. De qualquer forma, Cavalcanti já tinha outra opção engatilhada, o canal 49, também em Boa Vista, registrado em nome da Associação Beneficente Viver Melhor, presidida por Geilda. A nova emissora, segundo ele, seria implantada em parceria com a Legião da Boa Vontade.

Roraima e Maranhão são, entre os estados da Amazônia Legal, os que têm a maior concentração de emissoras e retransmissoras de TV em mãos de políticos.

A família do senador Romero Jucá detém as afiliadas das redes Record e Bandeirantes em Boa Vista. Os canais foram transferidos aos filhos dele em 2009, encerrando uma longa e ruidosa celeuma pública sobre quem seriam os proprietários. A TV Imperial, canal 6, que retransmite a Record, ficou em nome de Marina de Holanda Menezes Jucá, e a TV Caburaí, canal 8, retransmissora da Bandeirantes, do ex-deputado estadual Rodrigo Jucá.

Durante vários anos, Jucá foi acusado de usar laranjas para montar sua rede de comunicação e refutou as acusações. Em 2010, o lobista Geraldo Magela Fernandes da Rocha declarou à imprensa e à Polícia Federal ter emprestado o nome ao senador para viabilizar a TV Caburaí. E, ainda, que assinou a documentação no gabinete do senador, em Brasília. No meio do turbilhão, surgiu um segundo laranja confesso, João Francisco Moura, afirmando que também emprestou o nome ao senador para compra de rádio e TV.

A lista de televisões sob comando de políticos na capital de Roraima vai mais longe: a TV Boa Vista, canal 12, afiliada da RedeTV!, pertence ao irmão do ex-governador José Anchieta Júnior, do PSDB; a TV Ativa, canal 20, ao ex-deputado federal Robério Bezerra (PPB); e a TV Maracá, canal 28, ao ex-deputado federal Herbson Bantim (Solidariedade). Os poucos empresários de radiodifusão existentes no estado ironizam que "concessão de TV, em Roraima, é só de deputado federal para cima".

No Maranhão, a submissão das emissoras a interesses políticos se dá tanto na capital quanto no interior. O estado tem 217 municípios e quase todos possuem televisões com produção de conteúdo local. Das 276 retransmissoras com autorização de funcionamento existentes em 2016, 81% eram de políticos ou prefeituras e ficavam a serviço do prefeito.

As grandes redes nacionais de TV — Globo, SBT, Record e Bandeirantes — são associadas a políticos naquele estado. A TV Mirante, afiliada Globo, pertence à família do ex-presidente José Sarney. A Rede Difusora, afiliada SBT, é da família do senador Edison Lobão. A TV Cidade, afiliada Record, pertence a outra tradicional família de políticos, a do senador Roberto Rocha, do PSB. Por fim, a TV Maranhense, afiliada Bandeirantes, pertence ao ex-prefeito de São Luís e ex-deputado estadual Manoel Nunes Ribeiro Filho, que presidiu a Assembleia Legislativa por doze anos.

A quantidade de emissoras nas mãos dos políticos oscila ao sabor dos resultados das eleições. Muitos vendem ou alugam as televisões após serem derrotados nas urnas, porque mantê-las representa custo financeiro. As vendas ocorrem longe do alcance do governo, por meio de contratos particulares, para escapar da burocracia ou para ocultar a identidade do proprietário de fato. O comprador assina um contrato de compra ou de aluguel, e o vendedor lhe entrega uma procuração que lhe dá plenos poderes sobre a emissora, sem que haja, oficialmente, a troca de donos. Encontrei emissoras que mudaram de mãos várias vezes sem que nenhuma dessas mudanças tivesse sido comunicada ao Ministério da Ciência, Tecnologia, Inovações e Comunicações.

A morosidade do governo em processar os pedidos de mudança societária contribui fortemente para a falta de visibilidade em relação à propriedade na radiodifusão. A legislação determina que a venda de mais de 50% do capital de uma emissora de rádio ou de televisão seja aprovada previamente pelo Executivo e pelo Legislativo (Câmara Federal e Senado), mas a tramitação dos processos pode se arrastar por muitos anos.

A família Lobão obteve 79 retransmissoras em nome da Rádio e TV Difusora, que é comandada por Edison Lobão Filho, primeiro suplente do pai no Senado e candidato derrotado ao governo estadual em 2014. A empresa se tornou uma máquina de alianças políticas. No interior, foi possível constatar que Edinho Lobão terceiriza a gestão das retransmissoras, o que não é permitido pela legislação. Num dos períodos em que ocupou a vaga do pai no Senado, ele propôs legalizar o aluguel, ao apresentar o projeto de lei nº 285 de 2009. Justificou a proposta com a alegação de que os proprietários tinham dificuldade para implantar os canais e que o arrendamento seria uma forma de "democratizar e estender o acesso a informação e lazer". O projeto chegou a ser aprovado na Comissão de Constituição e Justiça — contra o voto isolado do então senador Eduardo Suplicy (PT-SP) —, mas emperrou na Comissão de Desenvolvimento Regional e de Turismo. Em dezembro de 2014 foi arquivado pela mesa diretora do Senado.

Em Mato Grosso, dois políticos se destacam entre os proprietários: o senador Wellington Fagundes e o ex-governador Silval Barbosa. Fagundes foi deputado federal por 24 anos (de 1991 a

2014) antes de se eleger senador, pelo PR, em 2014. Na sua longa permanência na Câmara, obteve seis retransmissoras de TV: uma na capital e as outras em Tangará da Serra, Rondonópolis, Jaciara e Barra do Garças. Só a de Cuiabá foi registrada no nome dele. Os demais canais foram colocados em nome de empresas dos filhos Diógenes e João Antônio Fagundes.

O apetite dos políticos por televisão está diretamente ligado à possibilidade de usá-la em seu favor nas campanhas eleitorais. No caso do senador Fagundes, o Tribunal Regional Eleitoral considerou que a emissora de Rondonópolis — TV Cidade, canal 5, que retransmite a Record — teve esse propósito durante a campanha de 2014, e a multou em 21 mil reais, na ocasião. A TV entrevistou os dois candidatos ao Senado que tinham base eleitoral em Rondonópolis, mas deu a Fagundes o dobro do tempo dispensado ao adversário Rogério Salles, do PSDB.

Em Rondônia, estado vizinho de Mato Grosso, a família do senador Acir Gurgacz detém a afiliada da RedeTV!, com oito retransmissoras. Seis delas estão em nome da Rede de Comunicação Cidade, que tem como acionista o pai do senador, Assis Gurgacz. Sua concorrente, a TV Candelária (afiliada da Record), pertence ao ex-presidente da Assembleia Legislativa Everton Leoni, do PSDB, que tem uma geradora (canal 10) em Pimenta Bueno e retransmissoras na capital e em dezesseis outras cidades.

O procurador federal Alan Rogério Mansur da Silva sustenta que políticos e radiodifusão, quando associados, criam uma competição desigual para os demais candidatos. Em 2014, como procurador regional eleitoral do Pará, ele denunciou, por abuso de poder, o candidato a governador (pelo PMDB) Helder Barbalho, filho do senador Jader Barbalho, cuja família é proprietária da afiliada da Bandeirantes no Pará. Jader está há meio século na política. Desde 1967, quando se elegeu vereador em Belém, teve quatro mandatos como deputado federal, dois como governador e dois como senador.

O procurador não tem dúvida de que emissoras em mãos de políticos interferem no processo eleitoral. Eis uma síntese da entrevista que me deu sobre o assunto: "A interferência é maior nos municípios distantes da capital, onde as pessoas se informam sobretudo pelo rádio e pela televisão. A internet e os jornais impressos têm pouca influência na formação de opinião nos locais distantes. Jader Barbalho usou seu poder econômico nos meios de comunicação para favorecer sua candidatura a senador e a do filho para governador. Pai e filho são sócios do Sistema Rádio Clube, que é retransmitido em todo o estado em rede com outras emissoras".

Pedi que situasse em que momento da campanha de 2014 foi constatado o uso dos meios de comunicação pela família Barbalho. "Começou antes da eleição, em 2013, quando Helder Barbalho era presidente da Federação das Associações de Municípios do Estado do Pará e tinha um programa na Rádio Clube em que ouvia a comunidade. [...] A coligação que apoiou Simão Jatene (eleito pelo PSDB) representou junto ao Ministério Público Eleitoral contra as rádios e TVs de Helder Barbalho e este, por sua vez, representou contra o jornal *O Liberal* e uma rádio que fizeram campanha pró-Jatene." E acrescentou: "Ficavam uns contra os outros. [...] Dez dias antes do segundo turno da eleição, entramos com uma ação cautelar no Tribunal Regional Eleitoral contra empresas da família Barbalho, pedindo a retirada de programação que fazia propaganda aberta. Nem era subliminar".

Jader Barbalho, em sociedade com o filho Helder e a ex-mulher, a deputada federal Elcione Barbalho, todos do PMDB, têm duas concessões de televisão e onze retransmissoras em nome das empresas Sistema Clube do Pará e RBA (Rede Brasil Amazônia de Televisão).

Outro alvo do Ministério Público Eleitoral do Pará na campanha eleitoral de 2014 foi o deputado federal reeleito Wladimir Costa (do Solidariedade), famoso radialista que antes de ter seu talento descoberto foi camelô. Segundo Alan Mansur, Helder e Costa acusaram-se mutuamente de usar meios de comunicação em proveito próprio "e ambos estavam com razão". Wlad, "o comunicador das multidões", foi funcionário da família Barbalho antes de se tornarem inimigos. Em 1999, num depoimento sobre a história do rádio a alunos da Universidade Federal do Pará, deu um impressionante testemunho sobre o uso eleitoral da mídia. Referindo-se à campanha eleitoral de 1990, afirmou: "Jader concorria ao governo do estado e nós víamos que os comunicadores das outras rádios tinham vínculos partidários com os opositores políticos. Nós nos sentimos na necessidade de proteger a imagem política dele, ou seja, começar a rebater as famosas 'porradas'. Aí, eu descobri um novo Wladimir, um Wladimir que fazia colocações equilibradas e que sabia bater legal, sabia montar uma defensiva, e eu cresci muito".

## EM NOME DE DEUS

A primeira visão de quem chega a Peritoró, município da região dos Cocais maranhenses, é o outdoor da Igreja Adventista do Sétimo Dia convidando a população para sintonizar a TV Novo Tempo no canal 46. O responsável pela TV é o jovem Flávio Santos Lemos, de 28 anos, que apesar da pouca idade é o "ancião" da igreja na localidade. Ou seja, cabe a ele a tarefa de conduzir o rebanho.

Estaria tudo em ordem não fosse um pequeno, mas fundamental, detalhe: o canal 46 não existia no Sistema de Controle da Radiodifusão da Anatel, nem mesmo entre os processos em estudo. O jovem "ancião" pareceu não entender meu questionamento sobre a falta de licenciamento do canal. Orgulhoso de sua gestão no templo, posou para fotos com o filho pequeno nos braços e um sorriso confiante nos lábios. A TV, segundo ele, foi inaugurada em dezembro de 2013 e apenas captava a programação da TV Novo Tempo do satélite e a redistribuía à população por um retransmissor ligado à antena da prefeitura. Ainda não estava nos planos dele produzir programação local.

As igrejas formam o bloco em maior expansão entre as retransmissoras de TV na Amazônia Legal. Há pelo menos 174 retransmissoras católicas e 97 evangélicas na região. Na guerra selvagem pela conquista de fiéis, as denominações religiosas usam a mesma arma dos políticos para acumular meios de comunicação: mobilizam seus representantes no Congresso Nacional para conseguir os canais.

Quando adquiriu a Rede Record, em 1989, a Igreja Universal do Reino de Deus abriu o caminho para a disputa entre as igrejas por espaços em televisão, pois até então a prioridade delas eram as rádios. Há pouca visibilidade sobre a extensão desse fenômeno na Amazônia. O primeiro desafio para a identificação dos canais religiosos é a comprovação do vínculo formal, uma vez que as licenças são expedidas para fundações e empresas constituídas por religiosos.

A proporção de 16% do total de retransmissoras em poder de igrejas espelha apenas os canais com vínculos societários com denominações religiosas, mas o número real é, seguramente, muito maior, em razão da prática de arrendamento ou compra por contratos de gaveta.

O ex-presidente Fernando Henrique Cardoso, do PSDB, foi quem mais favoreceu o crescimento religioso na radiodifusão.

Ele autorizou noventa retransmissoras para grupos católicos e 49 para denominações evangélicas na Amazônia. Seu sucessor, Luiz Inácio Lula da Silva, do PT, autorizou 76 canais católicos e oito evangélicos na região.

Das 271 retransmissoras vinculadas a denominações religiosas, 64% eram da Igreja católica, que, no entanto, não as explora de forma articulada. Sem uma estratégia de ação unificada no setor, ela tem correntes autônomas que atuam de forma desordenada e superposta. Em 2016, os católicos tinham três televisões com cobertura nacional — Rede Vida, TV Aparecida e Canção Nova —, além de emissoras regionais e locais que competiam entre si. A de maior força na Amazônia era a TV Nazaré, mantida pela diocese de Belém, que possuía autorização para 76 canais em nove estados, mas boa parte deles não tinha sido instalada até então.

A primeira TV católica de alcance nacional foi a Rede Vida, que nasceu em 1995, em resposta ao avanço da Rede Record. Ela não pertence oficialmente à igreja, e sim ao empresário paulista João Monteiro Barros Filho, que obteve a concessão para a cidade de São José do Rio Preto (SP) no governo Sarney. Graças à influência da Conferência Nacional dos Bispos do Brasil, a Rede Vida obteve, posteriormente, outorgas de retransmissoras em todo o país.

As dioceses financiaram a implantação da maioria dessas retransmissoras, mas há casos isolados de dioceses que têm seus próprios canais. No Acre, sete retransmissoras estão em nome da Fundação Verdes Florestas, da diocese de Cruzeiro do Sul. No Amazonas, há uma retransmissora em Benjamin Constant pertencente à Vice-Província dos Frades Menores dos Capuchinhos do Amazonas e Roraima, e outra, em Barreirinhas, em nome da Fundação Evangelii Nuntiandi, da diocese de Parintins. Surgida em 1998, a TV Canção Nova se tornou a segunda emissora nacional católica. Ela pertence ao Movimento da Renovação Carismática, dono de dezesseis retransmissoras na Amazônia Legal, seis delas em capitais.

A terceira emissora católica de cobertura nacional é a TV Aparecida, com retransmissoras no Amazonas, Tocantins, Maranhão e Pará. Os canais estão em nome da empresa Sistema TV Paulista, que pertenceu ao apresentador Gugu Liberato e foi adquirida pelo Santuário de Aparecida, em maio de 2007, pelo equivalente a 7,4 milhões de dólares, segundo foi divulgado na época.

Há uma disputa não declarada entre as televisões católicas pela audiência e pelo apoio financeiro das paróquias. A TV Nazaré se considera a única de fato educativa, por não faturar com a venda de comerciais, como suas "coirmãs". Uma vez que o cobertor é curto e todas bebem da mesma fonte, faltavam recursos financeiros para completar a implantação da rede quando visitei a emissora em 2015. Quem me deu entrevista foi o diretor de comunicação da Fundação Nazaré, mantenedora da TV, Mário Jorge Alves. Funcionário aposentado do Banco do Brasil, ele assumiu o cargo em 2008, como voluntário. Eis um trecho de nossa conversa:

— A Rede Vida compete com a TV Nazaré?

— Sim, com certeza. A competição não é pela geração de conteúdo, já que ela não tem produção local, mas por apoio financeiro. As paróquias pagam a energia consumida pela retransmissora da Rede Vida e não instalam o canal que lhes oferecemos. Muitas dioceses usam os gastos com a Rede Vida como argumento para não instalarem os canais da TV Nazaré.

— Por que a TV se tornou tão importante para as igrejas?

— Porque é um instrumento muito forte de evangelização e de aumento de arrecadação de dízimo. E é um meio muito eficaz de convidar o fiel para a missa.

Entre as evangélicas, a de maior estrutura na Amazônia é a TV Boas Novas, da Igreja Assembleia de Deus, presidida pelo pastor Jônatas Câmara. No final de 2015, ela detinha 68 canais, distribuídos por Tocantins, Roraima, Amapá, Maranhão, Rondônia e Mato Grosso. A maior parte deles estava em nome da empresa Cegrasa (Central de Emissoras, Gravações e Repetidoras Ajuricaba S/A).

O pastor R. R. Soares, fundador e líder máximo da Igreja Internacional da Graça de Deus, possuía, então, 23 retransmissoras por intermédio da empresa Televisão Cidade Modelo. A igreja evangélica Sara Nossa Terra detinha cinco retransmissoras registradas em nome das empresas Rádio e TV Sul Americana, Rádio e TV São Paulo, Comunicações Dunamis e Fundação Sara Nossa Terra.

O rápido avanço da Igreja Adventista do Sétimo Dia na disputa por espaços na radiodifusão suscitou questionamentos sobre seus métodos de obtenção de retransmissoras dentro e fora da Amazônia Legal. A igreja, cuja origem nos Estados Unidos remonta ao século XIX, possui uma emissora geradora de televisão educativa, a Rede Novo Tempo, em Pindamonhangaba, no interior paulista, que também foi autorizada por Fernando Henrique Cardoso em 2000.

A Fundação Setorial de Radiodifusão Educativa de Sons e Imagens, comandada por dirigentes da igreja, administra a emissora e tem usado canais ociosos de prefeituras para montar sua malha de retransmissoras. A prefeitura de Canarana, no Mato Grosso, está entre as que se renderam ao canto de sereia dos adventistas.

Em junho de 2011, o então prefeito Walter Lopes Faria assinou um contrato de comodato com a Fundação Setorial, transferindo para ela o direito de uso por cinco anos do canal 6. O empréstimo foi autorizado previamente pela Câmara dos Vereadores, por lei municipal. Além de ceder gratuitamente o canal, a prefeitura pagava a energia elétrica consumida pelo retransmissor e disponibilizava um técnico para fazer a manutenção dos equipamentos.

O modelo de Canarana foi replicado em municípios como Mãe do Rio, Monte Alegre, Mãe Maria, Alenquer e Marabá, no Pará; e Barra do Garças e Pontes, no Mato Grosso.

A fundação ingressou com centenas de pedidos de outorgas de retransmissão de TV. Os processos começaram a chegar ao conhecimento público no final de 2014, quando uma força-tarefa do ministério agilizou a análise dos pedidos de implantação de retransmissoras na Bahia. A Setorial levou 89 do total de 267 canais liberados para o estado na ocasião.

A rápida expansão da Rede Novo Tempo gerou reação no Congresso Nacional. No dia 15 de dezembro de 2014, o então deputado federal Ruy Carneiro, presidente do diretório estadual do PSDB na Paraíba, apresentou à Câmara um pedido de explicações ao então Ministério das Comunicações sobre a aprovação de canais para a Fundação Setorial. O autor do requerimento alegou que a entidade desbancara as maiores redes nacionais, incluindo Globo, Record, Bandeirantes e RedeTV! na disputa por canais.

Tito Rocha, gerente de expansão da TV Novo Tempo, confirmou as parcerias da Fundação Setorial com as prefeituras, dentro e fora da Amazônia Legal. Conversamos por telefone em novembro de 2015, quando ele justificou a investida da igreja nessa área com a frase: "A televisão é um dos carros-chefes do evangelismo".

Ao ser questionado sobre a retransmissora em funcionamento em Peritoró sem licença do governo, Tito Rocha respondeu que a igreja não concorda com tal prática. "Quando tomamos conhecimento, mandamos fechar." Sete meses depois da entrevista passei novamente por Peritoró e o outdoor convidando a população para sintonizar o canal 46 continuava intacto, no mesmo lugar.

## EMPRESÁRIOS, ARRENDATÁRIOS E ESPECULADORES

O pequeno proprietário de televisão da Amazônia é um personagem tão peculiar quanto os profissionais (repórteres, apresentadores, cinegrafistas) que trabalham para ele. Há contadores, bancários, ex-provedores de serviço de internet, fazendeiros e, principalmente, radialistas e apresentadores de televisão que embarcam no sonho de serem donos da própria emissora. Muitos montam as TVs com outorgas de terceiros e sobrevivem com grande dificuldade financeira movidos, segundo relatam, pela paixão.

"A única televisão brasileira com anúncios comerciais bilíngues, em inglês e português." Assim o sargento da reserva do Exército José Ferreira da Silva, o Ferreirinha, apresenta sua TV Tacutu, canal 3, uma microemissora situada na cidade de Bonfim, no estado de Roraima.

Os anúncios são bilíngues porque Bonfim fica na fronteira do Brasil com a Guiana. Os dois países são separados pelo rio Tacutu, o que explica o nome da emissora. Na outra margem do rio fica a cidade de Lethem, que também vê a TV de Ferreirinha. Os anúncios são, principalmente, de supermercados, consultórios médicos e lojas de Boa Vista, situada a 120 quilômetros de Bonfim e Lethem.

A Rede Ferreira de Comunicação possui ainda uma rádio FM em Bonfim. Por ter trabalhado no setor de comunicação do Exército, Ferreirinha tomou gosto pela atividade. Assim que se aposentou, em 1992, solicitou ao governo uma outorga de canal de retransmissão de TV, por acreditar que a cidade viveria um boom de crescimento.

Ele tinha motivos para estar otimista. No ano anterior, o então presidente Fernando Collor de Mello sancionara a lei nº 8256, que transformou Boa Vista e Bonfim em Zonas de Processamento de Exportação (ZPE), subordinadas à Zona Franca de Manaus. "Bonfim é a bola da vez", pensou Ferreira. Só que a lei não produziu resultados. Em 2016, Bonfim tinha 7 mil habitantes e a ZPE não saíra do papel.

O canal 3 entrou no ar em 1995. Desde então, Ferreira vem trabalhando em rádios e TVs em Boa Vista, enquanto administra a TV Tacutu à distância. De tempos em tempos, produz conteúdo local em sua emissora. Em 2016, por falta de recursos financeiros, o noticiário local foi suspenso. A produção exigia uma complicada logística. O material tinha de ser editado em Boa Vista e enviado para Bonfim por ônibus.

O fato de pouco mais de 40% das retransmissoras da Amazônia estarem em mãos de empresários reforça a ideia de que a atividade não é lucrativa na região. A maior participação empresarial ocorre no Amazonas (53%), e a menor, no Maranhão (7%). As maiores empresas que se interessam pela atividade são geradoras de televisão, que reivindicam as retransmissoras para ampliar sua área de cobertura. Há ainda investidores e especuladores que obtêm os canais para arrendar as outorgas ou para revender o negócio mais adiante, além de pequenos empreendedores.

A jornalista mato-grossense Denize Frizon é um exemplo dos pequenos empreendedores que se aventuram nesse negócio. Na véspera do réveillon de 2016, ela apresentou o último jornal de sua emissora em Paranatinga (Mato Grosso) e comunicou que estava abandonando de vez o jornalismo, aos quarenta anos, para cuidar mais de si e da família. A comunicadora teve um câncer em 2015 e trabalhou durante todo o tratamento. Quando a quimioterapia derrubou seus cabelos, apresentou o jornal *Cidade Mais* careca e sem maquiagem, porque não via sentido em usar peruca, já que todos os moradores a conheciam tão bem quanto ela a eles. Sua paixão pelo ofício era tal que frequentemente ela e o marido cinegrafista dormiam na TV.

A TV Frizon entrou no ar em 2012, quando o prefeito Vilson Pires (PRP) concorria à reeleição. Existia uma televisão na cidade (TV Paranatinga, antiga TV Xingu, afiliada Record) cujo proprietário apoiava o adversário de Pires. A prefeitura desengavetou uma licença de retransmissão de TV que nunca havia usado e convidou Denize para tocar o negócio como terceirizada.

Paranatinga é uma cidade próspera, de 26 mil habitantes, a 350 quilômetros de Cuiabá. O município já foi a capital do gado de Mato Grosso, mas os pastos gradualmente cederam espaço para a produção de soja, algodão e arroz. A população mescla migrantes de vários estados, mas desde que a Marfrig implantou um frigorífico ali, em 2015, houve um acentuado fluxo de maranhenses.

A primeira televisão da cidade, a TV Xingu, foi inaugurada em 1997 por um grupo de empresários e políticos locais, entre eles o fazendeiro Amarildo Agostineto. Com o passar dos anos, ele comprou as cotas dos outros sócios e mudou o nome da emissora, registrada em nome da mulher dele, Laidete Boffe, e da cunhada Diva Fante. Descendentes de pequenos agricultores, eles deixaram o Rio Grande do Sul em busca de melhores condições de vida. Agostineto foi caminhoneiro por quatro anos e levava a mulher consigo nas viagens porque não tinham onde morar.

Quando as terras ainda eram baratas por ali, ele arrendou uma fazenda e passou de transportador a produtor de arroz. Depois comprou a propriedade e tornou-se comerciante atacadista, além de produtor. A TV era sua terceira prioridade. Ele entregou a gestão da emissora a Laidete Boffe, que a administrava com mãos de dona de casa.

As vidas de Agostineto e de Denize Frizon se cruzaram quando ela foi trabalhar como repórter e apresentadora da TV Xingu. Não tinha salário fixo e tirava o sustento dos comerciais que vendia. Ela lembra que nenhum empregado ou entrevistado podia entrar na emissora de sapatos, porque era Laidete que fazia a limpeza e não admitia o chão sujo de lama. Em 2010, Denize arrendou a emissora de Agostineto e vendeu sua casa para comprar equipamentos. O acerto entre eles não sobreviveu à campanha eleitoral de 2012, quando apoiaram candidatos adversários.

Entrevistei Agostineto por telefone. Ele não escondeu a decepção com o baixo retorno financeiro de sua TV e explicitou sua visão duramente realista sobre a política no interior.

— A TV tem sido um bom negócio?

— Ainda estou apostando no futuro dela. Até agora, não foi bom.

— O senhor pretende concorrer a algum cargo político?

— Por enquanto, não tenho essa intenção. Não vou colocar meu nome à disposição por pouco, para ser mandado. Gosto de administrar, de fazer coisas. Não nasci para ser mandado. Não sou de enrolar.

— Mas os políticos aí não mandam?

— Vice-prefeito não manda nada. Vereador é mandado pelos grupos que fazem política. Para ficar malvisto e malfalado, prefiro ficar fora e cuidar das minhas coisas.

Sem equipes suficientes para produzir todo o conteúdo de que necessitam, as microemissoras compartilham reportagens. Em Mato Grosso, existe o portal NK2 News, que funciona como uma cooperativa. Os associados abastecem o portal com notícias que podem ser usadas livremente por todos, sem discriminação de bandeiras. Só os afiliados da Rede Globo ficam fora do esquema.

Constatei o surgimento de pequenas redes regionais como forma de aumentar a escala do negócio. É o caso da TV Centro-Oeste, afiliada SBT em Pontes e Lacerda, também no Mato

Grosso, que retransmite sua programação ao vivo para quatro municípios adjacentes: Campos de Júlio, Jauru, Nova Lacerda e Vila Bela. O proprietário da emissora é o ex-gerente do Banco do Brasil Eridson Vieira.

Pontes e Lacerda tem 50 mil habitantes e ganhou espaço no noticiário em outubro de 2015, quando foi alvo de uma corrida de garimpeiros. Surgiu o boato de que estava brotando ouro do chão na Serra de Monte Cristo, nas cercanias da cidade, e que ela seria uma nova Serra Pelada. Aventureiros de todo o país correram para lá em busca da sorte, e acamparam em tendas improvisadas na mata. A febre durou pouco, e logo a área foi fechada.

Nascido em Santa Maria, no Rio Grande do Sul, Eridson Vieira deixou a cidade natal após ser reprovado no vestibular para medicina e foi tentar a sorte em Mato Grosso. Ele contou que recruta os repórteres para sua TV entre os jovens da região e que seu critério para contratação é o grau de entusiasmo demonstrado pelo candidato. "É preciso ter capacidade de comunicação, falar bem e adorar televisão", resumiu. "Se eu pensasse só em lucro, tiraria a televisão do ar, mas estou nessa por idealismo. Me permito fazer isso porque meu ganha-pão não vem da TV", acrescentou.

Outro tipo de proprietário é o investidor ou especulador que, graças a contatos políticos, conseguiu acumular outorgas. Há empresas com retransmissoras em vários estados e com mais de uma outorga na mesma localidade, que arrendam os canais a políticos, igrejas ou a pequenos empreendedores locais que queiram tocar o negócio.

Em dezembro de 2010, o então Ministério das Comunicações aprovou nove outorgas de retransmissão para duas empresas pertencentes a Sebastião Miranda, de Marabá, no Pará. Foram dois canais em São Luís (33 e 59), dois em Belém (42 e 40) e os demais em Palmas, Manaus, Santana (AP), Parauapebas (PA) e Araguaína, no Tocantins.

Conversei com Sebastião Miranda por telefone em outubro de 2015, quando me disse ter investido mais de 10 milhões de reais em televisão. Tinha, então, 36 anos e negou ser especulador. Na ocasião, ele já possuía retransmissoras em funcionamento em Marabá e Santarém e era provedor de acesso à internet em várias cidades paraenses. Sobrinho do prefeito de Marabá e ex-deputado estadual Tião Miranda, do PTB, disse não possuir padrinho nem objetivo político, e atribuiu as especulações em torno de seu nome a invejosos do seu sucesso.

O modelo de negócios das Organizações Globo não admite que as afiliadas se associem a pequenas retransmissoras da Amazônia Legal, como fazem as redes Record, SBT, Band e RedeTV!. Nas minhas viagens, só encontrei um caso de retransmissão de sinal da Globo por pessoa independente: em Viana, no Maranhão. Mas os profissionais da área acreditavam que a TV Mirante, afiliada da Rede Globo no estado, não tivesse conhecimento do fato. A retransmissora em questão funcionava nas instalações de uma rádio comunitária. O caso será descrito com mais detalhes adiante.

À exceção do Maranhão, onde está associada ao senador José Sarney, a Globo só tem afiliados empresários na Amazônia Legal. No Tocantins, sua parceira é a TV Anhanguera, da família Câmara, que possui 64 retransmissoras no estado. Em Mato Grosso, é a Televisão Centro América, do grupo Zahran, com 61 retransmissoras. Mas a maior delas é a Rede Amazônica (Empresa Rádio e TV do Amazonas), que cobre o Amazonas, Acre, Rondônia, Roraima e Amapá. Ela acumula 194 retransmissoras nos cinco estados e está entre as dez maiores afiliadas Globo em faturamento. A família Daou, proprietária da empresa, possui outra rede de televisão regional, a Amazon Sat, exclusivamente para documentários sobre a Amazônia.

O presidente do grupo, Phelippe Daou Júnior, defende o regime legal que autoriza as retransmissoras da Amazônia a produzirem conteúdo local, mas diz que o modelo de parceria com pequenas retransmissoras independentes — adotado pelas demais redes de televisão — jamais seria seguido pelas afiliadas Globo. "Nunca permitiríamos a terceirização de uma operação. No modelo de gestão da Globo, isso também não é permitido", afirmou.

Abordamos o tema em uma longa entrevista por telefone, em 17 de julho de 2015, quando ele também falou sobre o poder dos políticos na mídia e sobre a dificuldade dos afiliados da Globo para enfrentar a concorrência dos pequenos produtores locais de conteúdo. E admitiu que ela perde audiência para os programas locais.

"Em qualquer lugar do Brasil a programação local prejudica a audiência da programação nacional da Globo, da Record, da Band e do SBT. Em Manaus, temos dificuldade de audiência no período da tarde, quando o concorrente tem programação local. Se no interior do Acre a emissora local fizer um jornal da comunidade é muito provável que supere a audiência das redes nacionais naquele momento. As pessoas querem se ver na televisão, querem saber dos vizinhos, da vida no bairro e participar das discussões. A TV nacional não consegue satisfazer isso."

Questionado se as retransmissoras da Amazônia Legal são positivas ou meros instrumentos em mãos de políticos, Phellipe Daou Júnior não hesita em favor da primeira opção. Para ele, a possibilidade de produção de conteúdo local é uma vantagem estratégica enorme numa região tão vasta como a Amazônia. "À medida que a população ficar mais informada, os políticos perderão seus guetos", afirmou.

Para ele, o problema das retransmissoras da Amazônia não está na legislação, mas no mau uso da facilidade de geração de conteúdo local. "A fiscalização tem de ser mais eficiente, e as grandes redes precisam fazer escolhas mais criteriosas de seus afiliados. Tem grandes redes fazendo escolhas complicadíssimas."

# Feras soltas

As arquibancadas estavam lotadas para a festa de rodeio na cidade de Juína, região noroeste do Mato Grosso, e o público mostrava-se eufórico pelo evento que antecederia a exibição dos peões: a "Mesa da Amargura". Trata-se de um desafio em que um bando de loucos joga truco no meio da arena, enquanto vacas enfurecidas — chamadas pelo locutor de garçonetes — investem contra os participantes.

A cena se passou em agosto de 2011. Na mesa de honra dos famosos da cidade que aceitaram encarar as "garçonetes" estava Lelinho dos Santos Kapich, o mais polêmico, contraditório e imprevisível apresentador de televisão que Juína conheceu. Além de apresentador, ele era, à época, proprietário da televisão local TV Mundial. Por isso, entrou na arena vestindo uma camiseta com a logomarca da Record, da qual era afiliado.

Quando a vaca investiu sobre a mesa de honra, arremessando-a pelos ares, os demais convidados fugiram. Lelinho apenas trocou de mesa e continuou sentado até ser atropelado e rolar entre as patas do animal. Apesar da luxação no ombro, o episódio ajudou a reforçar a imagem de ousadia que ele cultivou nos dezessete anos em que ficou à frente da TV Mundial, ora como vidraça, ora como estilingue. Em maio de 2015, cansado das guerras, vendeu a emissora ao empresário Clódis Menegaz, proprietário das AJES, as Faculdades do Vale do Juruena.

Kapich é a versão exagerada do estilo indomável bastante frequente entre os jornalistas do interior da Amazônia Legal, onde repórteres e apresentadores de televisão exercem a profissão, em geral, sem a qualificação profissional formal exigida nas grandes cidades e fazem jornalismo a seu modo, por faro.

Encontrei no meu caminho repórteres e apresentadores de TV das mais diferentes origens: ex-taxistas, garimpeiros, caminhoneiros, balconistas, garçons e, principalmente, ex-trabalhadores rurais. Gente que aprendeu os rudimentos da profissão com os colegas mais velhos, os quais haviam sido formados da mesma maneira.

Sem conhecimento das regras e códigos de ética adotados pelos maiores veículos de comunicação, eles enfrentam condições de trabalho que seriam consideradas insuportáveis pelos profissionais das grandes cidades. Confundem vigilância sobre o poder público com ataques aos gestores e agressividade verbal com demonstração de independência jornalística, ficando vulneráveis a agressões físicas e a ameaças por parte dos que se sentiram destratados.


O FERA

Lelinho Kapich nasceu em Linhares, no estado do Espírito Santo, e migrou para o Mato Grosso em 1982, com a mulher e quatro filhos. Sem praticamente nenhum estudo formal — cursou apenas até o segundo ano primário —, ele era uma metralhadora giratória quando entrava no estúdio para apresentar o noticiário que tinha como slogan "A verdade, doa a quem doer".

Sua emissora foi inaugurada em 1997, como retransmissora da rede de televisão paranaense CNT, e alguns anos depois passou para a Record. Seu rol de polêmicas começou dois meses depois da inauguração, quando acusou o presidente e o secretário da Câmara Municipal de superfaturarem a compra de uma geladeira e de um televisor. A TV exibiu as notas fiscais de compra e eles foram ao programa no dia seguinte se explicar. Queriam mais tempo para a resposta, e o apresentador lhes cobrou 2 mil reais para estender o horário. Os vereadores simularam aceitar a proposta, mas na hora do pagamento chamaram a polícia e o acusaram de extorsão. Ele foi preso em flagrante, alegou que tinha dado o preço orientado pela CNT e acabou absolvido a pedido do Ministério Público. Mas seu estilo ainda renderia muita polêmica nos anos seguintes. Kapich colecionou 25 processos judiciais, a maioria por injúria e difamação, e sofreu perseguição de prefeitos. Foi preso e ameaçado de morte mais de uma vez.

Os momentos de maior audiência da TV eram as campanhas beneficentes. Em 2000, uma jovem lhe pediu ajuda financeira para levar o avô a Cuiabá, para tratar um câncer de próstata. Dois anos depois, o homem o procurou para contar que tinha sido contratado por vereadores para matá-lo. Disse que tinha aceitado a encomenda, mas, quando soube quem era o alvo, abriu mão do dinheiro (10 mil reais e um carro) e resolveu avisá-lo, por gratidão. Ele repetiu a história no estúdio. Os vereadores tentaram impedir a transmissão, mas o juiz local rejeitou a tentativa de censura.

Em 2004, enquanto apresentava o jornal, Kapich foi preso por desacato ao juiz eleitoral e saiu algemado da TV. Em 2010, foi novamente algemado, dessa vez na Câmara Municipal, após violenta discussão com vereadores do PT. Na ocasião, estava casado com Nadiley Soares, que também era vereadora pelo PT. Sua emissora transmitiu as imagens da prisão e os impropérios que dirigiu ao policial enquanto era colocado na viatura. "Não tenho medo de homem. Eu conheço as leis [...]. Quando ver [sic] um homem de três testículos eu vou ter medo. De dois não tenho medo, não. [...] Eu tenho autonomia para falar o que penso. Vocês, funcionários públicos, têm que pensar dez vezes antes de abrir a boca. Eu não. A lei me dá o direito de abrir a boca e soltar o verbo. É isso que vocês têm que entender. Vocês são funcionários públicos. Eu sou dono do meu nariz."

Kapich é o que se costuma chamar de força da natureza. Às vezes, está no topo. Em outras, no abismo. Em 2008, estava entre os donos de meios de comunicação do interior do país selecionados para um encontro com o então presidente Luiz Inácio Lula da Silva, no Palácio do Planalto. "Foram 44 minutos de interação com o presidente, sem ninguém nos interromper. E Lula pediu nosso apoio", recordou-se.

Em 2014, ele declarou pela TV que estava sob ameaça de morte e foi incluído na lista de jornalistas vítimas de grave violação à liberdade de expressão divulgada no relatório anual da organização internacional de defesa dos direitos humanos Artigo 19.

Depois que vendeu a emissora, Kapich criou um site de notícias, o Jornal Regional, em Juína, e continuou causando polêmica. Em 2016, ao ser entrevistado na antiga TV, chamou de covarde e de burro o então prefeito da cidade, Hermes Bergamini, que tinha citado o nome dele entre "os 30% de moradores vagabundos da cidade". "É até difícil comentar uma burrice de um homem como esse. Que ele é quase como eu, analfabeto, a gente sabe. [...] Senhor prefeito, esse cargo é passageiro, porque a riqueza caiu na sua mão. O ser humano não é diamante. Não é boi. Quem o senhor pensa que é para dizer que 30% da população é vagabunda? Povo de Juína, não venda o voto novamente como a maioria fez na vez passada. Valorize o voto de vocês e coloquem pessoas de bem lá. Não esses inguinorantes [sic]. Um homem desses, para mim, com todo respeito aos animais, é um burro..."

Em julho de 2016, antes do início da campanha municipal, Kapich ensaiou concorrer a prefeito pelo PRB, e acabou multado pela Justiça Eleitoral em 5 mil reais por propaganda antecipada. O motivo da punição foi uma mensagem que publicou em seu site, que dizia: "Chega de HC, HB e PT. Agora é Lelinho da TV. O Lelinho é 10. Venha para o 10. Vamos fazer Juína ficar 10. PRB 10". Problemas de saúde o afastaram da disputa eleitoral.


O XERIFE

"O repórter não tem que ter medo de nada. O repórter investigativo sabe que está assumindo um risco de vida. É como um policial que vai lutar com o submundo do crime." Esta é a ideia de jornalismo investigativo que guia as feras mais radicais da Amazônia. A definição foi tirada de um documentário feito por estudantes da Faculdade Santo Agostinho, no Piauí, sobre outro polêmico repórter, apresentador e proprietário de televisão: Wellington Raulino, o Xerife.*

Embora tenha construído sua carreira profissional no Piauí, que não faz parte da Amazônia Legal, Raulino montou duas retransmissoras de televisão em cidades maranhenses limítrofes com o Piauí para aproveitar a brecha legal que permite a produção de conteúdo local. São elas a TV Integração, em Benedito Leite, e a

---

* Documentário *O jornalismo investigativo: A trajetória do repórter Wellington Raulino*. Trabalho apresentado como requisito para obtenção do grau de bacharel em comunicação social com habilitação em jornalismo da Faculdade Santo Agostinho. Disponível em: <www.youtube.com/watch?v=GW5J4VWGAhQ>. Acesso em: 13 jun. 2017.

TV Tropical, em Barão de Grajaú. As duas ficam numa margem do rio Parnaíba que separa os dois estados. Na margem oposta estão duas cidades piauienses importantes e que são os verdadeiros alvos de audiência das emissoras: Uruçuí e Floriano. Vez por outra, Raulino é contratado para apresentar noticiários no interior do Maranhão, principalmente nos períodos de campanha eleitoral.

O apelido Xerife nasceu em razão de sua semelhança física com o ator de filmes de faroeste John Wayne e virou a marca de Raulino. Alto e louro, o apresentador se destaca em meio à população nordestina. Um jornalista que participou do documentário feito pelos estudantes da Santo Agostinho o definiu como uma pessoa sem medo de enfrentar conflitos, com "um viés investigativo que perturba". Ele respondeu a catorze processos judiciais, sem condenação.

Mas colecionou inimigos e ameaças de morte com seu estilo implacável e agressivo. Em 2009, sua TV Integração, de Benedito Leite, fez uma série de reportagens sobre os desmandos administrativos do então prefeito de Uruçuí, Valdir Soares da Costa, eleito pelo PT. A primeira reportagem começava com a imagem do prefeito durante a campanha eleitoral, e a narração em off de Raulino: "Ele disse que ia derrotar o último coronel. O povo acreditou. Mas o último coronel não foi expulso. Aquele que prometia acabar com o coronel assumiu seu lugar. Ao sentir o gosto do poder, o homem que tinha a cara do povo mudou. A humildade deu lugar à arrogância. Logo que pegou a caneta de prefeito, uma antiga frase foi colocada em prática: 'Mateus, primeiro os teus'. E os dele foram muitos...", e elencou os familiares que tinham sido empregados pelo prefeito, com exibição de seus respectivos contracheques.

Em outubro de 2009, Xerife foi atacado por quatro homens enquanto atravessava de balsa o rio Parnaíba. Os quatro eram ligados ao prefeito Valdir Costa, e incluíam um irmão dele. O ataque aconteceu quando o apresentador ia para a TV. Ao perceber a aproximação dos agressores, ele mergulhou no rio, mas, quando voltou à superfície, foi atingido a pauladas. A imagem do apresentador ensanguentado e sujo de lama foi divulgada pela imprensa do Piauí. Por conta desse episódio, ele também foi incluído pela organização internacional de defesa dos direitos humanos Artigo 19 na lista dos jornalistas brasileiros ameaçados de morte. A lista é divulgada mundialmente.

As denúncias de Raulino contra o prefeito de Uruçuí e as retaliações prosseguiram. Em setembro do ano seguinte, o próprio prefeito mandou derrubar a antena e retirar o retransmissor da TV — que estava funcionando provisoriamente nas instalações de uma rádio comunitária de Raulino, em Uruçuí — com o argumento de que era pirata. No momento em que estava sendo reprisado o jornal do meio-dia, sobre desvio de verbas na prefeitura, o prefeito chegou à rádio, acompanhado por dois irmãos e seguranças. Uma máquina da prefeitura derrubou a torre e retirou o retransmissor. O funcionário da TV que estava de plantão passou a noite na delegacia. A prefeitura usou o código de postura do município como justificativa para a investida contra o jornalista. Alegou que ele usava palavras de baixo calão, como ladrões, quadrilha e bandidos.

A TV Integração passou um tempo fora do ar, mas retornou em novembro de 2014 com outro momento bombástico: uma troca de ameaças, inclusive de morte, entre Wellington Raulino e o secretário de comunicação da Prefeitura de Uruçuí, Weverson Matheus. À frente da prefeitura, na ocasião, estava Débora Renata Araújo (PMDB), que havia derrotado Valdir Costa nas urnas em 2012.

Raulino e Matheus se desentenderam e o secretário disse à polícia que o jornalista estava armado em um restaurante da cidade.

Os policiais foram ao local, constataram que ele estava desarmado, mas o levaram para prestar depoimento mesmo assim. Toda a cena foi filmada por Raulino. Momentos mais tarde, o secretário decidiu ligar para Raulino numa tentativa de apaziguamento. Mas a conversa evoluiu para troca de insultos e ameaças. O diálogo começou com Weverson Matheus:

— Vou lhe deixar um aviso.

— Me dê um aviso.

— Não me desmoralize na minha cidade, não.

— Por quê? Eu não tenho medo de ti não. Do jeito que vier pra mim, estou preparado.

— Você não fica aqui, eu garanto.

— Por quê?

— Tem 24 anos que eu moro aqui, chefe.

— Eu sou piauiense, rapaz. Nascido e criado, e tu é paraense [aumentando o tom de voz]. Eu não tenho medo de ti, não.

— Pois fala de mim para ver se eu não taco fogo em ti, vagabundo.

— Tu não taca fogo em ninguém. Tu é um covarde, um babaca, um babão. Só sabe viver babando a prefeitura.

— Eu taco fogo em tu.

— Não taca fogo em ninguém, rapaz.

— Tu é um covarde.

— Não sou covarde nada. Sou é homem. Sou corajoso. Sou é macho. [...] Sou apresentador da Rede Meio Norte. Sou Wellington Raulino. Tu não tem credibilidade.

— Esse teu canalzinho de merda, eu vou fechar ele.

— Não vai fechar nada, ele é todo legalizado.

— Tu não é legalizado nada, bosta. Você é uma bosta. Tu é um camelô.

— Sou funcionário da Meio Norte. Meu salário é de 25 mil reais por mês. E tu ganha oitocentos reais para puxar o saco da Renata [a prefeita Débora Renata Araújo, do PMDB].

— Experimenta falar de mim.

— Eu vou falar de ti. Do jeito que tu vier eu tô preparado para ti.

— Fala, mas tu não anda mais aqui, não. Vou tacar fogo em tu quando te achar.

— Minha casa fica ao lado da delegacia. Vem aqui.

— Pois topa comigo pra tu ver.

— Vem agora, aqui. Onde é que tu tá? Eu vou aí agora.

— Vagabundo.

— Cachorro.

O jornalista gravou o telefonema e entregou cópias à polícia e ao Ministério Público Estadual. Depois decidiu expor o caso na TV. Antes de reproduzir o diálogo, disse ter entregado as fitas à polícia para se resguardar, e deu a entender que poderia haver um desfecho trágico entre eles. "Não tenho medo de homem, não. Vou ter medo quando me aparecer um homem de três testículos. Enquanto forem de dois, como eu, não tenho medo", afirmou. A imagem do homem de três testículos — como indicativo de limite para o destemor — foi citada por outros personagens deste livro.

Em novembro de 2015, Xerife foi contratado para apresentar o jornal local da TV Cidade, canal 5, em São João dos Patos, no Maranhão, a cerca de noventa quilômetros da divisa com o Piauí. A emissora retransmite a programação gerada pela afiliada Record de São Luís. A contratação de Raulino — "o apresentador que não tem papas na língua e fala tudo que é preciso e objetivo" — foi noticiada pelo site maranhense Quarto Poder. Mas durou pouco. No final de abril de 2016, ele se demitiu e postou um vídeo na internet em que apontava o então prefeito de São

João dos Patos, o médico Waldênio Souza, como proprietário da emissora e acusava-o de ter lhe passado a perna e não pagar o salário combinado.

Em sua indignação, Raulino contou ter sido contratado para atacar os adversários de Waldênio e que a emissora censurava reportagens sobre os problemas da administração municipal. E, ainda, que era orientado a mentir sobre a situação da cidade. E encerrou o vídeo dirigindo-se ao prefeito: "As pessoas não acreditam no senhor, porque o senhor não tem palavra, e o homem sem palavra não tem credibilidade. Dr. Waldênio, homem sem palavra, para mim, não vale nada. Isso é o que eu penso do senhor, seu picareta".

Para tentar estancar o estrago causado pelo vídeo, a TV Cidade, de São Luís, emitiu uma nota declarando ser responsável pelo canal 5, e não o prefeito de São João dos Patos, e pediu desculpas pelas declarações do apresentador, a quem se referiu como ex-funcionário. A intenção do prefeito de se reeleger não foi adiante. Um mês antes da eleição municipal, ele renunciou à candidatura.

Raulino, por sua vez, voltou as energias para uma nova empreitada: a reabertura da TV Tropical, em Barão de Grajaú. A emissora tinha funcionado por uns meses, em 2015, no canal 12, arrendado pelo ex-prefeito Raimundo Nonato Silva, que se preparava para concorrer novamente ao cargo em 2016.

Ocorre que o então prefeito, Gleyson Resende, arrendou o mesmo canal 12, e os dois políticos não abriram mão de seus direitos. Criou-se, então, uma situação inusitada. Duas emissoras ocuparam o mesmo canal simultaneamente. "Por vários meses, elas bateram cabeça e uma interferia no sinal da outra", recordou Raulino. Raimundo Nonato desistiu da TV. Seu plano de eleição também não foi adiante, e ele renunciou à candidatura em favor da mulher, Claudimê Lima, que foi derrotada por Gleyson Resende.

Ele conseguiu relançar a TV Tropical em abril de 2016, no canal 36, afiliada à RedeTV!. Dessa vez, não estava ligado a político. Era um empreendimento só dele e da mulher, e ele contratou um especialista em outorgas de radiodifusão para orientá-lo. Ao reinaugurar a emissora, exibiu diante da câmera a papelada do processo de legalização.

O canal 36 não aparecia no sistema de divulgação da Anatel. Mas, como só havia uma televisão em Barão de Grajaú — e a política governamental impedia o fechamento de canais sem outorga nesta situação —, a pista estava livre para o Xerife. Ele entrou com o pedido de licença na Anatel em nome da empresa Sistema Maranhão Norte de Comunicações, na qual sua mulher, Joélia Rodrigues da Luz, é sócia administradora.

Entrevistei-o, por telefone, em abril de 2017. Foi difícil localizá-lo porque uma de suas características é a hiperatividade. Ele apenas acrescentou algumas observações ao que eu já havia apurado sobre sua trajetória. "Me acusam de extorquir prefeitos, mas eu sempre denunciei todos eles. Sou o inimigo número 1 dos prefeitos e de seus assessores", afirmou.

## REPÓRTERES VERSUS SINDICATOS

Os repórteres sem formação universitária das pequenas emissoras do interior da Amazônia Legal são o elo mais fraco desse sistema de comunicação: além de estarem à mercê dos políticos que controlam parte das TVs e de patrões sem estrutura econômica para cumprir a legislação trabalhista (carteira de trabalho assinada é raridade entre eles), sofrem rejeição dos sindicatos dos jornalistas, que não os admitem no quadro de associados.

A discussão sobre a exigência ou não do diploma começou em 1986, na reforma constituinte. Entre as 20 861 propostas de emenda à Constituição apresentadas estava a do deputado Antônio Rodrigues Palma (PMDB do Mato Grosso), sobre o fim da exigência do diploma de jornalismo. Os sindicatos venceram o primeiro round e a proposta não foi adiante naquele momento. O editorial de O Globo de 4 de julho de 1986 dá uma ideia do clima existente na época entre os proprietários das empresas de comunicação e as entidades classistas dos jornalistas: "Há muito que o diploma universitário deixou de ser no Brasil um simples certificado de conclusão do curso superior para se converter em documento de status social, em carta de privilégio para o acesso ao emprego público e sobretudo em instrumento-chave do exclusivismo profissional levado às últimas consequências. Foi por aí que se inventou a figura do jornalista diplomado, sabidamente o maior atraso de vida para a imprensa brasileira dos nossos dias".

Passados vinte anos, em novembro de 2006, o ministro do Supremo Tribunal Federal Gilmar Mendes suspendeu a obrigatoriedade do diploma por medida liminar. Ele foi relator do Recurso Extraordinário nº 511 961, em que se discutiu a constitucionalidade da exigência do diploma instituída pelo decreto-lei nº 972, de 1969. O decreto foi assinado pelos ministros da Marinha, do Exército e da Aeronáutica que compunham a Junta Militar que governava o país, e pelo ministro da Educação, Jarbas Passarinho.

Em 2009, o plenário do Supremo Tribunal Federal manteve — por oito votos a um — o entendimento de Gilmar Mendes de que a obrigatoriedade do diploma para o exercício do jornalismo seria um constrangimento à liberdade de expressão estabelecida pelo artigo 220 da Constituição Federal. Mas, já no ano seguinte, a Fenaj orientou os sindicatos a recusarem a filiação de profissionais sem diploma.

Essa posição foi revista em 2017. Em cumprimento de decisões judiciais, a Fenaj passou a emitir a carteira de identidade de jornalista para profissionais sem diploma, desde que apresentem o registro profissional. "Para nós, se não tem registro não é jornalista", disse-me a então presidente da Fenaj, Maria José Braga.

A discussão em torno do diploma persistiu no Legislativo. Desde 2016, tramita a passos lentos na Câmara Federal a Proposta de Emenda Constitucional nº 206/2012, de autoria do senador Antônio Carlos Valadares (PT de Sergipe), para restabelecer a exigência.

Diante da realidade do interior da Amazônia, surgiram iniciativas para respaldo profissional dos jornalistas sem graduação. No Maranhão e no Pará criou-se a categoria de jornalista de nível médio, formado em cursos de capacitação curtos, fora das universidades. Élbio Carvalho, repórter da TV Mirante (afiliada Globo, de São Luís), fundou o Instituto Brasileiro de Estatística, Cultura, Educação e Comunicação (Ibecec), com sede na capital maranhense.

No final do curso, de quatro meses de duração, os alunos recebem o certificado para requerer o registro na Gerência Regional do Trabalho em São Luís. "A gente dá o anzol e diz onde está o lago. Mas é o aluno que tem de ir buscar o peixe", disse Élbio, ao explicar que é o aluno que tem de dar entrada ao pedido no Ministério do Trabalho. Até fevereiro de 2016, o Ibecec havia formado dezoito turmas de jornalistas de nível médio no interior do estado, o que somava cerca de trezentos repórteres.

O aluno do Ibecec recebe certificado de nível médio, ainda que tenha diploma universitário em outra área. Segundo Élbio Carvalho, as agências regionais do Ministério do Trabalho no Maranhão e em Tocantins aceitam o certificado de nível médio como prova de qualificação profissional. Ele é conciso ao falar sobre a resistência dos sindicatos aos profissionais sem formação universitária: "Se a sindicalização é opcional, não cabe aos sindicatos dizer quem pode e quem não pode exercer a profissão". Só no interior do Maranhão existiriam, na avaliação dele, cerca de mil jornalistas em atividade, sem formação universitária.

Em Belém, o jornalista e padre italiano Cláudio Peguim, naturalizado brasileiro, criou uma alternativa semelhante à do Ibecec: a Escola de Comunicação Papa Francisco, mantida pela Igreja católica para formação de jornalistas de nível médio. O ensino começou no final dos anos 1990, de forma precária, com aulas itinerantes para jovens carentes da periferia de Belém.

O curso da Escola Papa Francisco tem duração de um ano. Até 2016, já havia formado mais de quinhentos alunos. Segundo o padre, o foco da escola não é viabilizar o registro profissional no Ministério do Trabalho, mas muitos alunos foram absorvidos pelo mercado. "A gente não se preocupa com o registro. Os alunos é que são os protagonistas. Nosso objetivo é dar expectativa e esperança aos jovens da periferia. A comunicação é a alma da sociedade", afirmou.

Em 2000, o Sindicato dos Jornalistas do Estado do Pará protestou contra a iniciativa junto à Conferência Nacional dos Bispos do Brasil (CNBB), mas o curso prosperou mesmo assim e foi reconhecido pelo Ministério da Educação. "Levamos muita bronca do sindicato dos jornalistas porque, naturalmente, as empresas pagam salário menor aos nossos alunos. Mas o problema não é o curso. São as empresas. Nós fazemos o nosso papel. O papel dos sindicatos é fiscalizar as empresas", disse o padre.

Roberta Vilanova, presidente do Sindicato de Jornalistas do Pará, resumiu sua posição sobre o assunto em uma entrevista, por telefone, em 2016: "Sempre fomos contra, e não apoiamos o desenvolvimento de qualquer tipo de formação técnica. A gente defende a formação de nível superior para o jornalismo. Esses cursos técnicos enfraquecem a nossa luta pela obrigatoriedade do diploma".

Até o início de 2017, o sindicato do Pará recusou a filiação de jornalistas sem diploma universitário, mas reviu sua posição por recomendação do Ministério Público do Trabalho e em razão de demandas judiciais. Mesmo assim, pouquíssimos jornalistas não diplomados buscaram o amparo sindical. Até fins de julho de 2017, segundo Vilanova, catorze pessoas tinham sido admitidas no quadro sindical nessas condições, para um total de mil associados.

O Sindicato dos Jornalistas do estado do Maranhão tinha cerca de quinhentos associados em 2016 e segundo seu presidente, Douglas Cunha, grande parte deles estava fora do mercado. Mas os repórteres da capital não se dispunham a trabalhar no interior em razão dos baixos salários e do custo da mudança. "É uma situação muito complexa, que nos deixa em saia justa. Precisamos encontrar uma possibilidade de proteger este trabalhador. Muitos deles estão no mercado há mais de vinte anos. E propor o fechamento das televisões do interior seria inviável", afirmou Douglas.

O sindicato não tinha informações precisas sobre os casos de agressão aos jornalistas do interior. "Quando tomamos conhecimento de ameaças, entramos em contato e cobramos apuração policial. Mas há um complicador: estes jornalistas, em sua maioria, trabalham em emissoras de políticos, vestem a camisa do político e atacam os adversários durante os programas nas emissoras. Eles criam problemas para eles próprios. Mesmo não os considerando jornalistas, o sindicato sai em favor deles. Caso contrário, o agressor vai se achar no direito de agredir qualquer jornalista. Não é a defesa daquela pessoa, mas dos jornalistas", prosseguiu o presidente do sindicato.

Enquanto a Fenaj contesta a validade do curso do Ibecec, os alunos exibem os certificados de conclusão e os registros nas carteiras profissionais como troféus. Prefeitos, vereadores, padres e pastores prestigiam as festas de formatura e os formandos posam para fotos vestidos com suas becas.

A Academia Pinheirense de Letras abriu seu salão, em abril de 2015, para a festa de formatura de dezoito alunos do Ibecec na cidade de Pinheiro, a cerca de trezentos quilômetros da capital. Três meses depois, outra turma se formou na cidade de Zé Doca (316 quilômetros da capital). A diplomação foi na Igreja da Matriz, com missa solene e a presença de formandos residentes em vários municípios vizinhos. Em janeiro de 2016, a cidade de Balsas parou para assistir à formatura de 28 alunos. Entre eles o proprietário do jornal local *Correio*, Adilson Gonçalves Neto, então com 71 anos e trinta de atividade em jornalismo local. Uma semana depois, outra turma se formou em Presidente Dutra.

Se existe rejeição dos sindicatos aos profissionais práticos, estes também têm queixas dos colegas diplomados das capitais, apontados como "arrogantes" e de "nariz em pé". Ao longo das viagens que empreendi por Mato Grosso, Tocantins, Pará e Maranhão ouvi relatos de proprietários de pequenas emissoras sobre a dificuldade dos profissionais graduados nas grandes cidades para compreender e se adaptar à realidade da profissão no interior. "O jornalista diplomado não atende às necessidades das emissoras do interior. Aqui, não basta ser repórter ou apresentador. Tem de entrevistar, apresentar, filmar e vender anúncio. O pessoal diplomado não aceita isso", afirmou Denize Frizon, repórter, apresentadora e proprietária da tv Frizon, de Paranatinga, a 350 quilômetros de Cuiabá.

Ela não fez faculdade de comunicação e obteve o registro profissional depois que o Supremo Tribunal Federal derrubou a obrigatoriedade do diploma. O Ministério do Trabalho em Mato Grosso exige a comprovação de conhecimento profissional e ela apresentou mais de cem vídeos com suas reportagens. Frizon disse compreender a reação dos sindicatos: "Acho de certa forma justa a reação dos sindicatos. Eu também não gostaria de passar quatro anos numa faculdade e ver meu mercado de trabalho aberto a todos".

# Maranhão

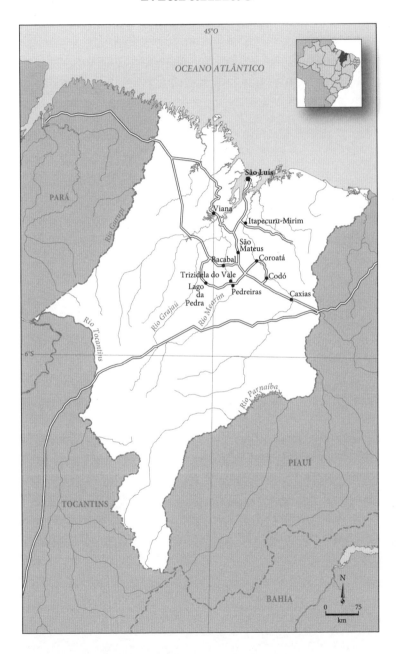

*Os moradores se conhecem e têm opinião formada sobre quem matou e quem foi morto. Por isso querem detalhes. Essa curiosidade é parte do convívio. A programação reflete a cultura local, as amizades, os amores, os ódios. Estão sempre em busca de emoção, numa eterna Copa do Mundo.*

Israel Braga, apresentador da TV Mearim, de Bacabal, ao explicar a razão do detalhamento dos crimes nas reportagens

# Os coronéis do Maranhão

Nos anos 1970, ainda estudante de jornalismo, estive na casa do lendário ex-deputado Tenório Cavalcanti, fundador do jornal *Luta Democrática*, do Rio de Janeiro, onde eu havia estagiado. Ele foi interpretado no cinema por José Wilker, no filme *O homem da capa preta*, e durante boa parte de sua vida teve uma metralhadora que chamava de Lurdinha.

A residência ficava em Duque de Caxias, na Baixada Fluminense. Fui sem agendar a entrevista. Simplesmente peguei o trem na Central do Brasil e fui. Encontrei o portão aberto e entrei. Passamos a tarde conversando. Para me explicar como era seu relacionamento com a população local, me levou à cozinha e mostrou uma mesa grande preparada para os visitantes. "As portas da minha casa ficam sempre abertas e nunca falta comida para quem chegar", disse.

Por mais de trinta anos eu guardei a fita cassete com a entrevista dele. Falava baixinho, com voz rouca, como se estivesse cochichando. Morreu em 1987. Foi o primeiro coronel político — chamado por uns de rei da Baixada e por outros de deputado pistoleiro — que conheci em minha longa trajetória de repórter.

Ao percorrer o interior do Maranhão nos dias que antecederam a eleição municipal de 2016, fui recebida nas casas de dois
coronéis políticos: Rovélio Nunes, de São Mateus do Maranhão, e
Biné Figueiredo, da cidade de Codó. Revivi a sensação que tivera
na casa de Tenório Cavalcanti, como se houvesse voltado quase
cinquenta anos no tempo. As duas casas tinham grandes mesas
postas para quem chegasse, e o povo entrava sem cerimônia.

A relação do político com o eleitorado no interior do Maranhão
não evoluiu. O assistencialismo e a troca de votos por favores são
não só explícitos, mas alardeados como virtude. Eles os mantêm
no cabresto, mas, em contrapartida, perdem o direito à privacidade. Ai do coronel que fechar as portas de sua casa ao eleitor.


## O CORONEL ROVÉLIO

O dia mal amanhecera e a casa do coronel Francisco Rovélio
Nunes Pessoa, em São Mateus do Maranhão, estava tomada por
gente querendo favores e de cabos eleitorais em busca de santinhos para distribuírem nos povoados da região. Entrei também
sem me anunciar e fui conversando com o pessoal que estava
aboletado nas cadeiras, nas muretas da ampla varanda da casa e no
gramado. Havia mulheres, crianças, jovens e velhos, como Idalvina Maria Campelo, de 78 anos. Ela colocou seu melhor vestido,
colar e brincos na esperança de se encontrar com o coronel, mas
ele tinha ganhado a estrada na madrugada. "Gosto do homem,
da mulher dele, dos filhos dele. Ele é povão, sabe aconchegar",
respondeu quando eu lhe perguntei sobre o político.

Rovélio é oficial da reserva da Polícia Militar e seu título de
coronel, portanto, se aplica duplamente. Foi prefeito da cidade
por três mandatos, pelo PV (Partido Verde). O último, de 2009

a 2012, foi um dos períodos mais turbulentos da história de São Mateus: eleito por diferença de apenas 22 votos, ele foi cassado e recuperou o cargo três vezes, mas os detalhes dessa história serão relatados em outro capítulo.

O coronel deve seu ingresso na vida política à mulher, Maria José Salomão, que pavimentou o caminho enquanto ele se dedicava à carreira militar. "Em 1992, eu meti na minha cabeça que ele ia ser político. O Rovélio se candidatou por insistência minha e perdeu para Getúlio Amorim, um analfabeto de pai e mãe, que fez uma gestão desastrosa."

Ela passou os quatro anos seguintes preparando o terreno para a próxima eleição, enquanto o marido trabalhava no comando da PM em Caxias. "Ele me dizia que não tinha dinheiro pra campanha e eu respondia: deixa de ser frouxo, eu tenho!" Ela possuía uma escola com 1160 alunos matriculados em Bacabal e passou a fazer o percurso diário entre as duas cidades com o carro abarrotado de moradores carentes de atendimento médico, cirurgias, aposentados pelo Funrural etc. "Naqueles quatro anos, eu assumi a frente de tudo e dizia para o povo: a próxima eleição vai ser nossa. Comprei um caminhão, um jipe e uma caçamba para fazer política. Eu mandava material de construção para as áreas mais pobres, saía de carro de madrugada para levar mulher para ter filho em Bacabal."

Em 1996, Rovélio se elegeu e pegou gosto pela coisa. Passou a seguir o receituário prescrito pela primeira-dama, que reconhece ser autoritária. "Ele não tinha jeito para a política, mas eu ensinei a ele. Tu tem que ser candidato, Rovélio. Eu nunca quis ser candidata." Mas Maria José chegou a acumular duas secretarias na prefeitura.

Desde então, a casa vive cheia. "Tem dia que vem quase cem pessoas aqui. Esteja ele prefeito, ou não. Pedem dinheiro para remédio, cestas básicas, ajuda para pagar conta de luz, enxoval para recém-nascido", afirmou. O coronel, segundo ela, tinha aposentadoria de 23 mil reais (quase 8 mil dólares em valores de setembro de 2016) como militar da reserva, e custeava as doações com esse dinheiro. "Ele é mais do que o pai dos pobres. Quando não pode ajudar, fica aperreado." Pergunto se a presença do povo em sua casa não a incomoda: "Passei a adorar", respondeu.

## DO RICO AO "ESMOLÉO"

O segundo coronel político que encontrei na viagem, Benedito Francisco da Silveira Figueiredo, o Biné Figueiredo (PSDB), vive em Codó, a cerca de cem quilômetros de São Mateus. Ele nasceu em uma família de políticos. O avô Henrique Figueiredo foi um dos primeiros prefeitos da cidade, na década de 1920. A casa, rodeada por varandões e árvores frutíferas, é um verdadeiro oásis em meio ao calor sufocante da cidade.

Sabendo que político em campanha deixa a toca cedo, cheguei à residência pouco depois do amanhecer e fui recebida pela dona da casa, Eliane Figueiredo. As varandas já estavam tomadas por gente à espera dele, e a segunda rodada de café da manhã acabara de ser servida.

Biné Figueiredo foi prefeito de Codó por duas vezes (de 1993 a 1997 e de 2005 a 2008), mas após seu último mandato foi derrotado em todas as tentativas de reeleição. Em 2016 ele fez nova investida e, mais uma vez, não venceu. Mas o que me levou a procurá-lo antes do pleito foi a curiosidade por sua vida, pois eu já o tinha entrevistado na prefeitura nos anos 1990.

Eliane Figueiredo estava vestida com as cores do PSDB, o partido do marido naquela eleição, e até o cachorrinho poodle que ela carregava no colo estava de amarelo. Com poucos minutos de conversa, me dei conta das semelhanças entre ela e a esposa do coronel Rovélio. Eram duas "arretadas". Conselheira do marido, não gostava que ele atacasse os adversários em público: "Se for preciso atacar, eu discurso e ataco. Ele não pode, porque o povo não quer ouvir isso dele". Comento sobre sua franqueza, e ela concorda: "Sou de temperamento forte. Se tenho uma coisa pra dizer, não faço rodeios", e não economiza em elogios ao marido: "Pode aparecer outro para substituir Biné, mas só quando ele fechar os olhos".

Para saciar a fome dos eleitores, a casa tem duas cozinhas. No dia da minha visita, o almoço teria cinco quilos de arroz, um quilo e meio de feijão e cinco quilos de carne. "Mas se aparecer mais gente, há mais carne temperada para emergências", esclareceu. Percorri o quintal, e me deparei com animais domésticos na engorda para serem servidos futuramente. A piscina era decorada com uma estátua de golfinho, exatamente como na casa de Rovélio. Biné Figueiredo me deu entrevista no intervalo entre uma reunião e outra.

— Seu último mandato terminou há oito anos. Como o senhor manteve o relacionamento com o eleitorado nesse período?

— Em primeiro lugar, eu não tenho eleitor. Eu tenho amigos, e amizade se constrói. Amizade, se você tiver a sabedoria de zelar e de conservar, é para o resto da vida.

— Sua casa é sempre aberta?

— Minha casa está sempre aberta aos amigos. Tanto faz se é rico ou "esmoléo", para mim o que importa é a amizade.

— O senhor não tem privacidade?

— Este relacionamento é o que me mantém vivo. Não só politicamente, mas também fisicamente.

— O senhor os ajuda financeiramente?

— Eu participo quando o amigo está em situação difícil. Às vezes sem ajudar financeiramente, só com uma palavra de conforto e de amizade. As pessoas simples se sentem muito bem quando são tratadas como gente.

Quando me dirigi à casa de Biné Figueiredo, na reta final da campanha de 2016, eu já conhecia a forma como ele usava seu veículo de comunicação nas eleições. Em outubro de 1994, fui enviada pela *Folha de S.Paulo* ao Maranhão para acompanhar o segundo turno da campanha para governador, em que concorriam Roseana Sarney (então pelo PFL) e Epitácio Cafeteira (PPR).

Cafeteira era favorito nas pesquisas eleitorais e a eleição passou a ser encarada pelos analistas como um plebiscito sobre a permanência da família Sarney no poder. Meu trabalho começaria por mostrar o clima da campanha no interior. Para isso, desembarquei em Teresina e segui por carro até São Luís, percorrendo grande parte da região dos Cocais.

A noite começava a cair quando me aproximei do pequeno povoado de Montevidéu, na zona rural de Codó. Apesar da luz reduzida, notei um grupo de moradores sentado na praça do lugarejo, assistindo à TV. Aquilo era uma novidade para mim. Parei o carro e me juntei a eles. As pessoas levavam as cadeiras de casa para terem comodidade. Parecia uma pequena sala de cinema a céu aberto.

Biné Figueiredo era prefeito de Codó, e a prefeitura tinha um canal de televisão que retransmitia o SBT. Ele mandara instalar televisores em vários povoados para a população acompanhar as finais da Copa do Mundo. Só havia aquele televisor em Montevidéu. O aparelho ficava sobre um pedestal, numa caixa de cimento fechada com cadeado. Todas as noites um morador abria a grade e ligava o aparelho, que captava os sinais das retransmissoras de Codó. O melhor sinal era o do canal da prefeitura.

De repente, a emissora cortou o sinal da programação nacional do SBT e colocou no ar um discurso do ex-presidente José Sarney. Por trinta minutos, a população o viu pedir votos para a jovem Roseana — fora do horário eleitoral permitido — e ironizar a idade avançada de Epitácio Cafeteira, já com mais de setenta anos. Sarney o retratou como um velho que usava dentadura, acordava às onze horas da manhã e precisava fazer a sesta depois do almoço. Quando questionei o então prefeito sobre o ocorrido, sua assessoria reconheceu o "exagero" cometido, mas não houve punição pelo crime eleitoral.

Com aquela imagem em mente, perguntei a Biné por que razão possuía uma emissora de TV. "Porque somos uma família política e televisão é desenvolvimento", respondeu, sem admitir a influência da TV sobre as eleições.

— Ter TV é fundamental para o político?

— É um meio de comunicação que ajuda, mas não é fundamental. Essencial é a maneira como o político trata as pessoas, a amizade que constrói com seu povo. Quem tem a amizade do povo tem tudo.

— Mas é um instrumento importante na eleição?

— Não digo isso. Apareço muito pouco na TV. Só mesmo nos períodos de campanha, no horário eleitoral. Sou um político atípico. Tenho a televisão para servir ao meu povo, não para vender a minha imagem.

Apesar da derrota de Biné na eleição de 2016, a família manteve um representante na Câmara Municipal, o neto dele, Rodrigo Figueiredo, que se reelegeu vereador também pelo PSDB. Mas tudo indicava que estariam de novo afiados na próxima eleição. Na família Figueiredo, estabeleceu-se uma divisão clara sobre as competências políticas de cada um de seus integrantes. Biné concorria a prefeito, o filho Camilo a deputado estadual, e o neto Rodrigo a vereador. Camilo foi deputado estadual por cinco mandatos, mas não se reelegeu em 2014. Eliane Figueiredo, que se casou com Biné aos catorze anos, disse que poderia ter construído uma carreira política como deputada, mas não o fez para não concorrer com o filho.

O controle de meios de comunicação por políticos foi objeto de estudos acadêmicos a partir dos anos 1980. Desses estudos surgiu o termo "coronelismo eletrônico" para designar o uso da mídia para obtenção ou manutenção do domínio político. Um dos estudiosos do tema é o professor aposentado da Universidade de Brasília (UnB) Venício A. de Lima. Eis como ele define coronelismo eletrônico: "A moeda de troca continua sendo o voto, como no velho coronelismo. Só que não mais com base na posse da terra, mas no controle da informação, vale dizer, na capacidade de influir na formação da opinião pública". E prossegue: "Ao controlar as concessões [de rádio, televisão e retransmissoras de televisão], o novo coronel promove a si mesmo e aos seus aliados, hostiliza e cerceia a expressão dos adversários políticos e é fator importante na construção da opinião pública, cujo apoio é disputado tanto no plano estadual como no federal".[*]

O coronelismo eletrônico é um dos objetos de estudo do Grupo de Pesquisa em Políticas e Economia da Informação e da Comunicação (Peic) do Núcleo de Pós-Graduação da Escola de Comunicação da Universidade Federal do Rio de Janeiro. O grupo, coordenado pela professora Suzy Santos, pesquisou o fenômeno em projeto patrocinado pela Fundação Ford. Eis como o define: "O termo coronelismo eletrônico ganhou visibilidade na

---

[*] Venício A. de Lima, "As 'brechas' legais do coronelismo eletrônico", *Aurora*, PUC/SP, n. 1, 2007. Disponível em: <https://revistas.pucsp.br/index.php/aurora/article/viewFile/6344/4652>. Acesso em: 13 jun. 2017.

década de 1990, quando os impactos da distribuição desenfreada de concessões de radiodifusão para políticos começaram a revelar uma prática de barganhas que envolvia presidentes, ministros, senadores, deputados, grandes grupos de mídia nacionais e o universo isolado dos pequenos municípios brasileiros. A inspiração para a formulação da expressão vinha do 'coronelismo político', vocábulo corriqueiramente utilizado para designar a política dos coronéis, chefes locais que ganharam a patente militar Guarda Nacional do período imperial".[*]

Com a proliferação de retransmissoras de TV pela Amazônia Legal, tornou-se corriqueiro encontrar pequenas cidades com várias emissoras locais, cada uma em poder de um grupo político, que usa o veículo para promover seus interesses e atacar os adversários. A novidade em relação ao coronelismo eletrônico descrito nos estudos acadêmicos está no fato de que não há o controle dos meios por um único grupo político, mesmo em pequenas localidades. Por isso, a televisão influencia, mas não determina o resultado das urnas.

[*] Disponível em: <www.coronelismoeletronico.com.br/coronelismo-eletronico/o-que-e/>. Acesso em: 13 jun. 2017.

# O repórter e os estupradores

Um jornalista carismático e com ambição eleitoral chega à pequena Itapecuru-Mirim, no interior maranhense, com carta branca do prefeito para administrar um canal de televisão da prefeitura. Sua missão é promover o gestor municipal, mas vai muito além disso: em quatro anos, ele construiu uma inédita galeria da criminalidade no meio rural.

O jornalista em questão é Willian Vieira, um moreno forte e de feições marcantes, nascido no povoado de São Pedro, município de Santa Helena, a cerca de trezentos quilômetros de Itapecuru-Mirim. De janeiro de 2013 a dezembro de 2016, enquanto perdurou o mandato do ex-prefeito Magno Amorim, do PPS, ele foi repórter, apresentador do noticiário *Balanço Geral* e diretor responsável pela retransmissora local da TV Cidade, afiliada Record.

Ele calcula ter noticiado mais de cinquenta casos de estupro de menores nos quatro anos em que esteve à frente da TV, e chegou a desenvolver uma teoria para explicar tamanha incidência: "O estupro de crianças ocorre com mais frequência no meio rural do que nas cidades e acontece sobretudo quando as mães criam seus filhos sozinhas. Os estupradores são pessoas próximas da família — padrastos, parentes, vizinhos e os próprios pais — que agem na certeza da impunidade. Por viverem em locais afastados, pensam que não serão descobertos".

Vieira tornou-se muito popular em Itapecuru-Mirim com o quadro "Solidariedade no ar" e a cobertura dos assuntos policiais. Em quatro anos, distribuiu 36 toneladas de alimentos, cinquenta cadeiras de rodas, 45 mil reais em dinheiro para ajudar no pagamento de consultas médicas, cirurgias e compra de medicamentos, e construiu também seis casas de alvenaria, conforme balanço que divulgou ao entregar o cargo. Os recursos foram doados por comerciantes e moradores nas campanhas que promovia, nas quais não economizava emoção.

Em uma das campanhas, ele e o cinegrafista foram a um casebre de paredes de taipa e telhado de palha de babaçu, onde havia uma mulher com câncer. Para acentuar a triste situação do casal e oito filhos, as imagens foram exibidas em preto e branco, ao som pungente da Ave-Maria. Vieira perguntou a uma das crianças se passava fome. Diante da resposta afirmativa, pediu para ela descrever como era a fome que sentia. "Dói a barriga", respondeu a menina, levando a mão ao estômago. Essa entrevista me fez voltar a 1994, quando um pai de família da zona rural de Codó (a cerca de duzentos quilômetros de Itapecuru-Mirim) me descreveu a fome que sua família passava com uma frase que me marcou para sempre: "É uma fome de gritar no meio da noite", disse ele. Concluí que a miséria social no interior do Maranhão não havia se alterado em duas décadas.

A ação beneficente deu a Vieira a alcunha de Pai dos Pobres. Inebriado pela fama, ele concorreu a vereador pelo PPS, mas a popularidade na TV não garantiu sua eleição. Ele estava certo da vitória porque as pesquisas locais de intenção de voto o apontavam como o candidato mais citado para vereador, mas ficou em 37º lugar, para um total de quinze eleitos.

O prefeito Magno Amorim também não conseguiu se reeleger, e, como é de praxe nas retransmissoras mantidas pelas prefeituras no Maranhão, a equipe da TV foi imediatamente substituída por pessoas de confiança do novo prefeito. O rodízio de profissionais ao sabor das eleições acontece em todo o estado e passou a ser encarado como algo natural e inevitável pelos próprios jornalistas, que vivem em constante migração de uma cidade para outra.

Em entrevista por telefone, em janeiro de 2017, Vieira atribuiu sua derrota nas urnas à falta de recursos financeiros para concorrer com adversários que distribuíram cestas básicas aos eleitores. Com 37 anos, ele permanecia em Itapecuru-Mirim fazendo reportagens como freelancer para a afiliada Record em São Luís, mas alimentava a esperança de poder montar sua própria emissora.

Conheci Vieira no final de junho de 2015, quando fiz a primeira expedição pelo interior maranhense. Ao chegar a Itapecuru-Mirim, me deparei com uma multidão na prefeitura. Era terça-feira, dia de beija-mão, quando os moradores carentes eram recebidos pelo prefeito e apresentavam toda sorte de pedidos: emprego, remédios, ajuda para aposentadoria rural, passagens, dinheiro e até calçados.

Os moradores começavam a se aglomerar na sede da prefeitura ainda de madrugada. Alguns traziam crianças pequenas no colo. A cena me remeteu à imagem do coronel político que mantém o eleitorado com a distribuição de favores. Itapecuru-Mirim tem 62 mil habitantes e está a 118 quilômetros da capital maranhense. A prefeitura administrava, então, três retransmissoras de TV: os canais 11 (Globo), 5 (Record) e 7 (SBT). Só os dois últimos produziam noticiário local. Não havia emissora na cidade independente da prefeitura. Os canais 5 e 7 funcionavam numa pequena casa no alto de um morro e dividiam o mesmo estúdio, uma saleta desprovida de móveis e sem isolamento acústico. As notícias locais veiculadas no SBT eram gravadas com antecedência, para que o *Balanço Geral*, da Record, líder de audiência, fosse transmitido ao vivo.

O canal 7 (SBT) estava sob a responsabilidade de Renato Valadares. Tal como Willian Vieira, ele era o faz-tudo da emissora. Nascido em Chapadinha, no interior do Maranhão, começou no rádio ainda adolescente, aos quinze anos, e passou por quatro televisões no interior do Maranhão antes de chegar a Itapecuru-Mirim, onde tirava um salário mensal de 2500 reais, equivalentes a 3,17 salários mínimos da época. Parte do salário, segundo ele, vinha de sua participação na venda de anúncios. Renato disse que não gostava de ser repórter e que preferia o trabalho de edição, mas se emocionou ao descrever sua maior reportagem: a cobertura policial de um assalto na cidade de Miranda do Norte, a trinta quilômetros de Itapecuru-Mirim.

"Um bando assaltou os Correios. A polícia chegou e os funcionários ficaram reféns dos assaltantes. Os bandidos disseram que soltariam os reféns, mas só se tivesse uma TV de outra cidade filmando. Um amigo que trabalha na prefeitura da cidade me indicou. Segui atrás do carro da polícia, pela contramão. Fui o primeiro jornalista a chegar lá e fiquei filmando os assaltantes com armas nas cabeças dos reféns. No final, os bandidos jogaram o dinheiro para o alto. A população não pegou as notas porque tinha policiais de toda a vizinhança no lugar. Foi adrenalina total. Isso me agradou muito. E fui elogiado no ar pelo SBT em São Paulo e em São Luís."

Willian Vieira e sua equipe recebiam salário da prefeitura e também completavam a renda com participação na venda de anúncios. Naquela terça-feira, ele chegou ao estúdio pouco antes do meio-dia, depois de gravar duas reportagens policiais. Moradores o esperavam na porta da emissora. Ele vestiu a gravata e o blazer tirados de um pequeno armário, colocou o banner da Record na parede e dirigiu-se à câmera num tom baixo e pausado — como se fizesse confidências aos telespectadores —, anunciando as manchetes do dia.

"O Zequinha — você conhece o baixinho? —, acostumado a pegar o que não deve, foi preso. Estava com uma máquina de lavar moto, muito bonita, que diz ter comprado por quinze reais. Eu estou tentando comprar uma igualzinha, que custa 450 reais, e ainda não consegui. Receptação é crime. E você vai conhecer também a história de uma mulher que tomou o marido da outra. A mulher agora quer cortar a cara dela todinha: sabe o que ela disse? Quem tem boca tem fome."

Willian tem origem no rádio, onde começou adolescente. Foi locutor por dezessete anos e migrou para a televisão em 2010. Filho de um trabalhador rural, vendeu tomate em feira e capinou quintais em São Luís para ajudar a família. Fez curso técnico de comunicação no Senac. Ele se queixou da falta de estrutura de trabalho e disse que sua maior motivação era o assistencialismo. Admitiu que o trabalho assistencial pavimentaria seu caminho para uma futura carreira política, mas ainda não cogitava sair candidato.

Só percebi a peculiaridade do trabalho de Willian Vieira após assistir a dezenas de reportagens que ele fez à frente da emissora de Itapecuru-Mirim. Seu diferencial está na maneira direta, cortante, de entrevistar os acusados e de levá-los a detalhar os crimes cometidos. O tema mais recorrente de suas reportagens é o estupro de crianças. Os casos eram levados até ele pelo delegado regional de Itapecuru-Mirim, Samuel Morita, que sempre era entrevistado, ao final. Segundo o jornalista, Morita tornou-se o delegado mais conhecido do interior do Maranhão graças à parceria dos dois na TV. Ele diz ter sofrido quinze ameaças de morte nesse período, feitas por familiares de presos. Em vez de registrar os casos na polícia, ele noticiava o fato e mostrava imagens dos autores na TV. A única ameaça que registrou na polícia ocorreu durante a campanha eleitoral de 2016, quando concorria a vereador e estava fora da televisão.

O apresentador acredita ter desenvolvido uma técnica própria para levar os acusados a confessarem a autoria dos crimes na televisão. Antes de ligar a câmera, ele os convence de que estão tendo a oportunidade de se desculpar perante a sociedade e que o melhor a fazer é confessar o crime. "Eu não posso entrar de sola, fazendo perguntas, mas também não adianta perguntar se querem dar entrevista, porque todos dirão que não. Conversando, eu os convenço a falar."

## "TU É UM BICHO"

Em novembro de 2015, Vieira entrevistou um jovem de 26 anos, José Ribamar Santos Portácio, que confessou ter estuprado uma menina de apenas seis. Ela morreu pouco depois de chegar ao hospital. O criminoso e a vítima viviam no povoado de Queimados, na zona rural do município de Urbano Santos, e o preso foi levado para a delegacia de Itapecuru-Mirim, onde se deu a entrevista. Admitiu o estupro, mas negou ter matado a menina. A morte, segundo ele, foi consequência involuntária de seu ato. Eis um resumo da entrevista:

— Você a conhecia? Por que escolheu ela?

— Eu não a escolhi. Foi por acaso.

— Conhecia a família dela?

— Sim.

— Você a levou até o mato. O que aconteceu?

— Sei lá. Tive a intenção de mexer com ela.

— Conta como começou?

— Não lembro muito bem. Eu estava bêbado na hora. Só lembro de uns vultos assim. Lembro que eu estava com ela.

— Uma criança de seis anos.

— Não sei a idade certa dela.

— Isso por volta de que horas, no sábado?

— Umas nove horas.

— Estava tão bêbado que se lembra de tudo, né? Abra o jogo comigo. Por volta das nove horas da noite, ela estava sozinha na rua neste horário?

— Isso.

— Você a levou para o matagal. Chegando lá, você tirou a roupa dela. Ela consentiu tudo isso?

— Acho que sim. Ela não gritou. Só isso.

— Como é que conseguiu, cara, ter relações com uma criança de seis anos? Como é que tu fez?

— Na verdade, não tive relações com ela. Eu coloquei apenas o dedo.

— Certo. O dedo e o que mais?

— Isso é o que me lembro.

— Não teve relações sexuais com ela?

— Não lembro.

— Por que você resolveu estrangular ela? Lembra por que fez isso?

— Não lembro, não.

— Por que você acha que ela morreu?

— Não sei. Talvez devido ao sol. Não sei.

— Você ficou com ela até que horas?

— Até umas dez horas, dez e meia.

— Causando todo tipo de sofrimento, espancando.

— Não, senhor, jamais. [...] Fiquei lá mais ela, conversando.

— Ela gostava de ti, já te conhecia, [...] respeitava você como tio?

— Acho que mais como amigo.

— Tem filha?

— Não.

— Tem irmã?

— Sim.

— O que faria se fizessem isso com sua irmã?

— Sinceramente, não sei.

— O que você acha que merece?

— Acho que todo mundo que erra tem que pagar. Mas eu me arrependo.

— [...] Deixou ela agonizando, morrendo...

— Para mim, estava só desacordada.

— Por que ela ficou desacordada, se tu não fez nada com ela?

— Porque ela é criança e criança dorme.

— Deixou ela morrer sozinha, cara?

— Achei que ela ia voltar para casa.

— Como voltar, se estava desmaiada, sangrando, ou ela não sangrou? Diz pra mim.

— Acho que sangrou.

— Tu acha?

— Eu acho que sim.

— Quando chegou em casa, o que você fez?

— Dormi.

— Tranquilamente, como se nada tivesse acontecido?

— Acho que eu estava bêbado.

— É a primeira vez que tu estupra alguém?

— Sim, senhor.

— É a primeira vez que você mata alguém?

— Eu nunca matei ninguém. Se ela morreu, eu não tive a intenção.

— Por que não se entregou à polícia?

— Eu fui justamente...

— Por que não pegou uma corda, pôs no pescoço e se matou?

— Aí também eu não consigo dar resposta.

— Não consegue dar resposta, mas conseguiu matar uma criança. Eu, como pai de família, estou dizendo na tua cara que estou revoltado com isso, entendeu? Só não meto a mão na tua cara porque a minha profissão não é essa. Senão, eu metia a mão na tua cara nesse exato momento. Porque, pra mim, tu é um criminoso, um safado, um canalha, um pilantra da pior espécie. Tu é um bicho.

Dois anos antes, em dezembro de 2013, Vieira entrevistara Cristiano Medeiros, que admitiu ter estuprado a filha de doze anos em pelo menos quatro ocasiões. Em todas, segundo alegou, estava "muito bêbado de cerveja e cana". Durante a entrevista, o jornalista pergunta sem rodeios ao acusado se estava preparado para sofrer a punição aplicada pelos demais presos aos condenados de estupro. Sabe-se que em geral também são estuprados. O diálogo entre o jornalista e o preso pode ser visto a seguir:

— Ela chorou quando você estava cometendo o ato com ela?

— Chorou.

— Isso não lhe doía por dentro?

— Doía.

— O que você acha que vai acontecer com a vida de sua filha?

— Não sei, não. Só Deus.

— Quer dizer que lhe doía por dentro? Não, vai lhe doer é agora quando chegar ao presídio. Você sabe o que lhe espera quando chegar lá? Você sabe que tem um comitê de recepção de boas-vindas pra você, não sabe?

— Sei.

— O que você imagina que vai ter na prisão pra você?

— Um terror.

— O que é o terror?

— Me usar, bater, pegar um pau em eu.

— [...] O que deu na sua cabeça para fazer isso com sua própria filha?

— Eu tava bêbado.

— E as outras vezes?

— Também.


O MENINO BANDIDO

Dentre as reportagens de realismo chocante exibidas por Willian Vieira há uma entrevista com um menino de dez anos que foi detido após participar de um assalto seguido de sequestro, junto de um primo. O crime aconteceu no município de Santa Rita (vizinho de Itapecuru-Mirim). A entrevista foi ao ar no dia 15 de julho de 2015. A emissora usou um recurso para ocultar o rosto do garoto, mas citou seu primeiro nome: Alisson.

Quando o indaguei sobre os motivos que o levaram a entrevistar a criança, ele alegou que conhecera a família do menino por ter trabalhado numa retransmissora de TV de Santa Rita e que fez a entrevista para mostrar que as más companhias podem desencaminhar até os filhos de famílias estruturadas. Eis um resumo da entrevista com o menor:

— Tu participou daquele roubo da loteria?

— Não. O da loteria foi meu primo que participou.

— O primo? Então a família toda tá envolvida em roubo?

— A família, não. A família não tá envolvida em nada, não.

— Tu usa droga, meu filho?

— Eu não.

— Tava armado, violento, ameaçou a vítima?

— Ameacei não, sô. Tava com a arma na perna.

— Tu fala: ameacei não, sô. Já tem sotaque de bandido, deste tamanho, filho?

— Ameacei não.

— Tu é filho de quem, em Santa Rita?

— Minha mãe faleceu e meu pai tá morando na beira do campo no interior.

— Além de você e de teu primo, tem mais quantos bandidos em tua família?

— Bandido? Tem bandido não, sô.

— Tu é o quê, fio?

— Nada não.

— Tu ameaça uma pessoa com uma arma, pratica assalto, deste tamanho. Não gosta de estudar, não?

— Eu estudo. Tô de férias.

— Tu tá de férias e aproveitou pra roubar, fio?

Segundo o jornalista, depois daquele episódio, o menino voltou para o convívio da família e não se envolveu mais com a criminalidade.

# A TV e o êxodo rural

O dia mal amanhecera em Coroatá e uma fila de trabalhadores rurais já se havia formado à espera do ônibus que os levaria ao interior de São Paulo, em busca de oportunidade de trabalho. Avós, pais, mulheres e filhos os acompanhavam na fila para a despedida. Um ônibus de turismo chegou com um pouco de atraso. Passageiros e tralhas foram embarcados, e o veículo partiu abarrotado.

A cena foi exibida em janeiro de 2017 pelo programa *Coroatá na TV* da retransmissora local da Rede Vida. A reportagem sobre o embarque dos trabalhadores foi feita por Antônio Silva, repórter e apresentador do telejornal. Antes de entrevistar os retirantes, ele informou que oito ônibus já tinham deixado a cidade naquela semana com pessoas, na maioria jovens, em busca de ocupações temporárias nos estados do Sudeste e do Centro-Oeste. Um dos entrevistados relatou que tinha retornado para Coroatá com a mulher e os filhos no ano anterior na expectativa de ficar de vez em sua terra natal, mas a crise econômica inviabilizou seu plano. "Não tem como ganhar dinheiro por aqui", lamentou.

O Maranhão tornou-se um dos maiores fornecedores de trabalhadores temporários do país. Como aves de arribação, eles saem com destino fixo e voltam quando as safras nos outros estados terminam, para recomeçar tudo no ano seguinte. Em geral, os grupos partem com emprego garantido e repetem a rota todos os anos. Os trabalhadores são contratados por empreiteiros e um indica o outro — em geral, amigo ou parente. Isso produziu uma inesperada especialização no fluxo migratório: algumas regiões tornaram-se fornecedoras de pessoal para a colheita de morango; outras para o corte da cana ou para a colheita do café, da laranja, da batata.

Na primeira vez que percorri aquela região, em 1994, como repórter da *Folha de S.Paulo*, me espantei com a quantidade de agências de turismo em Codó, Timbiras e Coroatá, que são municípios vizinhos na região dos Cocais. Como pode haver tanto interesse turístico em meio a tal pobreza?, me perguntei. Depois me dei conta de que o rótulo de agência de turismo era apenas disfarce.

O vaivém dos trabalhadores rurais incorporou-se de tal forma à rotina da região que não despertava mais interesse das emissoras de TV. Por isso, a iniciativa da Rede Vida era um diferencial. O telejornal, ainda que fizesse parte de uma retransmissora mantida pela Igreja católica, não tinha cunho religioso. Possuía pauta de assuntos variados e disputava a audiência com os demais canais, com a vantagem de a Rede Vida não estar vinculada a nenhum grupo político. A licença do canal 7 pertence à Fundação Educativa e Cultural de Coroatá, então subordinada ao bispo dom Sebastião Bandeira, que deu carta branca à pequena equipe da TV para fazer jornalismo imparcial. As matérias da emissora são simultaneamente disponibilizadas na internet.

Quando a reportagem sobre o êxodo rural foi exibida, existiam na cidade cinco retransmissoras de televisão autorizadas pela Anatel, e uma sexta, a TV Impacto, canal 15, afiliada à

RedeTV!, que estava sendo implantada. Duas eram católicas: a Rede Vida, canal 17, e a TV Nazaré, canal 7, que tinha arrendado o horário do almoço ao grupo político do ex-prefeito Luís da Amovelar, do PDT, que ocupava o espaço com o programa *Canal Aberto*. As demais retransmissoras eram: TV Cidade (canal 11), pertencente à família do ex-deputado Ricardo Murad, cunhado de Roseana Sarney; TV Mirante (canal 9), afiliada à Globo, pertencente à família Sarney; e a Difusora (canal 11), da família do ex-governador e ex-ministro Edison Lobão, principal aliado de Sarney no estado. Portanto, três televisões subordinadas aos interesses do PMDB.

A retransmissora da TV Nazaré não exibia a neutralidade política de sua congênere Rede Vida. Quando estive em Coroatá, em 2015, encontrei Luís Mendes Ferreira — o Luís da Amovelar — na antessala do estúdio. A TV funcionava em uma construção muito simples e a antessala, na prática, não passava de um estreito corredor. Tivemos, na ocasião, uma conversa sobre a importância das televisões para os políticos no Maranhão e sobre a correlação de forças entre seu grupo e o de Murad. Ele me disse que a eleição de Flávio Dino (do PCdoB) para governador, em 2014, tinha fortalecido seu grupo. "Hoje, as duas forças estão relativamente equilibradas. Temos apoio do governador, enquanto Murad, que é do grupo Sarney, tem força em Brasília e comanda cargos federais no estado."

— Qual é a importância de ter uma TV nesse jogo?

— A TV é importante para trabalhar nossa imagem politicamente. Se eu não tiver uma televisão, vou ser massacrado pelo adversário na televisão dele. É uma luta diária e não podemos baixar a guarda um só instante.

O poder político em Coroatá — cidade de 65 mil habitantes, a 250 quilômetros de São Luís — é como um esporte de revezamento entre os grupos de Amovelar e de Ricardo Murad. O jogo começou há várias décadas, sem data para acabar. Em 1992, Murad era deputado federal quando se candidatou a prefeito de Coroatá e colocou sua mulher, Teresa, como vice na chapa. Foi eleito, mas, para não perder o mandato de deputado, não compareceu à posse na prefeitura. Assim, quem assumiu foi Teresa. Quatro anos depois, ele elegeu o sobrinho Rômulo Trovão para suceder a mulher. Um fato chamou a atenção da jornalista Mônica Bergamo, na ocasião. Rômulo cursava engenharia na faculdade Mackenzie, em São Paulo, ao mesmo tempo que era prefeito de Coroatá, a 3488 quilômetros de distância.

O caso deixou espantado o professor Antônio Pena, que perguntou ao aluno: "Como o prefeito administra a cidade sem nunca estar lá?". O aluno respondeu: "Meu tio me ajuda". Como secretário de governo da prefeitura, Murad era o prefeito de fato. A história foi publicada na ocasião pela *Folha de S.Paulo*.

Luís da Amovelar foi prefeito de 2005 a 2012. Teresa Murad o sucedeu e foi derrotada pelo filho de Amovelar em 2016. Para os dois grupos, as televisões eram trincheiras na guerra. Na minha passagem por Coroatá, em 2015, tentei entrevistá-la, mas fui informada por sua assessoria de que ela raramente comparecia à prefeitura e que administrava o município de sua fazenda.

O canal 11 — afiliado ao SBT — tinha sido arrendado pela família Lobão a Haroldo Nascimento Silva, um pequeno empresário de ônibus de turismo que, por sua vez, transferiu a gestão ao jornalista Ezequiel Pacheco Filho, o qual se desdobrava para tocar a emissora sozinho e driblar as dificuldades financeiras. Disse que destinava um terço do faturamento — cerca de 9 mil reais por mês, na ocasião — ao pagamento do uso do canal à Rede Difusora. "É preciso muito jogo de cintura para sobreviver", afirmou.

Pacheco só se deixava fotografar de óculos escuros por imposição do contrato que tinha com a Ótica Diniz, patrocinadora do jornal local, o *Programa do Pacheco*, do qual era único repórter e apresentador.

## VOCÊ CONHECE O TRIPA?

A competição entre as emissoras de Coroatá é acirrada no horário do almoço, quando entram no ar os jornais locais do SBT, da Record e da TV Nazaré. A Globo fica de fora da concorrência neste horário por não ter programação local. No duelo, não importa se a emissora é grande ou pequena em nível nacional, e sim o carisma e o poder de comunicação do apresentador local.

Macílio Gonçalves, apresentador do *Canal Aberto* da TV Nazaré, dá um formato novelesco à cobertura dos assuntos policiais. Se a audiência for boa, o tema fica vários dias em evidência. A história do homem que vendia urubus na feira como se fossem galinhas caipiras movimentou a cidade por vários dias seguidos, no início de julho de 2015. O preso já era conhecido da população por praticar pequenos golpes.

Eu estava no estúdio do *Canal Aberto* no momento em que Macílio se aproximou da câmera e, em tom de suspense, perguntou ao telespectador:

— Você conhece o criminoso Tripa? Tão inteligente, tão liso que colocou dois urubus no cofo [cesto de palha artesanal] e foi para a feira. A dona de casa se interessou e quis ver as galinhas. Ele não deixou. Esperto, falou que as galinhas eram ariscas e pediu oitenta reais pela mercadoria. A mulher regateou, regateou e levou o produto por cinquenta reais. Quando chegou em casa e abriu o cofo, deu com os urubus.

A mulher deu queixa na delegacia e Tripa foi preso. Segundo Macílio, até então ele só praticava pequenos roubos e logo acabava solto. Uma vez nas ruas, partia em busca de novas vítimas. Mas os crimes de Tripa ficaram mais graves com o passar do tempo, e um ano depois do golpe dos urubus ele foi condenado a oito anos de prisão por assalto à mão armada.

As retransmissoras de Coroatá trabalham com equipes tão pequenas que algumas não têm substituto para o apresentador em situação de emergência. Certa vez, o filho de Gonçalves sofreu um acidente de moto e ele se viu obrigado a apresentar o noticiário como se nada estivesse acontecendo. "Se eu adoecer, o jornal sai do ar", declarou.

Na eleição de 2016, dois apresentadores se elegeram vereadores: Macílio, pelo PCdoB, e Júnior Buhatem, da TV Cidade, pelo PMDB. Os dois voltaram a apresentar os noticiários depois de eleitos.

## O CRIME ENCOMENDADO

Em março de 2016, as televisões de Coroatá registraram uma história surpreendente: um agricultor querido na cidade contou em detalhes, diante das câmeras, como encomendou o assassinato de um jovem que assaltara sua propriedade rural. Cercado pelos repórteres, ele descreveu com calma os fatos que antecederam sua decisão e como foi a negociação com o executor do crime.

Antônio Duarte, de 53 anos, conhecido pelo apelido de Carne Boa, entregou sua moto e mais 2 mil reais ao vaqueiro Romário Rocha, de 23 anos, para que desse cabo da vida de outro jovem: Ronaldo Gaioso dos Santos, sobre o qual pesava a suspeita de três assassinatos. Temendo ser a próxima vítima, Carne Boa encomendou o crime, que foi consumado logo depois da negociação. Os dois foram descobertos e presos.

O executor e o mandante tinham trabalhado como vaqueiros em uma fazenda próxima à cidade. Romário, que tinha dois filhos pequenos à época, negou para os jornalistas que tivesse praticado o crime, mas acabou confessando mais tarde ao delegado. Carne Boa sofreu um infarto na cadeia, e foi autorizado pelo juiz a cumprir a pena em prisão domiciliar.

As perguntas dos repórteres são tão indicadoras do comportamento e de valores locais quanto as respostas do mandante confesso, que admitiu o crime assim que foi levado para a delegacia. Ele declarou que tinha sido ameaçado pela vítima, e um repórter pediu que detalhasse as ameaças. Em tom calmo, ele enumerou:

— Matar, esquartejar, espalhar os pedaços no meio da rua e levar a cabeça pra minha mulher.

— Ele teria dito isso a você?

— Pra mim não, pra família dele. Quem me passou isso foi o próprio familiar dele. Eu tenho uma propriedadezinha depois da do pai dele. Todo dia ele me via passando e dizia: "Cumpadi, pelo amor de Deus, não ande por esse caminho assim! Esse homem [o filho] tem uma espingarda com 24 caroços de chumbo e disse que vai te dar um tiro, e quando você cair, vai te despedaçar todinho!". Sabendo que o cara é perigoso, que já matou gente, que é suspeito de tanta coisa ruim naquele bairro novo, me assustei.

— Ficou com medo de ser mais uma vítima?

— Fiquei com medo de ser mais uma vítima, entrei em pândico [sic]. Ocês me conhece, sabem que não sou dessas coisas. O que faz a gente fazer isso é o desespero, né?

— Ele estava te ameaçando por quê, Carne Boa?

— Ele roubou a minha casa. Levou um besouro [ferramenta de amarração de ferragens] de quinhentos reais, um conjunto de chaves e 35 galinhas. Eu tinha duas galinhas com pintinhos novos dentro da casa. Ele levou as galinhas e matou dezoito pintinhos. Uns ele espocou pisando em cima. Outros ele cortou de facão.

— Como você chegou ao Romário?

— Eu já tinha intimidade com o Romário. A gente foi conversando e entrando em detalhes. Não foi um simples contrato. Eu fui falando o quanto eu estava sofrendo.

— Ele teria dito pra você que faria o serviço?

— Não disse diretamente que iria fazer o serviço. Disse: "Eu vou lhe ajudar pra te tirar do sufoco".

— O que o senhor prometeu a ele?

— Prometi uma coisa que eu não quero declarar.

— O senhor é pai de família, trabalhador, conhecido em Coroatá. Como está se sentindo, agora que vai ter que pagar pelo crime?

— Eu tô arrasado. Além de vítima, eu sou uma pessoa valorizada.

— O senhor teria mandado matar porque se não tivesse feito isso teria sido a vítima?

— Com certeza. Ele é perigoso. Não tem pena de ninguém. O serviço dele é fazer mal aos outros.

— Por que o senhor não procurou a polícia? Ou o senhor procurou?

— Eu não procurei porque se o pai dele ou eu desse parte, ele matava mais ligeiro.

— Você se imaginaria em algum momento fazendo isso? Passou pela tua cabeça que a polícia podia descobrir e que você iria para atrás das grades?

— Nessas alturas a gente não pensa em quase nada, só em se defender. O cara que é pai de família, trabalhador que nem eu... tenho propósito de tocar minha vida pra frente, não se acabar na mão de um...

— A ideia era se ver livre dele?

— Era a única maneira de me livrar dele.

— É como no ditado: ou eu ou ele?

— Ou eu, ou ele. Já tinham dado parte dele à polícia mas ele é como rato de esgoto, se esconde, vai pra um lado... vai pra outro.

# O Projac de Codó

Situada na região dos coqueirais nativos de babaçu, na parte central do estado, Codó é chamada de Capital da Magia por concentrar, segundo dados não oficiais, 240 terreiros de rituais afro, como o candomblé, a umbanda e o terecô, este praticado pelo famoso pai de santo Bita do Barão. O município preserva várias comunidades quilombolas, como o povoado de Santo Antônio dos Pretos, onde Bita nasceu.

Porém, graças a um jovem tímido que abandonou a escola no ensino médio por não suportar o bullying dos colegas e de professores, a cidade de Codó passou a ser conhecida também — além de pela pobreza e pelos abusos dos políticos locais — pela paixão pela dramaturgia. Em cinco anos, foram produzidas ali três telenovelas: *Amor e Decepção*, *Reflexão* e *Tempo de Amar*. Sérgio Santos é o nome do produtor, autor, roteirista, cinegrafista e diretor das produções. Ele escreveu sua primeira novela aos dezenove anos, estimulado pelo pai, que é estivador, e pela mãe, uma dona de casa de origem pobre, que na infância quebrava coco para ajudar no sustento da casa.

O elenco é formado por moradores que atuam gratuitamente,

pelo prazer de participar. Alguns são trabalhadores rurais. Apesar do amadorismo e da falta de recursos técnicos, as novelas conquistaram audiência e os atores ganharam fãs na cidade. *Tempo de Amar* tem noventa capítulos e 26 atores. Começou a ser exibida em 2016 pela TV Palmeira do Norte, afiliada local da Bandeirantes, com exibição aos sábados, ao meio-dia. A emissora ficou algumas semanas fora do ar após a eleição de 2016, e voltou à atividade em janeiro de 2017. A interrupção atrasou o encerramento da trama. Como todo o elenco tinha outros empregos, as gravações eram feitas três vezes por semana. Sérgio acumulava o trabalho de repórter em outra emissora local: a TV Cidade, afiliada Record, que exibiu a novela *Reflexão*.

Sérgio Santos foi estimulado pela mãe a filmar suas histórias depois que um tio elogiou o vídeo que fez com a câmera fotográfica, no quintal da casa. A família comprou uma filmadora para ele na internet. Desde então, foi se aprimorando. A terceira novela foi gravada em alta definição, e os capítulos podem ser vistos pelo YouTube. *Amor e Decepção* conta a história de uma moça que foi trocada na maternidade. Nascida de pais ricos, foi entregue a uma família pobre que sobrevivia catando lixo nas ruas, e se apaixona pelo rapaz que foi criado por seus pais biológicos. No final, o equívoco é desfeito, ela se descobre rica e os dois se casam.

Para formar o elenco, Santos colocou um anúncio na TV convidando os moradores para o teste de seleção na casa dos pais dele. "A casa ficou cheia", relembrou. Os candidatos não só se dispuseram a atuar de graça, como passaram a contribuir para as despesas com dinheiro do próprio bolso.

A segunda novela, *Reflexão*, é sobre uma quebradeira de coco de babaçu que se apaixona por um homem rico e após muito sofrimento também descobre que tem pais ricos. Esta trama teve três patrocinadores: o revendedor local da Ultragaz (gás de cozinha), que doou o combustível; a oficina de automóveis Fran Auto Serviços; e a Funerária Santa Piedade, que anunciou seus serviços nos intervalos comerciais.

Os desembolsos com a produção das novelas foram ínfimos. Sérgio Santos calculou que as três produções, somadas, consumiram 10 mil reais. Os figurinos e a maquiagem eram dos próprios atores. As filmagens foram feitas na fazenda de um comerciante local, o João do Plástico, entusiasta da iniciativa. No final das novelas, os melhores atores eram premiados com um troféu oferecido pelo próprio Sérgio Santos. As premiações, na sede do sindicato dos estivadores, tiveram cobertura da imprensa local.

*Tempo de Amar* foi a produção mais ousada. Teve elenco de 26 atores, oito dos quais eram trabalhadores rurais. A trama tratava da disputa por herança entre dois irmãos. O vilão foi interpretado por Antônio José Lira, o mais premiado da equipe, com dois troféus. Os atores, segundo o multitarefas Santos, sonhavam ser descobertos por uma grande emissora de televisão. Apaixonada por forró, a aposentada Inês Carvalho chegou aos oitenta anos com três novelas no currículo. "Ela é divertida e pega os textos de primeira", elogiou Sérgio. O trabalhador rural Jecivaldo, conhecido como Leleco, fez um assaltante trapalhão que só se dava mal em *Tempo de Amar*. Seu alvo predileto era a personagem de Inês Carvalho, no papel de uma rica proprietária de fazenda. Em uma das tentativas de assalto, a vítima lhe subtrai dez reais. O trapalhão desiste da vida de crimes e vira evangélico no final da trama.

Sérgio Santos disse buscar inspiração nas novelas mexicanas para compor os personagens românticos, e nas da Globo para compor os vilões. O fio condutor das narrativas é sempre a história do pobre de bom coração que fica rico. O autor busca os elementos para compor os personagens pobres em seu próprio entorno.

## A VIDA IMITA A ARTE

Não foi por acaso que a TV Palmeira do Norte, canal 7, abriu as portas para os atores amadores de Codó. A emissora é comandada por André Gerude de Araújo, ator que abandonou o sonho de atuar em São Paulo e retornou a Codó em 2012 para cuidar dos negócios da família, após a morte do pai, o ex-prefeito e ex--deputado federal Antônio Joaquim Araújo Filho.

André fez teatro de rua em Brasília e encenou uma peça contra o Congresso Nacional, confrontando o pai que era deputado. "Ele era de direita e eu socialista. Meu tempo não era o dele. Hoje nos daríamos bem", prosseguiu. Seu ápice como ator foi um papel na novela *Carrossel*, do SBT.

Em pouco mais de uma hora de entrevista, André Gerude descreveu sua vida com os elementos de um folhetim: a adoração pela mãe, a raiva do meio-irmão a quem o pai privilegiou, o sacrifício pessoal de abandonar a carreira artística em prol dos interesses da família e o desejo de vingança na hipótese (confirmada) de vitória de Francisco Nagib, do PDT, para prefeito em 2016. "Meu pai era muito machista. Quando deixou a prefeitura, em 1988, tinha tudo para eleger minha mãe prefeita, como todos fazem. Mas ele nunca quis", queixou-se.

Em outro momento da entrevista, qualificou o pai de egocêntrico por ter trocado a mãe dele por outra. Quatro anos depois da separação, em 2010, a mãe de André concorreu a deputada estadual com o primogênito do ex-marido, Antônio Joaquim Araújo Neto, fruto de um casamento anterior dele, mas nenhum dos dois foi eleito. "Meu pai vendeu duas fazendas para financiar a candidatura do filho dele e minha mãe concorreu sozinha, de birra. Ninguém na família gosta desse irmão", disse André.

Ao retornar à cidade natal, ele deu uma guinada à direita e tornou-se presidente do diretório municipal do Pros (Partido Republicano da Ordem Social). O cargo, segundo disse, foi dado a ele em 2010 pelo ex-deputado federal e ex-ministro do Turismo de Dilma Rousseff, Gastão Vieira, então presidente estadual do partido. Eis como descreveu sua indicação:

— Meu pai foi correligionário do Gastão Vieira. Fui visitá-lo, no bairro Olho d'Água, em São Luís, onde também temos casa. Bebendo vinho, ele disse: "Vambora dar o Pros para o Andrezinho. Tu quer?".

— Foi exatamente assim?

— Assim.

— Você vai trilhar o caminho da política?

— Parece que o destino está me impondo isso.

— E vai concorrer a quê?

— A deputado estadual, na próxima eleição.

Nosso encontro aconteceu no estúdio da TV Palmeira do Norte, a oito dias da eleição municipal de 2016. Ele tinha, então, 38 anos. A mãe, Themis Quintanilha Gerude, concorria a vice-prefeita na chapa de Biné Figueiredo (PSDB), o qual foi derrotado pelo empresário Francisco Nagib Oliveira.

Todas as televisões locais de Codó são de políticos. A TV Cidade (afiliada Record), canal 11, é de Biné Figueiredo. A TV Mirante (afiliada Globo), canal 9, é da família Sarney. A TV Codó, canal 13, é da prefeitura. A quinta emissora — o canal 3, afiliado ao SBT — pertence à família do prefeito eleito cujo pai, Francisco Figueiredo Oliveira, é não só o principal empresário de Codó, mas um dos maiores do Maranhão. O Grupo Figueiredo responde por um terço de toda a renda produzida no município. Possui uma fábrica de produtos de limpeza (a marca Econômico), postos de gasolina, supermercado, hotel, revendedora de motos, fazenda de gado, criatório de peixes, emissora de rádio e televisão. Também é dele o aeroporto da cidade.

Estive duas vezes em Codó para pesquisar as retransmissoras. Em 2015, entrevistei dirigentes, apresentadores e repórteres da TV Codó, da FCTV e da TV Cidade. O prefeito, na ocasião, era Zito Rolim, do PV (Partido Verde) e o canal da prefeitura — TV Codó — era dirigido pelo piauiense Michel Lopes, que estava convicto de que perderia o cargo logo após a eleição. Mas não foi o que aconteceu. Rolim aliou-se ao PDT e ajudou a eleger Francisco Nagib, que promoveu o jornalista a secretário de comunicação. "A televisão é o maior cabo eleitoral do Maranhão", disse-me Michel. Pragmático e profundo conhecedor dos meandros da comunicação e da política local, o então diretor da TV Codó disse-me que todas as emissoras de prefeitura ficam a serviço do grupo político do prefeito. "Não tem como ser diferente. O prefeito não vai deixar uma pessoa da oposição ser repórter ou apresentar um programa na emissora", afirmou. A parcialidade na cobertura política foi descrita como uma realidade contra a qual os jornalistas não tinham como lutar.


VOZ DE TROVÃO

Entrei na sede da TV Cidade — a emissora de Biné Figueiredo — sem ser abordada por ninguém e caminhei até o estúdio onde um homem alto, de voz tonitruante, gravava o jornal *Balança Codó*. Ele trabalhava sozinho, sem sequer a companhia de um operador de câmera. No lugar do TelePrompTer, duas folhas de papel com anotações, presas à câmera, o lembravam dos temas mais importantes do noticiário.

O apresentador em questão era Walney Filho, um jornalista experiente, que começou a trabalhar como locutor de rádio aos dezessete anos. Além de apresentador de TV, é cantor e compositor, mas ainda não tinha conseguido deslanchar nesse campo quando o conheci. Seu nome artístico é Wal Moraes. Ele tinha sido contratado pelo ex-prefeito Biné Figueiredo para dirigir a emissora no início daquele ano. A TV possuía apenas oito funcionários e tinha uma despesa mensal de 10 mil reais com a folha salarial, incluindo o salário do diretor. O principal assunto naquele dia era a rejeição pela Câmara Federal da redução da maioridade penal. Irritado com os deputados, Walney fez um editorial, de improviso, em que afirmou que o adolescente no Brasil "tem licença para matar".

Fizemos a entrevista nos intervalos comerciais do jornal. Perguntei-lhe sobre o relacionamento da emissora com a prefeitura, uma vez que o então prefeito, Zito Rolim, era adversário político do proprietário da emissora. Ele respondeu:

— Normal. O prefeito nunca deu entrevista, mas, se quiser dar, não tem problema.

— Por que ele não dá entrevista à Record?

— Talvez porque tenha a emissora dele na prefeitura. Sempre foi assim em Codó.

— Com todos os prefeitos?

— Com todos. Nenhum dá entrevista às televisões dos adversários. Em televisão de um político, nunca dá para ser imparcial quando o assunto é o adversário. E o adversário age do mesmo modo. Sempre vende o peixe dele, e a razão está com ele. Sempre foi e sempre será assim.

Em 2016, Walney deixou a emissora para concorrer a vereador, pelo PSDB. Não se elegeu. Com três meses de salários atrasados, decidiu deixar o emprego e virou assessor de imprensa das prefeituras vizinhas de Buriti Bravo e Lagoa do Mato.

Dentre as emissoras de Codó, a FCTV é a mais bem estruturada, o que não surpreende, em razão do poder econômico de seu proprietário, Francisco Oliveira. Possui instalações e equipamentos novos e fatura dez vezes mais do que a média informada pelas demais emissoras.

Estive na FCTV em 2015 e encontrei o professor de filosofia Cícero de Souza no comando da equipe formada por dois repórteres, dois editores, dois cinegrafistas, dois apresentadores, um produtor e um DJ. Ele me disse que entrou no ramo por acaso e que foi convidado pelo dono da emissora, de quem é amigo, durante uma viagem de avião. "Ele estava insatisfeito com a programação e com o faturamento da TV, e perguntou se eu topava dirigi-la. Topei sem entender nada do assunto."

Por ser professor, escolheu buscar conhecimento sobre jornalismo televisivo e escrito nos livros. Bebeu, segundo disse, nas fontes de José Luiz Datena, apresentador da Band; Marcelo Rezende, da Record; e Pedro Bial, da Globo. Criou um programa diário com duas horas de duração, o *Fala Codó*, e botou o apresentador em pé, se movimentando no estúdio. O programa tem informações de blogs locais, noticiário policial, comportamento, esportes e concursos públicos.

Em Codó, assim como em outros municípios do Maranhão, ocorre uma curiosa interação com os blogueiros. As televisões reproduzem as informações dos blogs e estes se alimentam com matérias fornecidas por repórteres das emissoras. O principal repórter da FCTV é Sena Freitas, responsável pela cobertura policial. Está na casa desde 2011, e se qualificou para a profissão com um curso de técnico em rádio e televisão do Senac. Freitas se deixou levar pela emoção ao lembrar a reportagem que mais o marcou: o acidente de um ônibus que seguia de Teresina para Codó, se desgovernou e caiu no rio. Primeiro a chegar ao local, ele ajudou várias pessoas a se salvarem, mas foi tarde demais para uma mãe e seu bebê, que morreram abraçados. Passados quinze anos do acidente, ele chorou ao se lembrar dos corpos sendo içados do fundo do rio.

## DEPOIMENTO DA ESTUPRADA

O jornalismo policial em Codó é um ingrato exercício. Como em outras cidades maranhenses, as reportagens policiais mostram os crimes em toda a sua crueza, nem crianças são poupadas. Em janeiro de 2016, a FCTV exibiu uma reportagem de Sena Freitas sobre o estupro de uma menina de dez anos pelo companheiro da avó. A mãe da menor registrou queixa na Delegacia da Mulher, que informou a emissora sobre o caso antes mesmo de ouvir o acusado.

A reportagem de quase dez minutos começou com a equipe se deslocando para o conjunto habitacional onde a garota morava com a mãe em uma casa de tijolos à mostra. O repórter induziu a menina a contar detalhes dos abusos sofridos. Ela e a mãe foram entrevistadas de costas para a câmera. As duas, assim como o acusado, não foram identificadas pelos nomes. Eis alguns trechos da entrevista:

— Ele me abraçava, depois me jogava na cama e depois coisou o dele, o negócio dele na minha... depois eu comecei chorar e ele saiu. Disse que não era pra eu ser de ninguém, só dele.

— Ele disse que você não podia ser de ninguém, só dele?

— Hum, hum.

— Ele tentava fazer isso a que hora: de manhã, de tarde ou à noite?

— De noite.

— Toda noite?

— Hum, hum.

— Dentro da casa dele mesmo?

— Hum, hum.

— E as pessoas que moravam na casa, o que falavam? Não sabiam de nada?

— Não sabiam de nada, não.

— Sua vó não desconfiou de nada?

— Não.

— O que ele te oferecia no outro dia pela manhã?

— Era bolacha e café.

— Como é que ele falava?

— Dizia: neguinha, pega a bolacha e o café.

— Pra que ele te oferecia isso?

— Pra mim comer.

— Ele te atraía pra tu ir pra lá?

— Hum, hum.

— Ele tentou muitas vezes fazer isso?

— Tentou.

— Ele te ameaçava?

— Não.

— Tipo assim, se contar pra alguém vou te matar, matar tua mãe, algum parente, ele não dizia isso, não?

— Não.

— O que você quer que a Justiça faça agora?

— Prender ele.

— Ele te abraçava, te beijava?

— Beijava à força.

— Beijava onde?

— Na minha boca.

— Botava o órgão genital dele pra fora e queria...?

— Era.

Por não ter conseguido ouvir o acusado, a TV preservou a identidade dele. Mas a menina, mesmo sem o nome e o rosto revelados, acabou devassada no escrutínio a que foi submetida.

# O puliça e a pulítica

A campanha eleitoral para o governo do Maranhão de 2014 teve um efeito inimaginável em Caxias, quinta maior cidade do estado, com 162 mil habitantes. A TV Sinal Verde, canal 11, ficou fora do ar por mais de um mês porque seu arrendatário, o deputado estadual Humberto Coutinho, apoiou o então candidato Flávio Dino, do PCdoB. A família do senador e ex-ministro das Minas e Energia Edison Lobão (PMDB) é proprietária da Rede Difusora, afiliada SBT. O canal 11, de Caxias, pertencia à Difusora e estava arrendado ao deputado Coutinho havia dez anos. O contrato venceria em 2017. Edison Lobão Filho, presidente da Difusora, disputou a eleição para governador e esperava o apoio do parceiro comercial. Em reação à aliança dele com Flávio Dino, cortou o sinal da TV Sinal Verde. Os 52 funcionários da emissora de Caxias passaram a produzir conteúdo apenas para a internet.

Não há precedentes de uso eleitoral tão explícito de um canal de televisão como o verificado em Caxias naquele ano. Edinho Lobão entregou o canal 11 a seu aliado local na eleição e arqui--inimigo dos Coutinho, o ex-deputado federal e ex-prefeito da cidade Paulo Marinho, que já acumulava dois canais de televisão na cidade: a TV Caxias, canal 13, afiliada Bandeirantes, e o canal 5 (Record).

Para compreender essa guerra do fim do mundo, é necessária uma rápida explicação sobre as forças políticas naquele município banhado pelo rio Itapecuru, e que é um dos mais importantes do estado. O poder político local é disputado há décadas por Paulo Marinho e Humberto Coutinho, que, quando não estão pessoalmente envolvidos nas eleições, estão representados por parentes e aliados.

A disputa entre os dois caciques começou em 1992, quando concorreram à prefeitura de Caxias pela primeira vez. Coutinho era deputado estadual e foi derrotado por Paulo Marinho. Em 2000, ele disputou novamente a prefeitura e, dessa vez, foi derrotado por Márcia Marinho, mulher de Paulo. Coutinho conseguiu finalmente seu objetivo em 2004, reelegeu-se em 2008, e fez seu sucessor — o sobrinho Leonardo Coutinho — em 2012. Mas a maré virou em 2016 com a eleição de Fábio Gentil, cujo vice era Paulo Marinho Júnior.

Quando um grupo está no comando da prefeitura, o outro usa sua televisão para apontar as mazelas da administração municipal. Coutinho e Marinho têm, além do apego à televisão, outro ponto em comum: ambos são proprietários de faculdades em Caxias. E Coutinho é médico, como Márcia Marinho.

Edinho Lobão tirou a TV Sinal Verde do ar em junho de 2014. O diretor da emissora, Ricardo Marques, disse ter recebido um telefonema do superintendente da Rede Difusora avisando que não tinham mais interesse na parceria, e no mesmo dia cortaram o sinal do satélite. A TV ficou 45 dias fora do ar. Nesse período, os funcionários produziram conteúdo para o portal da Sinal Verde na internet.

Segundo o diretor, a Sinal Verde pagava 10 mil reais (cerca de US$ 3,3 mil) por mês pelo arrendamento do canal e para ter a programação do SBT. A Difusora possuía 79 retransmissoras no estado e alugava a maioria delas a políticos locais. O preço do arrendamento variava de acordo com o potencial de receita publicitária de cada município. O contrato com a Sinal Verde começou em 2004 e tinha sido renovado por quatro anos no início de 2013. "Nós fornecíamos notícias locais para a Difusora em São Luís. Creio que o rompimento do contrato tenha sido uma decisão pessoal de Lobão Filho, sem consultar o pai, que sempre teve uma relação muito amigável com Humberto Coutinho", disse o diretor.

A prefeitura tinha o canal 3 de retransmissão de TV que estava inativo e o prefeito era Leonardo Coutinho, sobrinho de Humberto Coutinho. O problema foi solucionado provisoriamente com um acordo triangular: o prefeito cedeu o canal à TV Cidade, da família do senador Roberto Rocha, do PSB, que é a afiliada da Record no Maranhão, e esta repassou o direito de uso à Sinal Verde. Assim, ela voltou ao ar em agosto, dois meses antes da eleição, com a programação da Record. Criou-se uma situação inusitada. Caxias passou a ter dois canais com programação da Record: o canal 5, administrado por Paulo Marinho, e o 3, da Sinal Verde. A legislação de radiodifusão proíbe explicitamente esta duplicidade.

Durante um ano, os dois grupos políticos dominantes de Caxias viveram uma guerra sem trégua. Marinho foi à Anatel e acusou o adversário de se apropriar do canal da prefeitura e de ter uma TV pirata. Mas a acusação caiu por terra quando os Coutinho e a família Lobão chegaram a um novo entendimento, no ano seguinte.

A disputa chegou ao ápice em outubro de 2014, quando uma equipe da Record de São Paulo foi a Caxias investigar a denúncia de Paulo Marinho de que um em cada três bebês morriam após o nascimento na maternidade municipal Carmosina Coutinho. O prefeito, sobrinho do deputado, respondeu em nota oficial que as mortes somavam 4,59% e não um terço. Uma tragédia sob qualquer ponto de vista. Na mesma nota, o prefeito qualificou Marinho de "inimigo" e disse que ele perdeu o mandato de deputado federal por corrupção e que respondia a mais de trezentos processos na Justiça.

Com a eleição de Flávio Dino e o fortalecimento político de Humberto Coutinho, a família Lobão costurou um novo acordo com a TV Sinal Verde. Mas, em vez de arrendar novamente o canal, Humberto Coutinho comprou a outorga da retransmissora. No dia 6 de setembro de 2015, a TV Sinal Verde retomou a retransmissão do SBT pelo canal 11. Paulo Marinho continuou com duas retransmissoras de televisão na cidade: o canal 5 (com programação da Record de São Paulo) e a TV Caxias, canal 13, afiliada à Bandeirantes.

## REPÓRTER PULIÇA

O apresentador de TV mais popular de Caxias é Gladston Silva, o Repórter Puliça, que se elegeu vereador pelo PRB em 2016, aos 43 anos. Ele é uma espécie de Tiririca (o palhaço que se elegeu deputado federal por São Paulo) da imprensa local, e mistura denúncias e humor. Apresenta-se sempre de óculos escuros e macacão cinza. O figurino é copiado do filme *Caça-fantasmas*.

Eu o entrevistei no estúdio da TV Caxias no dia 3 de julho de 2015. Chegou minutos antes de entrar no ar. O programa começou em tom de suspense. A câmera acompanhava o repórter, com a música de fundo do mesmo *Caça-fantasmas*. A reportagem fora gravada na madrugada anterior. Gladston percorrera as cercanias do Mercado Central para localizar feirantes que haviam sido banidos da frente do mercado pela prefeitura.

Na reportagem seguinte, denunciou que a prefeitura pagava aluguel de um prédio vazio. Em nenhum dos dois casos o então prefeito Leonardo Coutinho foi procurado para dar sua versão dos fatos. Perguntei por que não ouviu a prefeitura sobre as denúncias, e ele respondeu rápido: "Não são loucos de me dar entrevista".

Gladston era auxiliado por dois jovens que ficavam no estúdio — fora do alcance da câmera — para lhe dar dicas sobre os assuntos. Os dois substituíam o ponto eletrônico. Falavam sem parar, e o apresentador repetia as melhores deixas. O cinegrafista era um adolescente de apenas dezessete anos: Paulo Souza, estudante do segundo grau, e já estava na função havia seis meses.

Durante um intervalo comercial, o apresentador resumiu sua história. Começou a trabalhar numa rádio aos 22 anos. Estudou até a sexta série e era pai de seis filhos. Já havia se candidatado a vereador pelo PR na eleição de 2012, e não se elegeu por apenas sete votos. Assim que retomou o programa, anunciou minha presença no estúdio e começou a me entrevistar, sem saber sequer o meu nome e o que eu fazia ali.

O Repórter Puliça tem um estilo escrachado, que pode ser constatado nas chamadas do programa: "Repórter Puliça se esponja igual jumento nas praças abandonadas de Caxias". Em 2016, para denunciar o desperdício após o rompimento na tubulação da prefeitura, ele bebeu da água que escorria pela rua e em seguida entrou na poça com uma barra de sabão e lavou roupa.

Em abril de 2015, logo após a Semana Santa, entrevistou o assaltante Francisco das Chagas Júnior, conhecido pelo apelido de Lapada, que acabara de ser apresentado pela polícia. O diálogo entre eles é exemplar pelo tom de intimidade usado pelo entrevistador para estimular o preso a falar. Há vários jornalistas adeptos desse estilo, não só no interior do Maranhão. Na reportagem, Gladston não entra em detalhes sobre a acusação de crime e prefere concentrar-se na pessoa do preso. "Vou conversar com o meliante e ver qual foi a lapada que ele deu", afirmou enquanto a câmera mostrava o preso de perfil, algemado sobre um banco de alvenaria.

— O que foi que aconteceu contigo, meu irmão?

— Óia, rapái, disseram que roubei e tal, mas não mexi em nada de ninguém, não.

— Tu comeu uma torta na Semana Santa?

— Comi galinha.

— O cara é bom de galinha.

O repórter pega uma garrafinha plástica que estava ao lado do preso e se volta para câmera:

— Observem que ele está com um negocinho aqui. É cola de sapateiro ou gasolina de avião?

— Cola de sapateiro.

O cinegrafista dá close no pé do preso.

— Óia o chinelo do cabra véio. Vai ao menos lavar esse pé, rapaz. Um cabra véio, seboso desse. Qual o time que tu torce?

— Que time é teu?

— Óia, óia, tá com saliença. Respeite o Repórter Puliça, maluco! Tu tem ao menos advogado?

— Só vou falar diante dele.

— Ai! Tem advogado! Um urubu desse! Um ladrão! Pois é, gente. Está aí, preso. Vai responder pela bronca dele. Um rapaz novinho, bom de criar vergonha. Caiu no mundo do crime, foi pego.

O ex-prefeito Leonardo Coutinho foi um dos alvos preferidos do Repórter Puliça. Tudo era motivo para denúncias e chacotas. Uma das reportagens exibidas em 2015 mostrava Gladston deitado, enrolado em um lençol, sobre o quebra-molas recém--construído em frente à Faculdade de Ciências e Tecnologia do Maranhão (Facema), da família Coutinho. "Óia, meu povo, adivinhe onde estou? Pensam que estou num quarto de motel? Errou", dizia o repórter. Elogiou a tinta "de primeira" e beijou o piso recém-pintado, enquanto carros e motos passavam a seu lado. Em seguida, mostrou um quebra-molas velho e desbotado em outro ponto da cidade. "É assim que a família Coutinho trata o povo de Caxias. O bom é pra eles. O ruim é pro povo." A prefeitura não foi ouvida na reportagem.

Gladston tirou o programa do Repórter Puliça do ar em abril de 2016. Ao anunciar a decisão, disse que estava sendo perseguido por mostrar as mazelas da prefeitura e não tinha dinheiro para custear os processos judiciais. "Não tenho onde cair morto. Estão querendo me tirar à força da televisão", declarou antes de comunicar que concorreria a vereador naquele ano. "Quero ganhar um poderzinho para ver se vão me tirar desta peste aqui", afirmou.


Ricardo Rodrigues, um jovem esguio, com voz de locutor de rádio, apresentava o noticiário *Maranhão Urgente* na mesma TV do Repórter Puliça. Ele foi notícia na imprensa nacional em 2010, quando levou um soco do então presidente da Câmara Municipal de Caxias, Antônio Luiz Assunção, do PDT, que se recusava a comentar denúncias sobre as falhas no sistema público de saúde. Em julho de 2015, quando estive na emissora, a edição do *Maranhão Urgente* destacou duas denúncias contra a gestão de Leonardo Coutinho, sem a versão da prefeitura sobre os fatos. Ricardo Rodrigues, além de apresentador e repórter, fazia anúncios publicitários durante o noticiário. A primeira reportagem exibida naquela edição mostrava pessoas que passavam a noite na fila no posto de saúde municipal. Em seguida, a TV mostrou o caso de uma jovem grávida que morrera na maternidade Carmosina Coutinho e reprisou a reportagem do ano anterior sobre a mortalidade neonatal na mesma unidade. O apresentador explicou por que não deu a versão da prefeitura nos dois casos: "Estive na prefeitura e não me deram resposta. Depois sai um lado só e nos acusam de tendenciosos".

Após a derrota de Leonardo Coutinho, em 2016, houve uma troca de posições na cobertura jornalística. A TV Sinal Verde passou para o ataque. E a TV Caxias, de Paulo Marinho, assumiu a defesa do novo prefeito. O apresentador da emissora, Ricardo Rodrigues, foi nomeado secretário-adjunto de governo, depois de mais uma tentativa fracassada de eleger-se vereador. O papel de atacante, após a troca de gestão municipal, coube ao cearense Ricardo Marques, diretor da TV Sinal Verde e âncora do *Notícias de Caxias*. Antes de completar um mês no cargo, Fábio Gentil já apanhava, embora o estilo da emissora fosse mais contido e formal. "A contradição é a marca de Fábio Gentil. O moço sempre foi cheio de controvérsias. Na década de 1990, ajoelhou-se e pediu a Deus que o castigasse se um dia se aliasse ao deputado cassado por corrupção Paulo Marinho. Agora que é prefeito e passou a ter mais visibilidade, precisa parar de parir contradições. É feio!", alfinetou Marques.

A emissora, por outro lado, fazia propaganda ostensiva do deputado Humberto Coutinho, referindo-se a ele como "o melhor prefeito da história de Caxias". Eis como o apresentador citou o proprietário da emissora no editorial de 31 de janeiro de 2017, quando foi anunciada sua reeleição para a presidência da Assembleia Legislativa: "Humberto Coutinho está hoje no topo da hierarquia política do Maranhão. Duas vezes prefeito, cinco vezes deputado estadual, foi governador interino. Não é à toa que o nome dele está inserido entre os mais fortes ao Senado em 2018, muito embora ele jamais tenha dito que será ou deixará de ser candidato a senador. É reconhecido como um dos mais importantes articuladores do Maranhão, aliado imprescindível do governador Flávio Dino".

Ex-vereador, formado em comunicação, Ricardo Marques conhece como nenhum outro jornalista os meandros da política local, pois dirigiu por vários anos a televisão de Paulo Marinho e foi gerente regional do Sistema Mirante, da família Sarney. "O monopólio da comunicação é terrível para o desenvolvimento de uma cidade", disse-me ele, a respeito da força da família Sarney e aliados sobre a mídia. Referia-se ao período em que a TV Sinal Verde teve o sinal do SBT cortado por Lobão Filho e ficou fora do ar. Segundo ele, Humberto Coutinho só conseguiu comprar uma rádio em Caxias e a retransmissora de TV após a derrota do grupo Sarney para Flávio Dino.

Perguntei se defendia as retransmissoras locais, apesar das carências e das influências políticas no noticiário. "Defendo. Mesmo as mais precárias ajudam a resgatar a autoestima e o amor dos cidadãos por sua cidade. As pessoas gostam de ver o que acontece em suas cidades. A democratização das comunicações passa pelas pequenas televisões", argumentou.

# Mãe Santa e o poder de Jorge

Raimunda Alves de Melo, ex-prefeita de Lago da Pedra, começou a ser chamada pela população local de Mãe Santa em 1996, quando o filho que mais se destacava na política, o então deputado estadual Waldir Filho, morreu em um acidente aéreo a caminho de Imperatriz, durante uma tempestade. Tudo estava sendo preparado para que ele voltasse à prefeitura naquele ano, e a mãe, em luto fechado, foi para a campanha no lugar dele contra o grupo adversário liderado pelo então prefeito Luiz Osmani. "O acidente foi em março e a convenção do partido, em abril. Eu estava de luto recente, e meu grupo me escolheu. Pelo amor de Deus, não me botem aqui! Eu pedia. O povo era agarrado com meu filho e chorava comigo. Virei a Mãe Santa." O candidato apoiado por Osmani foi derrotado pela mãe enlutada.

Dona Raimunda não carrega o sobrenome do marido, Waldir Jorge, selo do grupo político mais longevo de Lago da Pedra, localizado na região central do Maranhão. Um terço da população com mais de quinze anos constava como analfabeta no censo do IBGE de 2010. Os Jorge controlam a política local desde 1969, quando o patriarca Waldir foi impedido por Sarney de concorrer a

115

prefeito e lançou a mulher em seu lugar. Raimunda tinha 24 anos e estava grávida. Foi o primeiro dos quatro mandatos dela como prefeita, pelo PFL. Eis como ela me descreveu aquela eleição.

"Isso aqui era uma terra de gente ignorante e violenta. Meu marido tinha uma usina de beneficiamento de arroz e um comércio na cidade. Inventou de ser candidato a prefeito. Sarney já era dono do Maranhão. Era nosso aliado, mas tinha outro candidato. Disseram que Waldir estava se antecipando, correndo na frente da sela. Meu marido então decidiu: eu vou entrar com sela, cangalha e tudo. Não concorreu, mas me colocou no lugar dele. Eu chorei. Nem sabia o que era política. Foi uma luta medonha, com jagunços nas ruas. Fui eleita e meu marido tomou a frente das coisas. Eu era prefeita de direito, e ele, prefeito de fato. Nunca mais pude sair da política. Cumpri quatro mandatos. Querendo ou não, eu tive de tomar gosto pela política, mas, pelo meu querer, eu nunca teria sido candidata."

De 1969 em diante, a família Jorge só ficou oito anos afastada do poder. Quando cheguei a Lago da Pedra, em setembro de 2016, a prefeitura era chefiada por Maura Jorge, filha da matriarca e presidente estadual do PTN, que concluía o segundo mandato na administração municipal. Antes de ser prefeita, tinha sido deputada estadual por quatro vezes.

A eleição aconteceria uma semana depois da minha chegada à cidade, que literalmente fervia: pelo calor e pelo clima da campanha. Como a prefeita não podia se reeleger, apostou na eleição de seu vice, Laércio Arruda, do PSDB. Contra quem? Contra Fabiana Osmani, mulher do arqui-adversário Luiz Osmani, e contra Mauro Jorge, do PCdoB, apoiado pelo então governador Flávio Dino. Era Maura Jorge contra Mauro Jorge.

O governador participaria de um comício de seu aliado naquela noite e a prefeita estaria no de Laércio. Então, presenciei um "milagre". Em poucas horas, a prefeitura asfaltou as ruas em torno da praça ao lado do hotel em que eu me encontrava, para mostrar o resultado logo mais. Acompanhei o trabalho da janela do quarto. Na disputa entre primos, venceu a filha de Mãe Santa.

Maura e Mauro tinham, cada qual, seu canal de televisão. Ela se escudava na TV Verdes Lagos, canal 2, afiliada à Bandeirantes. Também usava o canal 8, da prefeitura, que retransmitia a Record, e tinha a Rádio Santa Maura FM. Ele possuía a TV Nova Era, canal 5, afiliada à RedeTV!.

Nos fundos da Verdes Lagos fica a ampla casa de dona Raimunda, onde a entrevistei. Ela tinha 71 anos e fez questão de ser fotografada com o retrato do filho falecido, tirado em 1989, no dia em que ele tomou posse na prefeitura, com a faixa de prefeito no peito. Um dos temas da nossa conversa foi o paternalismo dos políticos na região, quando ela fez estas considerações a respeito: "A vida da minha família sempre girou em torno do bem-estar da população. Estando ou não no poder a gente ajuda o pessoal, porque o relacionamento tem de ser permanente. Criticam o paternalismo, mas em quase todo o Nordeste o político ajuda na compra de roupas, remédios... Infelizmente, sem paternalismo não se ganha eleição. Eles [os eleitores] estão acostumados a ter um proveitozinho durante as campanhas".


## MACLAREN DESCE A LENHA

Railton Maclaren. É por esse apelido, resultado da paixão por corridas de carro, que José Raíldo da Silva Penha, apresentador do jornal *Na Tela*, da TV Verdes Lagos, é conhecido em Lago da Pedra e imediações. Ele invariavelmente abre o programa com o slogan de sua autoria: "Vamos jogar as cartas na mesa e abrir o livro da verdade". Na sequência, pega um porrete de bambu, com o qual dá cacetadas para enfatizar sua indignação com alguma pessoa ou assunto. O porrete tem até patrocinador: o Café Santa Clara.

O porrete canta sem piedade quando a notícia é sobre os adversários da família Jorge. Os descendentes de dona Raimunda, não os do outro ramo da família, que fique claro. Um exemplo foi a reportagem exibida em maio de 2013 sobre a derrubada de casebres em um terreno pertencente à família da ex-mulher de Luiz Osmani, Maria de Fátima, que disputou a prefeitura em 2008 com Maura Jorge, e foi por ela derrotada. Portanto, a TV estava golpeando um adversário abatido.

Maclaren abre a reportagem dizendo: "Vamos mostrar um grupo político que destrói e outro que constrói". Um morador que teve o casebre derrubado deu seu depoimento: "Quem mandou fazer isso queria ser prefeita. Quero pedir que o povo pobre nunca vote para colocar esse povo no poder, porque eles não gostam de pobre". O apresentador completou: "Perderam a eleição e passaram o trator por cima das casas. Imaginem se a candidata do lado de lá tivesse ganhado a eleição". A adversária não foi ouvida pela TV.

Em seguida, no mesmo programa, Maclaren disse que mostraria o outro grupo político que dava moradia aos pobres. Então, exibiu os áudios de entrevistas com dois deputados estaduais que prometeram buscar recursos para a construção de casas populares na cidade. O apresentador se derramou em elogios a Maura Jorge — "melhor prefeita do Maranhão", "melhor prefeita do Brasil", "prefeita nota dez!". Ouvia-se ao fundo o som de aplausos colocados pela edição.

Antes de conseguir o emprego de apresentador de TV, Maclaren foi garimpeiro em Alta Floresta, no estado do Mato Grosso, onde chegou aos dezoito anos. Saiu de lá para trabalhar em um supermercado, em Santarém, no Pará. Depois foi ganhar a vida como sacoleiro, numa rotina duríssima. Viajava de ônibus duas vezes por semana para comprar eletrônicos no Paraguai ou roupas em São Paulo. O produto mais demandado eram os televisores de catorze polegadas, que revendia com mais de 100% de lucro. Estudou até o ensino médio. Tinha 31 anos quando conseguiu o emprego de motorista na televisão. Sua facilidade de comunicação foi logo percebida. Primeiro, lhe deram o programa *É Festa* na Rádio Santa Maura. Depois que ganhou um pouco de experiência, passou a apresentar o *Na Tela*, da Verdes Lagos. "Eu não sabia que tinha o dom da comunicação. Fui me soltando aos poucos", afirmou. Quando conversamos, ele estava com 38 anos.

Perguntei sobre parcialidade na cobertura dos assuntos políticos, e ele admitiu, sem rodeios, que a emissora defendia o lado do governo local, no caso, a gestão de Maura Jorge, que estava em final de mandato. "A gente sempre procura defender o lado dela, dizer que a cidade está bem cuidada, que a educação é boa e que a saúde vem em primeiro lugar", afirmou.

— E como tratam o governador, que é do partido adversário? — perguntei.

— Mostramos o que o estado deixou de fazer.

— E como é a cobertura da televisão concorrente de vocês, a do Mauro Jorge?

— Ela faz o contrário da gente. Diz que a prefeita não faz nada e só desvia dinheiro.

— Já sofreu alguma ameaça por causa de reportagens?

— Muitas, por causa das matérias policiais. Quando denuncio que alguém vendeu um produto roubado, por exemplo, ele vem me procurar depois, porque sabe onde eu moro. Já me aconteceu de ir registrar uma prisão em flagrante e descobrir que o preso era meu vizinho. Mas em toda cidade pequena é assim.

## O DANÇARINO

José Mário Gomes, o Mário Júnior, disputava a audiência com Maclaren como apresentador do jornal *O Povo na TV*, na TV Nova Era, de Mauro Jorge. Seu diferencial é o estilo descontraído. Entre uma notícia e outra, ele exibe seu talento para a dança diante das câmeras. De terno, rodopia sozinho e com garbo. E domina muitos ritmos: forró, salsa, reggae, entre outros. "Procuro ser eu mesmo. Danço, converso com o público e exponho suas reclamações. Faço o papel da oposição pela TV: cobramos boa gestão da prefeitura. A prefeita Maura Jorge não nos dá entrevista, mas os vereadores da situação e o secretariado dela dão. Crio uma relação de amor e de ódio com o telespectador, que ora se zanga e ora fica alegre. Muitos me amam", afirmou.

Mário Júnior repete o modelo presente em todas as cidades maranhenses que visitei: distribui prêmios e auxilia famílias carentes com recursos arrecadados junto à população. A fórmula não garantiu sua eleição para vereador em 2016, quando concorreu pelo PCdoB, mesmo partido do proprietário da emissora. Depois da eleição, ele retomou sua função na TV.

Começou na profissão como cinegrafista e aprendeu a filmar por conta própria. Depois, fez um curso de fotografia em Teresina e chegou a trabalhar como cinegrafista na RBS (grupo de comunicação gaúcho afiliado à Globo), na filial de Chapecó, em Santa Catarina. De volta ao Maranhão, em 2009, se estabeleceu na cidade para montar a TV Nova Era.

Além de apresentador do telejornal, Mário Júnior também era responsável por administrar a emissora, que tinha apenas quatro funcionários. Segundo ele, todos da equipe estavam aptos a exercer qualquer função. "Para sobreviver como jornalista em uma cidade pequena, é preciso ser polivalente. Tem de saber vender laranja e banana, porque quando faltar banana, certamente haverá laranja."

Entre as várias reportagens produzidas por Mário Júnior existentes na internet, selecionei como mais representativa de seu estilo a entrevista feita em maio de 2014 com Antônio Alves de Sá, o Dezinho, um jovem risonho, com um dente de ouro à mostra, que acabara de ser detido por roubar uma bolsa com produtos do supermercado. O preso já era conhecido na cidade por praticar pequenos furtos e pelo bom humor com que encarava sua situação. A entrevista foi feita na cadeia, com o preso atrás da grade. Durante a conversa, o jornalista descobre que Dezinho tinha roubado o galo que vivia no quintal da emissora e que, eventualmente, aparecia no telejornal. Mário Júnior iniciou a reportagem apresentando Dezinho como um ladrão diferente — "Não rouba automóvel, não usa arma, um verdadeiro ninja do roubo" — e dizendo que, nos dias anteriores, segundo queixas de moradores do bairro Cajueiro, teria roubado até calcinhas nos varais. Os outros presos não eram visíveis na tela, mas, a cada resposta de Dezinho, ouvia-se um gargalhar geral na cadeia.

— Roubando calcinha?

— Roubo não.

— Rouba o quê?

— Só um frango para eu poder jantar.

— Você ontem foi pego com latas de sardinha, atum, baralho e creme dental.

— O creme dental é pra eu falar com tu sem mau hálito. A sardinha era pra bater uma boia porque eu tava até aquela hora sem merendar. Achei a sacola, tava chovendo. Achei que dava pra eu merendar.

— A sacola estava lá pedindo me leva, me leva?

— Eu disse, é maneiro, vou levar.

— Agora, você também gosta de roubar uma galinha, um frangozinho.

— Se eu tivesse entrado numa loja, pegado um tablet... A mulher queria me dar um tablet e eu disse: não quero, não, dona.

— Uma vez você entrou numa casa para roubar carne e a dona acabou pegando você de taca [porrete], é verdade?

— Porque ela gosta de mim. Me deu umas cinco chineladas só pra dizer: eu gosto de você mesmo. Mulher bonita é o diabo. Eu disse: não bate mais, senão eu fico com vontade de namorar você.

— É verdade que você foi no bairro do Cajueiro, adentrou um quintal e pegou calcinhas?

— Não, porque não vale dinheiro. Só calça, bermuda, blusa.

— No mercado central você pegou foice, machado, martelo.

— Não, não fui eu, não. Agora, um frango...

— Se for um corococó, não tem jeito?

Dirigindo-se aos presos fora do alcance da câmera, apontou o jornalista e respondeu:

— O frango que mais me deu trabalho foi o desse rapaz.

— Fala sério para mim, foi você que roubou o meu frango?

— Sei que não dá nada. Se você quiser até dois eu posso lhe dar.

— Rapaz, você roubou o frango que eu comprei com tanto carinho...

— Fui lá [no quintal da TV] de noite e ele voou gritando. Fui obrigado a voltar às nove horas da manhã. Ele gritou, mas não teve jeito. Pensei, não vou cozinhar. Vendo ele ali e compro ali mesmo, o que já tá feito.

Em novembro de 2016, recebi uma mensagem de Mário Júnior. Dezinho tinha sido morto a tiros por dois homens não identificados que o perseguiram em uma moto.

# A bagaceira de Bacabal

O paraibano José Vieira Lins passou seis anos no Congresso Nacional sem deixar marca. Foi mais um entre os deputados federais do chamado "baixo clero". Seu anonimato em Brasília em nada combina com a fama que desfruta em Bacabal, a 246 quilômetros de São Luís, onde a cada eleição mede forças com outro cacique político: o senador João Alberto Souza, do PMDB.

Vieira tem nas mãos a retransmissora local da Bandeirantes (TV Mearim) e o senador controla indiretamente a do SBT. As duas perderam os limites na eleição de 2016, quando Bacabal foi cenário de um duelo político digno de literatura de cordel. Os apresentadores dos telejornais tomaram partido de seus empregadores, trocaram ofensas no ar e viraram inimigos. A campanha, na definição de ambos, foi uma "bagaceira".

Em 2016, José Vieira disputou sua terceira eleição para prefeito, pelo PR, e foi o mais votado. Como respondia a processos por improbidade administrativa pelas gestões anteriores, seu adversário do PMDB, o deputado estadual Roberto Costa, afilhado político do senador João Alberto, pediu a impugnação da candidatura. O Tribunal Regional Eleitoral acatou o pedido e anulou os votos de Vieira, mas uma liminar do ministro do STF Gilmar Mendes assegurou-lhe a posse.

José Vieira é um típico coronel político. Nascido em 1934, em Sousa, na Paraíba, foi prefeito de Bacabal de 1997 a 2004 e deputado federal de 2009 a 2014. Nos dois primeiros anos, como suplente. Casado com Patrícia Vieira, cinquenta anos mais jovem, tentou transferir seu capital político para a mulher, mas não teve êxito em suas duas tentativas: em 2012, quando desistiu de concorrer a prefeito e a colocou em seu lugar na chapa, e em 2014, quando ela concorreu a deputada estadual.

A TV Mearim sempre foi um palanque à disposição do político, como ele próprio admitiu em um de seus pronunciamentos feitos na emissora. "A TV é do meu filho, mas posso usar ela pra falar o que eu quiser", afirmou. Poucos dias antes da eleição de 2012, anunciou a desistência. O Tribunal de Contas do Estado tinha rejeitado suas prestações de contas e Vieira foi aconselhado pelos advogados a recuar, na reta final da campanha, para não correr o risco de ser cassado como ocorrera três anos antes ao ex-governador do estado Jackson Lago. No anúncio, feito na TV Mearim, e referindo-se muitas vezes a si mesmo na terceira pessoa, ele explicou assim sua decisão: "Minhas amigas e meus amigos, jamais Zé Vieira vai enganar o povo de Bacabal. O carinho que eu tenho por vocês me faz vir à televisão explicar por que eu renunciei. Renunciei por amor a vocês, por amor a Bacabal".

E emendou com estocadas ao então prefeito Raimundo Nonato Lisboa, com quem estava rompido. Disse que, como deputado federal, não apresentava emendas ao Orçamento da União para destinar verbas a Bacabal para que o prefeito não embolsasse o dinheiro: "Você tem coragem de entrar numa jaula com um pedaço de carne e dar para o leão? Não tem. Porque o leão, em vez de comer a carne, vai comer você, lhe rasgar. Por isso é que não mando dinheiro pra cá. Porque se eu mandar dinheiro pra cá, ele vai comprar mais terra, fazer mais casa bonita".

Conhecedor de seu eleitorado, ele usou o linguajar rural local para falar das agruras das mulheres que ficaram sem assistência médica no parto depois que Nonato Lisboa, que também é médico, fechou o pronto-socorro municipal. Enquanto a mulher do prefeito tivera os filhos com dez médicos ao lado dela, as grávidas pobres pariam como bichos. E arrematou: "Eu vi uma mulher da rua do Mufungo. As enfermeiras subiram em cima dela, pularam como se tava [sic] pulando em cima de uma jumenta, escambichou ela". Escambichar é escadeirar, deslocar a bacia.

A profissão de repórter me levou a José Vieira em duas ocasiões. A primeira foi quando era prefeito de Bacabal, no final dos anos 1990, e eu percorria o interior do Maranhão pela *Folha de S.Paulo*. Ele posou para a fotógrafa Patrícia Santos ao lado de seguranças armados para mostrar que vivia sob ameaças.

A segunda vez foi em 2011, quando noticiei que havia repassado 560 mil reais da verba de custeio da atividade parlamentar a uma empresa fantasma: a Discovery Transporte e Logística. Vieira, então deputado federal, tinha avião próprio, mas alegou ter afretado aeronaves da Discovery que, segundo as autoridades de aviação, não existiam. Ele não quis comentar o assunto, mas seu chefe de gabinete falou por ele: "Como é que não tem avião, se o deputado voa nele? É lógico que existe. O deputado vai voar numa empresa fantasma?". Aliás, esse foi um dos poucos fatos relativos à sua atuação como deputado federal destacados pela imprensa.

Na campanha eleitoral de 2014, Vieira usou novamente a TV Mearim para desmentir boatos de que teria se aliado ao grupo do senador João Alberto e vendido sua emissora. O veterano político falou por oito minutos ao programa *Ronda da Cidade* sem ser interrompido pelo apresentador do jornal, Nando Souza, que só lhe dirigiu uma pergunta: se os boatos sobre a tal aliança seriam procedentes. A resposta retrata seu estilo político:

"Zé Vieira não se vende. Teve pessoas — não daqui, mas de fora — que botou [sic] muito dinheiro pra Zé Vieira ir para o outro lado. Mas o dinheiro não me compra. Porque a vergonha do Zé Vieira foi uma herança do meu pai. Meus amigos, eu seria muito inocente de sair de uma população que tem carinho pelo Zé Vieira há muitos anos, que sabe quem é Zé Vieira, que sabe que Zé Vieira é um homem que vive com as portas abertas. Eu recebo o povo de Bacabal dentro da minha casa, tomando café, almoçando, jantando comigo todo o tempo. Pode ser época de política, pode não ser, eu recebo com muito carinho. Eu fiz oitenta anos e nunca fiz uma coisa errada na minha vida. Nunca me vendi. Não tem dinheiro que me compre. Sou um homem conhecido até pelas crianças. Tenho prazer em chegar nos cantos e ver as crianças de dois anos gritando: Zé Vieira, Zé Vieira... Eu queria pedir ao povo de Bacabal: confie em Zé Vieira. Este homem que nunca decepcionou o povo de Bacabal. Zé Vieira tem vergonha na cara. Essa televisão, eu fiz um negócio com meu filho. Enquanto eu existir, ele me dá a liberdade de vir e falar o que eu quiser."

Estive em Bacabal em julho de 2015. Cheguei no dia 4, um sábado, e as repartições públicas estavam fechadas. Soube que o então prefeito, José Alberto Veloso (PMDB), acordava cedo aos domingos para conversar com populares na varanda de casa. Às sete e meia do dia seguinte, cheguei à residência dele e uma caravana já o aguardava para levá-lo à sua fazenda. Apesar de ser filiado ao PMDB, o prefeito não era aliado do senador João Alberto Souza. Portanto, segundo ele, apanhava tanto da TV Mearim, de José Vieira, quanto da TV Difusora, controlada por Souza. Ele me recebeu rapidamente numa varanda nos fundos da casa, acompanhado pelo filho, o deputado federal Alberto Filho. Com poucas palavras, destilou seu mau humor com as emissoras locais de TV: "Aqui não tem televisão imparcial. Para mostrar as ações da prefeitura, tem de fazer contrato de parceria com a TV. A [afiliada] Record é aliada porque a prefeitura paga um programa lá. A prefeitura é achacada. Se der dinheiro tem nota dez. Se não der, tem nota zero. Se não pagar, só tem notícia ruim em todas as emissoras. Umas são mais brandas. Outras pegam mais pesado".

Bacabal contava, então, com 102 mil habitantes e sete retransmissoras de televisão. Era uma cidade malcuidada, com acúmulo de lixo e ruas esburacadas. Cinco retransmissoras funcionavam com autorização governamental: TV Mearim (Bandeirantes), Difusora (SBT), Nova Esperança (Record), Rede Vida e Mirante (Globo). Esta última apenas como repetidora, sem estúdio local. Havia mais duas — TV Cidade (RedeTV!) e TV Bacabal (Rede Meio Norte) — que entraram no ar sem a outorga do governo. Ou seja, estavam entre os inúmeros casos de retransmissoras que se implantaram aproveitando a brecha legal de trinta meses para a regularização.

Na fachada do sobrado ocupado pela TV Cidade havia a inscrição: "Aqui chegamos pela fé". A emissora pertencia a Janaina Fortes, que trabalhava na assessoria de comunicação da prefeitura. Ela sustentou que se tratava de um investimento dela e do marido, sem participação do prefeito. "Todo político quer televisão, mas a minha não é de político. Eu quero mesmo é vendê-la", afirmou. A TV Bacabal, canal 9, era do deputado estadual José Carlos Nobre Florêncio, do Partido Humanista da Solidariedade, e do filho dele, Florêncio Neto, eleito vice-prefeito de José Vieira em 2016.

O comando da TV Nova Esperança (Record) estava entregue ao ex-bancário Salomão Duarte, de 53 anos. Ele assessorou políticos antes de o destino levá-lo para o jornalismo, em 2013.

A emissora tinha quinze funcionários e ocupava uma casa sem identificação na fachada. Salomão era diretor e apresentador do telejornal *Fala Cidade*. Eis um pequeno trecho da entrevista que me deu sobre como dirigir uma TV em Bacabal.

— A quem pertence a televisão?

— É uma parceria entre o José Clécio e o senador Roberto Rocha, do PSB, que tem a outorga do canal. O Clécio começou com um carro de som, anunciando eventos e empresas. Daí sentiu necessidade de uma rádio. Depois, veio a necessidade de acoplar a TV ao negócio.

— Como se dá essa parceria? Ele paga pelo sinal?

— Não sei como é o acerto entre eles. Sei que há um contrato, que é renovado a cada dez anos.

— Mas a TV tem de apoiar o senador Roberto Rocha, certo?

— Pela lógica, sim.

— O senador Roberto Rocha é aliado ou adversário do atual prefeito?

— Isso é muito complexo. Político é como areia do deserto. Muda toda hora. Não se pode nem dizer se são aliados ou não. Hoje eles se odeiam, amanhã se amam e se casam. E depois se separam.


A PELEJA ENTRE O MENINO E O VETERANO

A eleição para prefeito de Bacabal de 2016 foi tumultuada em todos os sentidos. A Justiça Eleitoral local indeferiu a candidatura de Vieira, mas ele recorreu da sentença e derrotou Roberto Costa por diferença de 1827 votos. O Tribunal Regional Eleitoral não reconheceu o resultado e declarou o peemedebista vencedor. Uma liminar do presidente do Tribunal Superior Eleitoral, Gilmar

Mendes, no entanto, assegurou a posse de Vieira. Mas a Câmara Municipal rachou e elegeu dois presidentes. Ou seja, metade dos vereadores não reconheceu o novo prefeito.

A campanha ficará marcada na memória local também pela guerra entre o jovem apresentador Israel Braga, do jornal *Cidade Viva*, partidário de José Vieira, e o veterano Randyson Laércio, apresentador do *Ronda da Cidade*, da TV Difusora, cujo proprietário, Roberto Costa, era o grande opositor de Vieira.

Israel Braga tinha apenas 21 anos quando a campanha começou. Era um jovem magro, de aparelho corretivo nos dentes, com inegável facilidade para a comunicação e autoconfiança nas alturas. Associadas, sua juventude e pouca experiência fizeram dele um franco-atirador a serviço de Vieira, que, depois de eleito, o nomeou secretário de comunicação.

Embora Bacabal tivesse cinco telejornais locais, a disputa se deu, de fato, entre os dois apresentadores. Durante a campanha, Zé Vieira contratou Israel Braga para apresentar o *Cidade Viva* na TV Mearim. Seu antecessor, conhecido como JR, havia sido demitido e logo depois contratado pela afiliada Record, o que só aumentou o caldeirão de ressentimentos.

Israel Braga começou na profissão aos catorze anos, numa rádio, em razão de sua desenvoltura à frente do grêmio estudantil. A Record local percebeu o potencial do garoto e lhe ofereceu um programa diário de venda de produtos e clipes musicais. Antes de completar dezoito anos, já apresentava o principal programa da emissora, o *Balanço Geral*. Desde o começo da campanha eleitoral de 2016, o jovem passou a criticar Roberto Costa no programa, por não ter residência em Bacabal. Chamava-o de forasteiro. O tom das críticas foi subindo. Costa o processou por calúnia e o grupo de José Vieira contratou um advogado de São Luís para defendê-lo. "O advogado chegou para a audiência em Bacabal numa Land Rover, e todas as televisões estavam lá para fazer a cobertura. Me senti em Hollywood", disse-me Israel Braga.

Segundo o jornalista, o proprietário da TV Nova Esperança (afiliada Record) mandou que parasse com as críticas, o que o empurrou de vez para o grupo de Vieira. "Me vi obrigado a me aproximar dele e a abraçar a causa, porque Roberto Costa virou uma questão pessoal para mim. Fui para a bagaceira, para a briga, participei dos comícios do Zé Vieira", relatou.

Braga atribuiu a derrota de Roberto Costa a seus comentários na TV. "Estava com a eleição nas mãos. As pesquisas indicavam que teria 70% dos votos, e foi caindo, caindo..." Perguntei se ele se considerava responsável pela vitória de Vieira, ao que respondeu, sem modéstia: "Sou suspeito para falar do personagem, mas é o que a cidade de Bacabal toda diz". E não se afligiu quando o questionei sobre imparcialidade jornalística. "Hoje sou convicto adepto do Zé Vieira. É difícil falar em imparcialidade, porque a primeira coisa que o prefeito fez depois da eleição foi me nomear secretário."

No entendimento de Braga, as duas emissoras agiram mal na mesma proporção. Segundo ele, na véspera da eleição, Randyson Laércio, da TV Difusora, entrou no ar em plantão extraordinário anunciando que Vieira estava fora da disputa, e a TV Mearim imediatamente o colocou no ar para responder ao concorrente, e ambos pediram votos para seus candidatos. A juíza eleitoral Daniela Bonfim estava fora da cidade e não interveio. O jovem concluiu sua análise definindo a campanha de 2016 como uma "escola".

O apresentador do noticiário do meio-dia é a grande estrela das retransmissoras de TV do interior da Amazônia Legal, porque pesa sobre os ombros dele a responsabilidade pela audiência no horário nobre da programação: o do almoço. É quando as pessoas desligam a antena parabólica, deixam de ver a programação exibida pelas redes nacionais, e ligam a antena espinha de peixe para captar a programação local e acompanhar os assuntos da comunidade.

O apresentador precisa ter carisma, facilidade de comunicação, capacidade de improviso e, naturalmente, estar afinado com os interesses do proprietário da emissora. Randyson Laércio, apresentador do *Ronda da Cidade*, é um desses profissionais. Na campanha eleitoral de 2016, ele foi um soldado a serviço da candidatura de Roberto Costa. Por telefone, me disse que estava na empresa havia seis anos e que se engajou na candidatura.

Embora Bacabal tenha sete retransmissoras, não houve propaganda eleitoral gratuita na TV durante a campanha. Este é um dos pontos mais controvertidos da regulamentação, ou da falta dela. Não há regras claras sobre a obrigatoriedade do cumprimento do horário eleitoral gratuito. Assim, cada cidade age à sua maneira, por acordo entre as lideranças partidárias locais.

Segundo Randyson Laércio, José Vieira foi apoiado ostensivamente pela TV Mearim, e de forma discreta pela TV Bacabal, pertencente à família do vice-prefeito de Vieira, Florêncio Neto. O duelo explícito se deu entre ele e Israel Braga. "O que mais aconteceu foram ataques pessoais. Um buscando o podre do outro. Na minha opinião, ele foi contratado a peso de ouro para denegrir o Roberto Costa, enquanto eu o defendi por convicção."

Randyson estava à frente do *Ronda da Cidade* desde 2010 e antes disso foi apresentador da TV Mearim por doze anos. Quando o entrevistei, em janeiro de 2017, estava com 38 anos e buscava se qualificar para exercer a profissão nas grandes cidades. Em 2016, foi aberta uma faculdade de jornalismo na cidade de Caxias e Randyson estava na primeira turma de alunos. Para frequentar as aulas, dirigia por quatrocentos quilômetros de estradas, correspondentes ao percurso de ida e volta na estrada Bacabal-Caxias.

## RADIOGRAFIA DE UMA REPORTAGEM

Como preencher mais de duas horas de noticiário com equipes de apenas dois ou três repórteres, na maioria jovens, mal remunerados e com pouca ou nenhuma formação teórica? É por carência de estrutura que as retransmissoras são tão dependentes da capacidade de comunicação do apresentador. Ele passa boa parte do horário em interação com os telespectadores, que lhe enviam mensagens por WhatsApp. Não há medição da audiência, e cada apresentador monitora seu desempenho pelo volume e conteúdo das mensagens recebidas.

Como as equipes são extremamente reduzidas, não há planejamento prévio das pautas. Os profissionais são avisados das ocorrências policiais e partem imediatamente para a cobertura, seja dia ou noite, porque se a emissora não tiver imagem do flagrante mostrado pelas concorrentes, a audiência troca de canal. O jornalista Ray Lima, da afiliada Record, ficou conhecido como "o repórter que não dorme, só cochila".

Randyson Laércio e Israel Braga me apontaram os elementos essenciais para uma reportagem policial bem-sucedida no interior do Maranhão. O primeiro é o tempo de duração, que tem de ser longo o suficiente para explorar cada detalhe da ocorrência e para que o acusado descreva minuciosamente o crime praticado. Reportagens de um minuto de duração, como exibidas nos noticiários das redes nacionais, não fazem sucesso no interior. Lá, é comum terem dez minutos. As emissoras exibem detalhes dos corpos das vítimas. Para mostrar, por exemplo, que um jovem havia sido alvejado com quatro tiros nas costas, a câmera deu closes nos buracos de balas. Outro elemento importante é o fundo musical, sempre presente na abertura das reportagens policiais para ampliar a tensão. A trilha sonora é escolhida pelo editor.

No dia 8 de março de 2016 — o Dia Internacional da Mulher —, a delegada Fernanda Chaves reuniu a imprensa de Bacabal para apresentar um jovem de ar perplexo que estuprara e matara uma idosa de 85 anos. Não eram parentes, mas, no mesmo dia do crime, segundo a delegada, ele a tinha chamado de vó e lhe pedido a bênção, um tratamento de respeito aos mais velhos bastante comum no interior.

O rapaz, identificado como Genilson Melo Cabral, entrara na casa pelo telhado e estava tão drogado que dormiu sobre o corpo dela depois de matá-la por enforcamento. A reportagem foi feita por Ray Lima, o que não dorme, só cochila, e exibida pela TV Mearim.

— Ela chegou a ver você, foi?

— Sim, a senhora me viu. Eu cheguei, fui no pescoço dela. Dei um soco. Fui apertando o pescoço dela.

— Você levou ela pro quarto apertando o pescoço dela?

— Foi.

— Você entrou pra roubar o dinheiro?

— Foi.

— Depois que você enforcou ela, você teve relação sexual com ela?

— Sim.

— Depois dela morta ou antes de morrer?

— Viva.

— Enforcando ela?

— Hum.

— No corpo dela tem marca de mordidas. Você chegou a morder ela?

— Sim.

— A parte também, o ânus também, você usou tudo?

— Sim.

— Estava drogado?

— Tava drogado.

— A senhora tem idade de ser sua avó. Se este mesmo fato tivesse acontecido com sua mãe, o que você falaria para o estuprador e assassino de sua mãe?

— Eu não sei o que eu falaria, não, senhor.

— Você mataria ele?

— Não sei, não. Só Deus sabe.

— Você está arrependido?

— Tô. Já falei que tô arrependido e tô mesmo. Mas quando faz, é tarde.

— Estou diante de um bandido ou de um homem?

— Rapaz, diante da situação, ponho fé que homem não é mais, não. É de bandido mesmo.

— Você acha que não tem mais jeito de voltar para a sociedade?

— Eu acho que não, cara. Depois dessa parada aí...

— Se você não sair morto da cadeia, acha que vai voltar pro mundo do crime?

— Jamais.

— Você sabe que este tipo de crime, quando chega no presídio...

— Não tem perdão... eu sei que eu já estou no ponto de pagar o que eu fiz.

— Tem a Justiça e a justiça dos presos lá. Está preparado pra isso?

— Acho que não, mas fazer o quê?

134

— Tem chegado [conhecido] preso lá?

— Tem muitos do bairro lá.

— Você já passou por lá?

— Não.

— Você pode até mandar um recado para a galera lá que está assistindo você também.

— Não vou mandar recado pra ninguém, não.

— Você matou a mulher que você chamava de tia?

— Foi, cara.

— Você acredita em Deus?

— Acredito.

— Mas que Deus é esse que mata?

— O que mata eu não acredito, não. Deus que mata se chama demônio, rapaz.

— Você pode ser considerado demônio?

— Acho que sim, senhor. Um ser humano não fazia isso, não.


REPREENSÃO MATERNA

Israel Braga tem uma explicação para a obsessão com o detalhamento dos crimes e das entrevistas. "Os moradores se conhecem e têm opinião formada sobre quem matou e quem foi morto. Por isso querem detalhes. Essa curiosidade é parte do convívio. A programação reflete a cultura local, as amizades, os amores, os ódios. Estão sempre em busca de emoção, numa eterna Copa do Mundo."

Em janeiro de 2017, o repórter Romário Alves, da TV Difusora, forneceu uma dose dessa emoção ao expor a dor da mãe que criou os filhos sozinha e descobriu que seu caçula estava envolvido com drogas. Chamada à delegacia para acompanhar a apresentação do menor, ela foi cercada pelos jornalistas. A vergonha, indignação e revolta da mulher que supunha ter o filho sob controle foram expostas à exaustão.

A reportagem começava com imagens dos adolescentes sendo retirados do camburão e levados algemados para a delegacia. Ao fundo, o som de uma sirene de polícia colocado pela edição do programa para aumentar a tensão. A TV protegeu os rostos dos menores. Sem prestar atenção aos repórteres que a cercavam, a mãe, Lúcia da Silva, fixou os olhos no filho e com o dedo em riste o questionou:

— Onde foi que eu errei? No que foi que eu errei?

Uma voz ao fundo a julgou e a culpou pelo erro do menor: "A senhora não comprou uma ripa quando ele era criança". Ela não respondeu à provocação e continuou a reprimenda:

— Eu te criei sozinha. Tu saiu de casa hoje porque tu ia para o serviço. O que foi que tu fez? Eu nunca, aos 53 anos, nunca pisei numa delegacia de polícia. Eu digo pra tu todo dia: não se acompanhe com quem não presta!

O repórter, também muito jovem (tinha 22 anos na ocasião), tentou explorar ao máximo a indignação da mãe com o filho:

— A senhora não aceita isso, não é?

— Eu nem sei, meu filho. Eu sou uma mulher trabalhadeira.

— E tá passando essa vergonha, não é?

— Passando essa vergonha. Coisa que eu nunca passei na minha vida. Por um fio! O caçulo!

Ela esqueceu o repórter por um momento e retomou a reprimenda ao filho:

— Eu passando vergonha por ti. Óia pra minha cara! Onde foi que eu errei? Aonde eu errei? Eu te dei tudo! Eu trabalhei para te dar tudo do bom e do melhor! Não como uma rica, mas como uma pobre. Tu tinha tudo dentro de casa. Pra eu hoje estar nessa situação, olhando pro filho que eu botei no mundo. Será que tu é meu filho mesmo? Será que tu é?

Virou-se para o jornalista e acrescentou:

— É triste. Ele tem dezesseis anos. Uma criança. Saiu de casa dizendo que ia para o serviço...

Mas, rapidamente, esqueceu a câmera e retornou ao filho:

— Por bem ou por mal, vai ser a primeira e a última vez. Eu sou sua mãe. Eu sempre disse pra ti: olha, tu presta bem atenção, no dia que tu entrá no erro, eu sou tua mãe, mas não tenho nada a perder nessa vida. Eu já vivi o que eu tinha de viver. Eu já disse pra ti: eu te mato. Eu te mato!

O repórter continuou a entrevista:

— A senhora fez tudo o que tinha de fazer por ele?

— O que eu tinha de fazer por ele eu fiz. Eu nunca pedi nada. Pode perguntar a todos no meu bairro se eu já fiz alguma coisa errada. Eu trabalho. Não peço nem uma colher de açúcar ao vizinho. Trabalho para dar o que eu posso para os dois filhos.

— A senhora não tinha conhecimento?

— Quando que a mãe vai ter conhecimento de uma coisa dessa?

— Ele nunca chegou com coisa diferente em casa?

— Nunca! Porque as coisas dele eu olho todo dia. Ele nunca entrou com nada dentro da casa.

O repórter se dirigiu pela primeira vez ao jovem algemado:

— Como você está vendo esta vergonha que está fazendo sua mãe passar?

— Não vou fazer mais, não.

— Promete a ela que não vem mais aqui?

— Prometo.

— Não vai assaltar mais?

— Não tava assaltando, não.

137

— E essa droga aqui [apontando para as duas embalagens de maconha]?

— Não é minha, não.

A mãe repetiu a impensável ameaça ao filho:

— Se tu errar outra vez, se tu tiver sorte, tu vem pra cá. Mas, se não, quem vai te levar pro Juçaral é eu.

O Juçaral é o cemitério de Bacabal.

# Bonner não faria sucesso
# em São Mateus

A 170 quilômetros de São Luís está a pequena cidade de São
Mateus do Maranhão. Seu morador mais famoso não é o coronel
Rovélio Nunes — gestor municipal por três mandatos —, nem o
prefeito que o derrotou na eleição de 2016. A fama do lugar se
deve ao soldador João de Deus da Silva. Insatisfeito com a banali-
dade de seu nome e sendo fã ardoroso de Raul Seixas, criou para
si um nome sui generis: Sol Hidramix Riosraiosparaiso Diforças
Hahlmeixeixeas Hinfinito. É conhecido pela clientela e pelos
amigos por Sol Hidramix.

Hidramix deu nomes igualmente singulares à sua prole. O
primogênito foi registrado Jhoeicileifranklinsheixe, as filhas são
Jharkhinawhannekhemilly e Jhartchankeulamar. Para simplificar,
os amigos os chamam de Franklin, Khemilly e Keula.

São Mateus é cortada pela BR-135. Apesar do tráfego intenso
dos caminhões pela rodovia, toda a vida da cidade se passa nas
margens da pista. É lá que acontecem os comícios, as festas, os
encontros entre os jovens nos fins de tarde e também onde se
concentram os pequenos restaurantes que assam churrasco na
calçada. Quem chega à cidade se depara com um personagem

sombrio: o urubu, presente em número impressionante. Eles são atraídos pelos restos de carne descartados pelos restaurantes e estão nos bancos de praças, nas árvores e até andando calmamente pelas ruas à espera de alimento.

Faltavam onze dias para a eleição municipal, e a disputa para prefeito estava polarizada entre o coronel Rovélio Nunes, que concorreu naquele ano pelo PP, e o então prefeito Miltinho Aragão (PSB). Carros de som chamavam para a carreata de um e para o comício de outro. À medida que se aproximava a hora dos eventos de campanha, a cidade foi sendo tomada por motoqueiros vindos dos povoados, atraídos pela promessa de combustível gratuito.

A eleição coincidiu com a reta final da novela *Velho Chico*, exibida pela TV Globo, que tinha entre seus personagens principais um velho fazendeiro autoritário chamado Coronel Saruê, interpretado pelo ator Antônio Fagundes. Rovélio Nunes começou a ser chamado pelos adversários de Saruê, num deboche a seu propalado autoritarismo. Mas, em vez de afetá-lo, isso o favoreceu. O apelido colou e era repetido até pela criançada. Rovélio então incorporou o personagem e passou a se apresentar nos comícios como Coronel Saruê, usando um chapéu estilo panamá como o de Fagundes na novela. "Saruê, eu voto 11 pra vencer", foi o jingle da campanha, repetido à exaustão pelos carros de som. Miltinho Aragão venceu o coronel por diferença de pouco menos de 1300 votos.

São Mateus tem três retransmissoras locais de televisão e todas tinham programas diários de jornalismo. Mas, curiosamente, nenhuma delas cobriu a disputa eleitoral. Os proprietários das emissoras fizeram um acordo para suspender a programação local enquanto perdurasse a campanha, para evitar a troca de acusações. O acordo foi referendado pela Justiça Eleitoral. Por mais de um mês, os moradores ficaram sem saber o que ocorria na cidade. Os canais apenas repetiam a programação que captavam do satélite.

Para entender o que levou ao inusitado acordo, é preciso recuar um pouco na história. Rovélio foi prefeito da cidade por três mandatos, pelo PV. O Partido Verde é comandado no Maranhão pelo filho do ex-presidente Sarney, o deputado federal José Sarney Filho, que tem sua principal base eleitoral no interior do estado. A primeira eleição de Rovélio ocorreu em 1996. Pouco depois, ele montou a primeira televisão da cidade — TV São Mateus, canal 9 —, afiliada à Rede Difusora (SBT), da família do senador Edison Lobão, que, como ele, é aliado de Sarney.

A TV São Mateus foi registrada em nome da filha de Rovélio e de um então secretário da prefeitura. O Ministério Público Federal alegou que a emissora era pirata e denunciou tanto os proprietários quanto Edison Lobão Filho (na época, presidente do grupo Difusora). Eles foram condenados em primeira instância a pouco mais de um ano de detenção. Ninguém foi preso porque a sentença acabou prescrita, mas o episódio causou dor de cabeça a Lobão Filho quando concorreu a governador, em 2014. A notícia da condenação foi ressuscitada com destaque pela mídia nacional durante a campanha.

Rovélio não se reelegeu prefeito em 2000, mas recuperou o cargo na eleição seguinte, em 2004. No segundo mandato, ele reimplantou o canal 9, para dar visibilidade à sua gestão. O comando da emissora foi entregue a Antônio Carlos Barreto, conhecido como Toinho Barreto. A TV cumpriu o papel pretendido pelo prefeito, que se reelegeu para o terceiro mandato em 2008. Mas foi uma vitória apertada, por diferença de apenas 22 votos sobre o segundo colocado. Surgira uma nova estrela política na cidade, o advogado Hamilton Aragão, o Miltinho Aragão, que questionou o resultado das urnas na Justiça. A cidade viveu dois anos de turbulência política, com o prefeito tendo sido cassado e reconduzido ao cargo três vezes.

No final do terceiro mandato de Rovélio, a TV se rebelou contra ele e se aliou a Miltinho Aragão. Por vários meses, a emissora da prefeitura disparou contra o próprio prefeito. Em março de 2012, os ataques subiram de tom com a contratação de um novo apresentador para o programa *Girando com a Notícia*: Ueverton Braçale, que recebeu o epíteto de "Pau de maçaranduba", pela disposição com que atacava seus alvos em seus comentários.

Boa-pinta, foi garoto-propaganda do Armazém Paraíba, a rede de lojas de departamentos com sede no Piauí que se espalhou pelas regiões Norte, Nordeste e Centro-Oeste. Braçale também foi apresentador de TV em Açailândia (polo siderúrgico maranhense cortado pelas ferrovias Norte-Sul e Carajás), onde criou um personagem feminino, toscamente maquiado e com roupa de mulher, chamado Gorete. Quando não está diante das câmeras, Braçale apresenta uma discreta gagueira. "Já tinha visto isto? Um apresentador gago?", disse-me ele, bem-humorado. Mas, graças a exercícios respiratórios, aprendeu a dominar o problema. Seu estilo na TV poderia ser comparado ao de Ratinho.

Assim que chegou a São Mateus, Braçale começou a criticar funcionários públicos que prestavam mau serviço, mas o então prefeito Rovélio ainda era reverenciado na emissora. Em um de seus primeiros programas, o apresentador criticou uma enfermeira do hospital municipal que estaria sendo rude no atendimento às crianças. "Manda para a penitenciária de Pedrinhas, que está cheia de machos. Vai maltratar crianças? Irresponsável! Cheguei à cidade agora. Estou procurando podre de todo mundo aqui. Vai tomar banho na soda..." O Complexo Penitenciário de Pedrinhas, para onde ele aconselhou que fosse levada a enfermeira, ficou tristemente famoso pelas rebeliões e execuções de presos.

Desde o início, Braçale avisou que não tinha língua presa, referindo-se a não ter medo de criticar, e disparou contra funcionários públicos próximos do prefeito na televisão da prefeitura: "Senhor prefeito, tem um monte de babão desesperado, agoniado, porque seu governo está acabando. Bando de preguiçosos, levantem a bunda e vão trabalhar! Só querem saber do doido [dinheiro]. Vai catar serviço, imundiça! Se não trabalhar, entra no cacete...".

Quando começaram os ataques à sua gestão, Rovélio tentou suspender o *Girando com a Notícia*. Como presidente do diretório municipal do PV, entrou com ação judicial alegando propaganda eleitoral antecipada. Mas o programa continuou "em prol da liberdade de imprensa", como sentenciou o juiz. Para evitar mais complicações para o diretor da TV, o apresentador chamou para si a responsabilidade pelas críticas e mudou o nome do programa para *Fala Braçale*.

A guerra com a prefeitura chegou ao ápice quando a TV fez uma reportagem sobre as péssimas condições do hospital municipal e mostrou um cachorro comendo restos da placenta de uma mãe que acabara de dar à luz. As imagens causaram enorme impacto na cidade. Houve protestos e passeata, recordou o jornalista Jonatas Carlos, assessor de Miltinho Aragão.

O coronel Rovélio, por ter cumprido dois mandatos consecutivos, não disputou a eleição de 2012, mas apoiou o candidato petista Genilson Alves, que tinha sido seu opositor. A TV, então, atacou o petista. Alves e Aragão foram os principais adversários na campanha para prefeito em 2012. A emissora exibiu antigas declarações do petista nas quais refutava a possibilidade de aliança com o coronel e se referia à gestão do prefeito como catastrófica, truculenta e improvisada.

Antes de exibir os diálogos, Braçale convidou o público a prestar atenção ao que estaria por vir: "Chegue pertinho da TV.

Bote o ouvido, aumente o volume. Tem gente que pensa que o povo de São Mateus é idiota. Mas não é, não, e eu não vou deixar que façam isso com o povo de São Mateus, porque aqui não tem gente besta, não tem gente burra". Em outro ataque, Braçale anunciou que iria desmascarar um candidato que criticava o prefeito em público, mas fazia acordo com ele por baixo dos panos. E rotulou o petista de "candidato leilão". Enquanto o apresentador disparava contra Genilson Alves, ouvia-se ao fundo a música de Lindomar Castilho: "Vou rifar meu coração/ Vou fazer leilão/ Vou vendê-lo a quem der mais".

## BONNER NÃO FARIA SUCESSO

"O jornalista tem que ser destemido. Se não for, não tem audiência. O estilo do Bonner [William Bonner, âncora do *Jornal Nacional*, da TV Globo] não faria sucesso aqui. A gente tem de interagir com o público", afirmou o diretor Toinho Barreto, ao explicar a razão do estilo agressivo de Braçale, que complementou: "Apresentador de TV tem aos quilos por aí. Gente que faz jornalismo tem aos quilos por aí. Eu me tornei um personagem diferente, me destaquei. Denunciei o prefeito, esculhambei, bati, fui ameaçado e sofri dezoito processos judiciais".

Hamilton Aragão elegeu-se em 2012 com larga vantagem sobre Genilson Alves (43,3% contra 16,7% dos votos). Terminado seu mandato, em 1º de janeiro de 2013, Rovélio levou consigo o canal 9 (que havia negociado com a família Lobão) e remontou a afiliada SBT ao lado de sua residência. O jornalista Washington Batalha, fiel escudeiro do político, assumiu a direção do canal e o papel de apresentador do jornal *Repórter Difusora*.

O prefeito eleito montou uma nova emissora, o canal 13, com o nome de TV Nova Cidade, afiliada à Bandeirantes. A equipe de Toinho Barreto — com Ueverton Braçale na função de principal apresentador — assumiu a direção do novo canal e seguiu afinada com a administração de Miltinho Aragão.

Em 2016, sete meses antes do início da campanha eleitoral, estreou a terceira retransmissora de São Mateus: a TV Amazonas, canal 14, afiliada à Rede Meio Norte. Assim, o mercado publicitário, que já não era suficiente para manter duas emissoras, passou a ter mais um competidor.

O autor da façanha é o comerciante de couro Fábio de Jesus Assunção. Ele tinha a pretensão de concorrer a prefeito naquele ano, mas desistiu. Estava com 36 anos e quatro filhos quando inaugurou a TV Amazonas, em uma casa sem identificação na fachada. Nascido em Coroatá, a oitenta quilômetros de São Mateus, foi enviado pelos pais para estudar em São Luís, matriculou-se em três faculdades, mas não chegou a concluir nenhuma. Com a morte do pai, interrompeu o curso de direito para assumir o comando do negócio da família.

Fábio é comerciante atacadista. Compra e vende couro nos estados do Maranhão, Piauí e Ceará. Graças à nossa entrevista, fiquei sabendo que a raspa do couro de boi é matéria-prima na produção de chicletes, esmalte para unha e gelatina. Ter sua própria emissora de TV, segundo ele, era uma paixão alimentada desde a infância, apesar de ser tímido e de não gostar de aparecer na tela.

Perguntei ao empresário se foi a pretensão de concorrer a prefeito que o levou a montar a TV e ele respondeu que foi a percepção de que havia espaço para o surgimento de uma terceira emissora sem vínculo político A ou B. Pelo menos nos meses seguintes à eleição, o pressuposto de imparcialidade foi cumprido.

Rovélio foi entrevistado pela emissora após a derrota nas urnas. O apresentador avisou na abertura que quem se sentisse ofendido pelas declarações do político poderia solicitar direito de resposta.

A eleição frustrou não só o coronel Rovélio, mas também os apresentadores Ueverton Braçale e Washington Batalha. Os dois foram candidatos a vereador e não se elegeram. Braçale ficou como suplente e voltou para a labuta na TV da prefeitura. Batalha perdeu o emprego na emissora de Rovélio, que saiu do ar em fevereiro de 2017, sem previsão de data para retornar.

## O DRAMA DO CARCEREIRO

O jornalista Jota Luís era responsável por apresentar e apurar as reportagens importantes exibidas no noticiário *Agora São Mateus*, da TV Amazonas. Profissional experiente, atuou como apresentador em várias cidades maranhenses antes de chegar a São Mateus. Ele me assegurou que a TV Amazonas foi a segunda emissora com jornalismo imparcial que encontrou em sua trajetória. Por não querer se ligar a políticos, o jornalista trocava constantemente de cidade.

O *Agora São Mateus* é um mix de assuntos policiais, matérias de interesse público (buracos nas ruas, lixo por recolher etc.) e temas corriqueiros, como festas escolares. Toda sexta-feira, um artista local se apresenta no estúdio. É um meio-termo entre jornal e revista. Apesar das condições precárias, seu trabalho chama a atenção pela sobriedade na condução das entrevistas, mesmo diante de criminosos confessos.

Em 2016, a carceragem da delegacia de São Mateus era uma peneira, com fugas constantes de presos. No dia 5 de outubro, dois homens — um deles armado — invadiram a carceragem e agrediram o carcereiro. Três semanas depois, cinco presos cerraram a grade da cela e escaparam. Em seguida, mais onze fugiram. Jota Luís entrevistou o carcereiro Venceslau Pereira e fez um retrato impressionante da fragilidade do cárcere e dos riscos a que o funcionário estava exposto. A entrevista foi feita após a fuga dos cinco presos.

— Foi a primeira vez que o senhor foi abordado por presos?

— Não, foi a segunda vez neste mês. No dia 5, bateram palma no portão. Quando me apresentei, eles puseram a arma em mim.

— O que eles falaram para o senhor?

— Não falaram nada, não. Eu disse, não precisa atirar que vou abrir. Eles entraram e nós lutemos. Um caiu de joelho e me segurou pela cintura. O outro segurava o cabo do revólver com as duas mãos, enquanto eu segurava o revólver pelo meio.

O carcereiro contou que os presos aguardavam a chegada dos dois homens, mas um barulho na rua assustou os invasores, que fugiram.

— Ele conseguiu levar o revólver ou o senhor desarmou ele?

— Ele levou. Eu podia tomar o revólver, mas estava com medo do outro também estar armado.

— O senhor acredita que eles estavam tentando resgatar algum preso?

— Mas não conseguiram porque eu reagi.

— O senhor arriscou sua vida travando uma luta corporal com eles.

— Foi sim, senhor.

— O senhor foi muito corajoso, se arriscou. O que o senhor pensou naquele momento?

— Eu pensei que ia morrer, que era o último estrebucho.

O repórter passa a indagá-lo sobre os detalhes da fuga. O carcereiro revela que depois da tentativa de invasão do início do mês passou a levar um parente para lhe fazer companhia, para não ficar sozinho e desarmado com os presos.

— O senhor estava sozinho na delegacia quando os presos fugiram?

— Eu estava mais um rapaz aqui, um parente meu. Depois do que aconteceu, da invasão no início do mês, eu passei duas noites só.

— Fica alguma polícia com o senhor?

— Não, senhor.

— Quantos presos fugiram?

— Foi cinco.

— Estavam todos na mesma cela?

— É, mas eram oito e três não fugiram.

— É um serviço bastante perigoso este de carcereiro.

— É perigoso demais. A pior vigília do mundo é vigiar bandido.

— O senhor já foi atingido?

— Não, senhor. Na outra delegacia fugiram duas vez. Me agarraram, fizeram eu abrir o cadeado.

— Não é a primeira vez que acontece isso com o senhor?

— Não. Já vai para quinta vez.

— O senhor me falava que já pensa em parar, pelo risco?

— Não tenho porte de arma. Um risco desse e ficar desarmado, não compensa, não. É melhor largar. Essa carceragem precisa ter pelo menos um guarda municipal armado. Mas um cara sozinho... não está certo. Eles [os presos] só pensam em fugir. E eu sozinho, com a porta escorada com um pedaço de pau.

# O poeta e o foragido
## de Pedrinhas

Em 2013, o país acompanhou boquiaberto a explosão de violência no presídio de Pedrinhas, na região metropolitana de São Luís. Segundo o Conselho Nacional de Justiça, sessenta presos foram mortos ali naquele ano, sendo que três foram decapitados. Imagens das cabeças cortadas caíram na internet e correram o mundo.

Só então o país se deu conta da existência do presídio e de que estava dominado por facções criminosas. A principal delas, o PCM — Primeiro Comando do Maranhão, que reunia, sobretudo, presos transferidos do interior —, teria articulação com o temido PCC — Primeiro Comando da Capital — de São Paulo.

As mortes diminuíram nos anos seguintes, mas o Complexo Penitenciário de Pedrinhas continuava estarrecendo o mundo. Em 2015, um promotor denunciou que, na onda de horrores ocorrida em 2013, presos teriam esquartejado e comido o fígado de um colega de facção. Nesse contexto, em que a simples menção ao nome do presídio provocava arrepios, um foragido, Benedito Souza Santos, de 24 anos, foi capturado em um povoado na zona rural de Penalva, a cerca de 250 quilômetros de São Luís. Ele estava acoitado no casebre da avó quando os policiais o apanharam e o levaram para a sede da 13ª Companhia Militar, no município vizinho de Viana.

Assim que o preso foi retirado do camburão, o jornalista Antônio Rabelo Filho, conhecido como Toninho Rabelo, proprietário da TV Viana, canal 42, estava a postos para entrevistá-lo. O major Ferreira, que efetuara a prisão, apresentou o preso à imprensa local como um "meliante de alta periculosidade". O adjetivo não combinava com a aparência do preso: um jovem moreno e de fala mansa. Mas, segundo o major, a aparência calma ocultava um "elemento perverso", contra o qual existiam três mandados de prisão em aberto por assaltos a ônibus na capital, São Luís. Além de ser fugitivo do temido presídio de Pedrinhas, era integrante do PCM.

Toninho Rabelo, de temperamento igualmente calmo, perguntou ao fugitivo que crimes levaram aos três mandados de prisão. Ele respondeu citando o artigo do Código Penal que estabelece a pena de quatro a dez anos de prisão para roubo mediante grave ameaça ou violência:

— Foi 157 todos os três. Mas agora eu não tava assaltando mais, não. Quando eu caí [as prisões anteriores] foi por onde [havia motivo], mas agora não.

— Tu caiu três vezes.

— Depois da última vez que eu caí, não voltei a praticar mais, não.

O jornalista apontou para o ombro do preso:

— Essa tatuagem aí, o que representa?

— É só um tribal egípcio. Não representa nada.

— Você não participa de nenhum grupo organizado?

— Participo do PCM.

— Como tu é conhecido no PCM?

— Só por Santos. Todo mundo me conhece lá.

— Não tinha medo de eles te prenderem aqui nesta região?

— Eu não tava sabendo de nada, não. Não tava participando de nada. Tava trabaiando. Se eu tivesse praticando assalto, eu tava na beirinha da estrada. Me prenderam na casa da minha avó, que é pobre. Não tinha nada lá.

Três meses depois do encontro com o foragido, Toninho Rabelo recebeu uma mensagem urgente no celular dizendo que havia dez reféns sob a mira de assaltantes na agência dos Correios de Viana. Os ladrões estavam cercados pela polícia e negociavam as condições para a rendição. Queriam coletes à prova de balas, um advogado e a presença da imprensa local, para garantir que não seriam mortos depois que libertassem os reféns. Toninho Rabelo descreveu aquele momento como o de maior emoção em sua carreira profissional. "Quando cheguei lá, havia muita gente aglomerada em frente à agência. Um dos assaltantes estava próximo da porta, com uma arma encostada na cabeça de um refém."

Com a adrenalina ao máximo, Toninho se apresentou como o representante da imprensa e passou a filmar a cena. Os assaltantes vestiram os coletes à prova de bala, escudaram-se em dois reféns e caminharam até o carro da polícia. O maior receio era de que fossem linchados pelos populares, mas estes, ao contrário, aplaudiram a ação e a cidade voltou à rotina.


POETA ESQUECIDO

Quem chega à cidade de Viana, na Baixada Maranhense, sem saber do seu passado de glórias, se surpreende com o casario colonial ainda imponente, apesar de maltratado. Fundada por jesuítas em meados do século XVIII, Viana tem 50 mil habitantes. É cercada por lagos e rios que transbordam no período chuvoso e formam um mar de água doce. Foi rica até meados do século XIX, graças à exportação do algodão, mas entrou em decadência com o fim do "ciclo do ouro branco" — como se referiam ao algodão no auge dos preços — e com a abolição da escravatura. Restaram o casario e a valorização da música e da poesia, simbolizada pela Academia Vianense de Letras, com 32 acadêmicos da elite local.

E há a Academia Vianense dos Esquecidos das Letras, Artes e Ciências (Avelac). "Esquecidos por alguns, imortalizados pela arte" é o lema da agremiação, que reúne artistas anônimos "esquecidos pelo capitalismo selvagem e pelo alto nível de competição e de falta de oportunidade". Essa é a história de um poeta esquecido, Antônio Rabelo Filho, integrante da Avelac, e do jornalista autodidata Paulo Ricardo Araújo. Os dois possuem retransmissoras de televisão na cidade. Não tinham padrinho político, mas obtiveram os canais com ajuda de um funcionário do então Ministério das Comunicações, nascido em Viana, que levou os pedidos ao então ministro Hélio Costa. O primeiro tornou-se proprietário da TV Viana, 42, afiliada à RedeTV! e o segundo da TV Verdes Lagos, canal 5, que retransmite a Record. Um obteve a licença em 2009 e o outro em 2010.

Toninho Rabelo foi professor de química, física e inglês no ensino médio e abandonou o magistério para se dedicar à comunicação. É músico (autor de marchinhas de Carnaval), poeta, locutor de rádio, repórter e cinegrafista. Eu o conheci na minha segunda incursão ao interior maranhense, em setembro de 2016. Tímido e franzino, mais parecia um menino de traços indígenas. Mas, por trás da aparência frágil enxerguei um homem determinado e persistente.

A TV Viana funciona em um sobrado. O estúdio fica no térreo, e ele mora com a mulher e os cinco filhos no andar superior. A microemissora era tocada apenas por ele e pelo filho de dezesseis anos, Alesson Victor Rabelo. O pai apurava, apresentava as notícias e vendia os anúncios. O filho era o cinegrafista. Foi a menor equipe que encontrei e me lembrou os estabelecimentos comerciais familiares tão comuns no interior.

A poesia de Toninho Rabelo é singela como sua vida. Um de seus poemas fala da origem de Viana, cujo nome, segundo o autor, é uma homenagem à cidade portuguesa de Viana do Castelo: "Foi por volta de 1700 quando tudo começou/ Eram cinco aldeamentos, nas terras de Maracu/ A principal lá na Matriz, seu chefe era Timbaú/ Essa tribo que morou ali falava o nheengatu".

A TV Viana faturou cerca de 6 mil reais por mês no último trimestre de 2016. A campanha eleitoral causou um baque na receita, porque a prefeitura cortou o repasse de 3 mil reais que destinava a cada emissora local para inserção de material institucional.

Toninho Rabelo mantinha o negócio e a família graças à produtora de som e vídeos Gota Mágica, que funcionava junto com a TV e prestava serviços a políticos, igrejas e prefeitura. A maior despesa da televisão, segundo ele, era a conta de energia elétrica, uma vez que ele e o filho não recebiam salário, nem havia dispêndio com aluguel.

Mas ele não se deixava contaminar pelo pessimismo do país diante da crise econômica, e estava otimista com o futuro de sua televisão. Disse ter investido 100 mil reais (equivalentes na época a US$ 33 mil) na implantação da emissora, mas que agira com cautela e não tinha dívidas. "Se uma empresa ultrapassa os três primeiros anos, como a minha, ela vai sobreviver. Superei a fase crítica e paguei meus empréstimos. Um dia a crise passa."

## DE CONTÍNUO A DONO DE TV

Paulo Ricardo também irradiava otimismo com o futuro de sua emissora. Aos 39 anos, tinha um grande projeto pela frente: implantar o programa diário *Balanço Geral*, de acordo com o padrão definido pela Rede Record. Até aquele momento, as reportagens eram exibidas apenas em takes, ao longo do dia. Perguntei, na ocasião, por que não inaugurava o noticiário durante a campanha eleitoral, já que não faltariam notícias. "Para não beneficiar o adversário do prefeito durante a campanha. Receberíamos muitas demandas da população durante o programa e ficaríamos batendo na prefeitura. Não achei justo com o prefeito", afirmou.

Paulo Ricardo e Toninho Rabelo destoavam dos demais proprietários de televisão que encontrei no interior maranhense pela aversão ao envolvimento com políticos, o que os levava também a fugir de denúncias. "Não me dou bem com esta questão de falar mal de político. Um candidato tentou me convencer a filmar um adversário dele distribuindo dinheiro em troca de voto nesta eleição. Não topei", disse Paulo Ricardo. Diante do argumento de que ele teria perdido a oportunidade de um furo de reportagem, respondeu: "Mas eu não seria imparcial, porque um lado da disputa estava me contratando. Não me envolvo com política. Não quero que a troca de prefeito interfira na minha televisão".

Ele começou a trabalhar em televisão aos dezessete anos, servindo cafezinho na emissora do ex-prefeito Filuca Mendes (PMDB), da cidade de Pinheiro (terra natal de José Sarney). Aos poucos, aprendeu as funções de iluminador, cinegrafista, produtor e repórter. "Só não apresento programa. Prefiro os bastidores", afirmou.

A polivalência o ajudou a manter sua emissora com poucos recursos. "Executo todas as tarefas. Se faltar motorista, dirijo o carro; se faltar cinegrafista, filmo as reportagens; se faltar o operador do drone, opero o equipamento. Se eu tiver de contratar um profissional para cada atividade, vou onerar muito a empresa. Aprendi a dominar todas as etapas da produção e, sem falsa modéstia, sou considerado um dos melhores do interior do Maranhão, porque conheço tanto os equipamentos antigos quanto os modernos."

Indaguei a Toninho Rabelo e a Paulo Ricardo sobre a competição pelo mercado publicitário. Os dois se queixaram da concorrência desleal praticada por pessoas que diziam representar as afiliadas da Globo e do SBT, aparentemente sem o conhecimento delas. Captavam os sinais dessas redes do satélite e incluíam os anúncios locais. A prática era chamada de "torneirinha".

A Mirante era retransmitida em Viana pelo canal 7. O retransmissor ficava acoplado à antena de uma rádio comunitária. O mesmo sistema servia ao SBT (TV Difusora). Os anúncios na Globo eram negociados por uma pessoa de São Luís. "Enfrento uma concorrência muito dura da Globo, porque ela é a referência de preços para a venda dos comerciais. Se o anúncio durante a novela da Globo custar cem reais, meu preço na Record será de no máximo setenta reais. Os valores são negociados caso a caso. A deslealdade está em que somos empresas, com custos fixos, enfrentando um concorrente invisível e sem custos", resumiu Paulo Ricardo.

# Poder e voto na terra do babaçu

A imagem mais marcante do interior do Maranhão é a das quebradeiras de coco em sua penosa labuta para o sustento de suas famílias. É comum verem-se nos povoados os grupos de mulheres trabalhando sentadas no chão. Elas conversam e trocam confidências, em meio ao toc-toc-toc constante dos cocos sendo quebrados. É um trabalho árduo, arriscado e mal remunerado. Para quebrar o coco, colocam um machado entre as pernas com o corte voltado para cima. Com uma das mãos, seguram o coco sobre o machado, e, com a outra, desferem golpes de porretes no fruto seco. Uma mulher saudável extrai cerca de quinze quilos de castanhas por dia.

Os coqueiros são literalmente o esteio das famílias rurais. O tronco é a madeira de sustentação das casas de taipa; as folhas servem para a cobertura do telhado e para o trançado que faz as vezes de portas e janelas. Da castanha, extrai-se o óleo de cozinha e da casca queimada do coco tem-se o carvão para acender o fogo no fogão.

Há quebradeiras de coco que trabalham diretamente na mata. As prefeituras costumam oferecer o caminhão (pau de arara) para apanhá-las na ida e na volta, em pontos predeterminados. Acompanhei a entrada de um grupo delas na mata nas imediações de Codó. De facão em punho, vão abrindo picadas até encontrarem o local adequado para passar o dia. Ali mesmo, tiram as castanhas e produzem o carvão com as cascas.

Em três cidades que visitei no Maranhão — Codó, Pedreiras e Trizidela do Vale — encontrei políticos que são simultaneamente proprietários de televisão e de indústrias de beneficiamento da castanha do babaçu. O que significa que ditam o preço da castanha produzida pelas quebradeiras.

As mulheres não têm vínculo trabalhista com as indústrias. Dos quintais dos casebres às portas das fábricas há uma rede de intermediários, que começa, em geral, nos pequenos armazéns onde vendem a castanha para comprar produtos da cesta básica. O preço de um quilo de feijão, em setembro de 2016, correspondia a cinco quilos de castanha.

Pedreiras e Trizidela do Vale são duas cidades separadas pelo rio Mearim, a cerca de cem quilômetros de Codó e a 280 quilômetros de São Luís. Chama a atenção no centro de Pedreiras o Castelo de Leicam, uma tentativa de réplica de castelo medieval, com oito banheiros, miniteatro e salão de festas. O imóvel foi construído para moradia do médico Hélio Maciel, e depois foi casa de jogos e templo de uma igreja evangélica.

Já Trizidela do Vale acabou conhecida no resto do país por motivo mais trágico: as cheias do rio Mearim. A maior delas foi em 2009, quando a cidade esteve praticamente submersa e mais da metade de sua população ficou desabrigada.

Quando visitei as duas cidades, o otimismo com a descoberta de reservas de gás natural na região tinha esfriado com a derrocada financeira do empresário Eike Batista, um dos sócios do projeto de exploração. O principal hotel de Pedreiras, o San

Pedro, estava parcialmente ocupado por técnicos e engenheiros da Parnaíba Gás Natural, com seus macacões cinza, que trabalhavam na construção do gasoduto. A expectativa era de que começariam a perfurar poços no ano seguinte e haveria empregos para trabalhadores locais.

## O FURACÃO FRED MAIA

Pouco antes do meio-dia fui ao encontro do prefeito de Trizidela do Vale, Fred Maia, do PMDB, que estava em campanha para reeleição pelos bairros da cidade. Ele controla a TV Ouro Vivo, canal 9, que fica em Pedreiras, e retransmite a Rede Difusora (SBT) da família Lobão.

Orientada por um motorista da prefeitura, encontrei Maia reunido com cabos eleitorais em uma casa avarandada. Pela forma como se tratavam, pensei que estivessem brigando. "Velho safado", "filho de uma égua", dizia o prefeito. Mas todos gargalhavam satisfeitos com o aparente xingamento.

Percebi que estava diante de um furacão humano, autoritário e sem papas na língua. "Nasci os dentes trabalhando feito jumento", afirmou ao explicar que o pai — "mais duro que parede de igreja" — o fez trabalhar desde a infância. Nascido em Mossoró, no Rio Grande do Norte, aprendeu a dirigir automóvel aos dez anos, vendeu sal na feira e quando entrou na adolescência foi posto para carregar e descarregar caminhões.

Para escapar do rigor paterno, foi viver em Trizidela do Vale com os avós maternos, donos de uma fábrica de sabão e de óleo de babaçu. O linguajar chucro é estilo, e não falta de estudo, pois chegou a frequentar o curso de administração de empresas. "Abandonei a faculdade quando vi que sabia mais do que meus

professores. Eu já comandava 150 empregados e eles só conheciam a administração por teoria", justificou.

O grupo político de Fred Maia passou a comandar Trizidela
do Vale em 2004, quando Jânio Balé, também do PMDB, derrotou
a candidata indicada pelo então prefeito Paulo Maratá (ex-PFL),
líder do grupo político adversário. Maia, que foi vice na chapa
de Balé, descreveu assim aquela eleição: "Na primeira campanha,
tivemos de usar coletes à prova de balas porque o então prefeito
tinha fama de violento, de mandar bater e matar gente. Ninguém
podia usar boné ou camisa do adversário dele. Eu o enfrentei. Chamei ele para ver se tinha coragem de me matar. Disse que só seria
mais homem do que eu se tivesse três ovos. Fomos para o embate.
Quem ganhou aquela eleição fui eu. Passei oito anos viçando".

A entrevista se transforma em comício, à medida que mais
gente se aglomera em torno do prefeito na varanda. Ele passa a
responder a minhas perguntas falando para o grupo. Para explicar sua relação com a população de Trizidela, diz que prefeito
de cidade pequena do interior é ao mesmo tempo juiz, médico,
advogado, psicólogo e conselheiro amoroso. A cada tirada de
humor, o grupo gargalhava, e ele subia o tom de voz.

Fred Maia instituiu o hábito de receber a população em seu
gabinete às quartas-feiras. "O pessoal pede de tudo: remédio,
telha, tijolo, ajuda para pagar a prestação da moto, para limpar o
nome sujo no banco. Um pediu para eu demitir a nora, que era
professora, porque tinha botado chifre no filho dele. Outro levou
chifre da mulher e queria ajuda pra sair da cidade."

— O senhor ajudou o que levou chifre?

— Dei dinheiro para comprar a passagem. Ele precisava dar
uma volta para esquecer.

— Deu o dinheiro do seu bolso?

— Hein?

— O senhor pagou a passagem do seu bolso?

— Esse tipo de ajuda tem de ser do meu bolso.

— Por que o senhor o ajudou?

— Pra evitar morte. Por aqui matam muitas mulheres por chifre. Só neste ano [2016] foram cinco. Uma vez um cara sequestrou a mulher e eu passei várias horas como negociador, tentando convencer ele a soltar. Mas ele deu um tiro nela e se matou.

— Então, há casos em que o senhor acha que cabe dar dinheiro?

— Principalmente se for questão de saúde e de religiosidade. Todos os anos, levamos uma carreta de pau de arara com 120 pessoas para pagar promessa no Canindé, a 740 quilômetros de distância. Vai de mamando a caducando. De bebê de quatro meses a senhores de oitenta anos. A carreta é minha. Boto banco de tábua, sem encosto. O pessoal dorme embaixo da carreta, na rua, ou alugo uma casa e boto cem pessoas dentro. E eu vou junto.

Mudamos a conversa para a relação dele com a TV Ouro Vivo. Fred Maia contou que a família Lobão é dona da outorga do canal 9, e que a prefeitura pagava 5 mil reais mensais à Difusat — empresa de Edison Lobão Filho — para usar o sinal da afiliada do SBT. O mesmo canal fora arrendado pela prefeitura na gestão do adversário Paulo Maratá. Fred Maia insistiu que não usava a televisão para fazer propaganda de si mesmo. "O papel mais importante dessa televisão é o beneficente. Eu não tenho programa fixo, e só apareço quando os adversários me esculhambam e eu preciso me defender", disse ele. Mas bastou conferir alguns vídeos da TV Ouro Vivo para constatar que a verdade era outra.

Um exemplo foi a entrevista exibida em julho de 2015, quando ele falou em sua TV durante a tradicional vaquejada promovida pelo adversário Paulo Maratá. O repórter apenas levantava a bola para ele chutar.

# MARANHÃO

1. Idalvina Maria Campelo, 78 anos, eleitora do coronel Rovélio, distribuiu santinhos do candidato a prefeito em São Mateus do Maranhão na eleição de 2016.

2

3

2. O "coronel" Biné Figueiredo, dono da TV Cidade, de Codó, ao lado da mulher Eliane Figueiredo, durante a campanha eleitoral para prefeito em 2016.

3. Detalhe da casa de Biné Figueiredo, em Codó.

4. Maria José Salomão, mulher do ex-prefeito Rovélio Nunes, o Coronel Saruê, dono da TV São Mateus, canal 9.

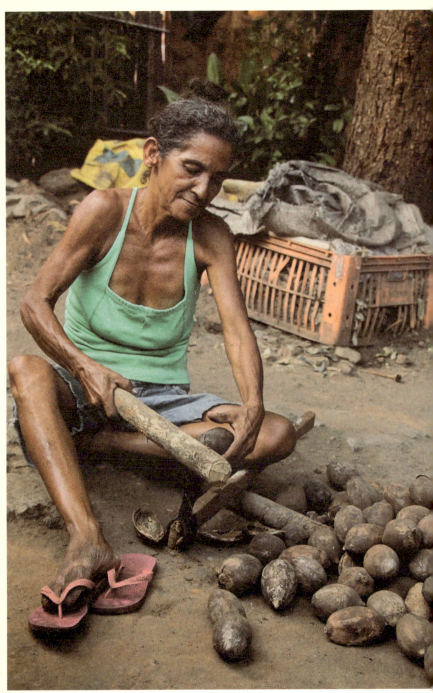

5. Quebradeira de coco no interior do Maranhão.

6. Casa de taipa na área rural de Codó com propaganda de Francisco Nagib, proprietário da FCTV, que se elegeu prefeito da cidade em 2016.

7. Trabalhador rural diante de seu casebre com a antena para captar o sinal da TV local no interior do estado.

8. Walney Filho deixou o emprego de apresentador do *Balança Codó* para concorrer a vereador em 2016 (não foi eleito). No lugar do TelePrompTer, folhas de papel.

9. Sena Freitas, principal repórter da FCTV de Codó, posa no estúdio decorado para as festas juninas.

10. Praça principal de Itapecuru-Mirim.

11. Willian Vieira sorteia pia de inox durante o telejornal *Balanço Geral* na retransmissora Record da prefeitura de Itapecuru-Mirim.

12. Paulo Ricardo, proprietário da afiliada Record em Viana.

13. Mário Junior, diretor, repórter e apresentador da TV Nova Era, em Lago da Pedra.

14. A parabólica é onipresente no cenário rural em Coroatá.

11

12

13

15

16

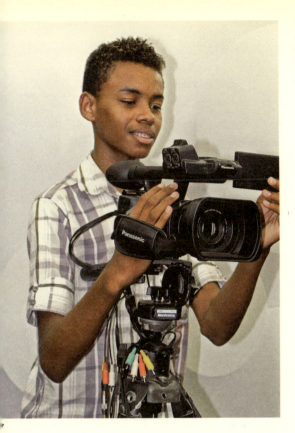

15. Ezequiel Pacheco, apresentador do canal 11, de Coroatá. Patrocinado pelas Óticas Diniz, só se deixa fotografar de óculos escuros.

16. Anúncio da TV Novo Tempo em Peritoró, cujo canal não constava como licenciado no sistema da Anatel.

17. O adolescente Paulo Souza, cinegrafista do *Repórter Puliça*, na Band de Caxias.

18

19

18. Salomão Duarte, diretor da TV Nova Esperança, de Bacabal, exibe o registro de jornalista de nível médio.

19. A fachada da TV Cidade, afiliada da RedeTV!, em Bacabal.

20. Ueverton Braçale, o "Pau de maçaranduba", apresentador no canal de TV da prefeitura de São Mateus do Maranhão.

21

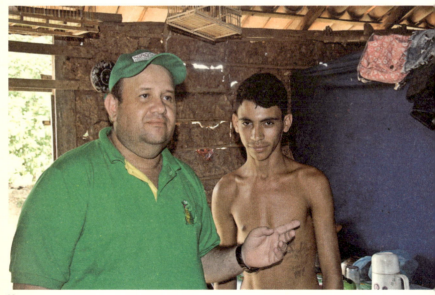

22

21. Estúdio da TV Rio Flores em Trizidela do Vale.

22. O "furacão" Fred Maia aborda eleitor na periferia de Trizidela do Vale na reeleição para prefeito em 2016.

23. Chico Corinto, o mais famoso apresentador de TV de Pedreiras, derrotado em seis eleições para vereador.

24. Railton Maclaren, apresentador da TV Verdes Lagos (Lago da Pedra) e seu porrete.

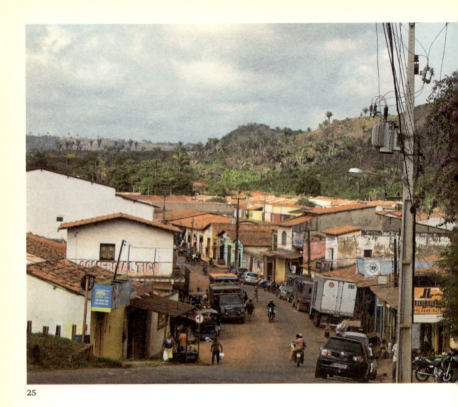

25

25. Lago da Pedra, localizada na região central do Maranhão.

26. Raimunda Alves de Melo, a "mãe santa", ex-prefeita de Lago da Pedra, posa ao lado da foto do filho morto em acidente aéreo.

27. Mata de babaçu na região dos Cocais.

28. O professor e poeta Toninho Rabelo mantém no ar a TV Viana, canal 42, com a ajuda do filho adolescente.

# MATO GROSSO

29. Sede da TV Rosário, que retransmite a Record em Rosário Oeste.

30. Kaique Rafael exibe na camisa a logomarca da Record bordada pela mãe.

31. Fé e orgulho expostos na TV Rosário, em Rosário Oeste.

32

33

32. Ivan Makoto, cinegrafista e proprietário da TV Nobres, retransmissora Record em Nobres.

33. André Godoy, menino prodígio, que aos 21 anos se desdobrava para apresentar os telejornais das cidades de Nobres e Rosário Oeste.

34. Kelly Zanon substitui o patrão Ed Motta no telejornal *SBT Notícias* em Nova Mutum.

35. A capa do filtro com a logomarca do SBT evidencia a administração familiar da TV em Nova Mutum, coração do agronegócio em Mato Grosso.

36

37

36. Márcio Mendes, primo do ministro do STF Gilmar Mendes, administrou a TV Diamante, em Diamantino.

37. Estúdio da TV Independência em Barra do Bugres, comandada pelo ex-peão de boiadeiro Orlando Chaves.

38. Renan Coelho e Marcelo Alves da Silva fazem a dupla "desconto grande e preço pequeno" na TV Cidade Verde, de Tangará da Serra.

39.

39. Márcia Kappes, principal estrela televisiva de Tangará da Serra, entrevista anunciante no programa *Tangará 40 Graus*.

40. Lelinho dos Santos Kapich, ex-proprietário e apresentador da TV Mundial, de Juína, durante evento em Brasília com o então presidente Luiz Inácio Lula da Silva.

40

# TOCANTINS, PARÁ E RONDÔNIA

41. Nivaldo Júnior apresenta o *Tribuna do Povo*, na TV Guará, única emissora local de Guaraí, cidade do norte de Tocantins.

42. Fachada da afiliada local da Record em Conceição do Araguaia, no sul do Pará.

43

44

43. Marcos Moura apresenta o programa *Revista Regional*, em Tucumã, sul do Pará.

44. Patrick Siqueira, o Chocolate, virou pastor após meteórica carreira como repórter e apresentador em Canaã dos Carajás, no sudeste do Pará.

45. Simião Nogueira apresenta o *Clube da Viola* na afiliada SBT de Redenção (sul do Pará), pertencente a Carlo Iavé, prefeito da cidade.

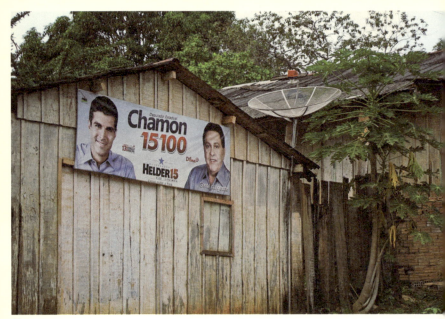

46

47

46. Propaganda eleitoral mostra força política da família Chamon em Curionópolis (PA).

47. Almir Satis, apresentador da SIC TV de Rolim de Moura (RO).

48. Esqueletos de castanheiras lembram os dezenove militantes do MST assassinados em 1996, no que ficou conhecido como o Massacre de Carajás, entre Eldorado dos Carajás e Marabá, no Pará.

49. Ana Maria Hack, a Maria do Barro, de Cacoal (RO), premiada pela reportagem sobre assassinatos por encomenda em Ministro Andreazza.

— Este é o governo do futuro maior?

— Do futuro maior. Falar do Fred Maia é fácil, mas fazer o que Fred Maia faz é difícil. Por ter coragem de trabalhar o tanto que eu tenho e principalmente por ser uma pessoa abençoada. Enquanto tem pessoas que querem denegrir minha imagem, eu tenho um círculo de orações na Igreja evangélica e na Igreja Santo Antônio. Todo dia rezam por mim. Tem minha mãe que reza por mim, e tenho eu que rezo todos os dias e peço proteção a Deus. Se Deus é por mim, quem será contra mim?

— Só atiram pedras em árvores que dão frutos.

— Com certeza. Muitos torciam para que Trizidela não estivesse como está. Trizidela é uma cidade revelação para o Maranhão e para o Brasil. É conhecida a nível de Brasil!

Terminada a nossa entrevista na casa avarandada, Maia saiu em caminhada pelas ruas para abraçar os moradores e pedir o voto na eleição que se avizinhava. Pareceu à vontade ao entrar nos casebres praticamente destituídos de mobiliário e até posou para fotos com uma eleitora em potencial, ambos fazendo o V da vitória com os dedos diante de um cercadinho de folhas secas de babaçu que servia de banheiro para a família.

Reeleito, como previa, foi à TV Ouro Vivo com o aliado Jânio Balé para uma entrevista de 48 minutos e para agradecer pelos votos recebidos. Citou os nomes das principais famílias que o apoiaram, e comemorou o fato de o PMDB estar na presidência do país, com Michel Temer. Segundo ele, finalmente jorrariam recursos federais para a cidade.

Existem duas retransmissoras de televisão em Trizidela e duas em Pedreiras que produzem programação local. Não faz diferença para o público se o estúdio e a antena estão em Trizidela ou em Pedreiras, porque os canais são captados pelas duas localidades e até pelas cidades vizinhas.

A segunda retransmissora de Pedreiras é a TV Cidade, canal 13, afiliada à Bandeirantes. Seu proprietário é outro feroz opositor de Fred Maia: Kleber Branco, que também possui uma rádio. Ele foi vice-prefeito de Pedreiras (de 2001 a 2004) e concorreu, sem sucesso, a deputado estadual, pelo PV, em 2014.

Cheguei ao estúdio da TV Cidade no momento em que estava sendo transmitido o programa *Tribuna de Notícias*. Pensei ter entrado na rádio por engano. O jornal é apresentado por Corinto Nascimento Neto, que se posiciona no centro da bancada. Nas laterais, sentam-se o repórter José Ribamar Santos e uma locutora que narra os comerciais, como se estivessem numa rádio. Os dois são jornalistas experientes. O apresentador tinha, então, 54 anos, e o repórter, 48.

"O dono da emissora quis trazer o rádio para a TV, para manter a tradição. Então, somos uma rádio com imagem", resumiu Nascimento. Ele se considera exceção entre os jornalistas do interior maranhense por não querer envolvimento político. "Fujo da política. Nunca subi em palanques nem participei de carreatas, para não dar margem a comentários. Quero entender a política, mas não gosto da forma como é feita", afirmou.

Fred Maia acusou o proprietário da emissora de pressionar as prefeituras para forçá-las a assinar contratos de publicidade. Nascimento respondeu à acusação com críticas ao prefeito. "É um coronel. Humilha as pessoas e não admite que lhe façam críticas. Temos um quadro no programa para falar dos problemas dos bairros. Se um morador reclamar de um buraco de rua em Trizidela, Maia vai à televisão dele no dia seguinte e esculhamba quem reclamou. Não dá entrevistas à TV Cidade e proibiu seu secretariado de atender nossa equipe." Tendo conhecido o personagem, não duvidei da informação.

Procuro saber se já foram ameaçados. Respondem que vez por outra são procurados por "um pessoal mal-encarado", mas não identificam os responsáveis pelas ameaças. "Faço muitos comentários, mostro minha opinião. Quando me perguntam se não tenho medo de morrer, digo que não vim ao mundo para virar pedra e que esta é a minha profissão", afirmou o apresentador.

Há pressão até para impedir notícias banais como simples acidentes de trânsito, quando famílias tradicionais estão envolvidas. "Interior é diferente de capital. Todos se conhecem. Todos conhecem o dono da TV. Sabem onde moro. Já aconteceu de a matéria estar pronta para ir ao ar e ser abortada depois que a pessoa ligou para o dono da emissora pedindo para impedir a divulgação."

## BOM DE PROSA, RUIM DE VOTO

O jornalista mais famoso de Trizidela do Vale e Pedreiras é José Gutemberg do Nascimento, conhecido pelo apelido de Chico Corinto. Pioneiro na cobertura policial, disse ter treinado 80% dos jornalistas em atividade nos dois municípios. Mas carrega uma frustração: tentou eleger-se vereador por seis vezes e nunca obteve sucesso. Estava com 65 anos quando fez sua sexta tentativa, pelo PR, em 2016. Eram treze vagas e ficou em 38º lugar.

Ele próprio se espanta com o fiasco eleitoral. "Tenho boa oratória, os políticos me adoram e, quando saio nas ruas, sete de cada dez pessoas vêm me cumprimentar e me abraçar. Só consigo ver duas razões para não ser eleito: não compro voto e o eleitor mais velho teme que eu deixe a TV. Já cansei de explicar pela televisão que não abandonarei meu trabalho, mas a população não entende." A sexta tentativa, segundo ele, seria seu tiro final.

Chico Corinto foi taxista, cobrador e motorista de ônibus no Rio de Janeiro. O pai o mandou para o Rio, aos dezesseis anos, para evitar que engravidasse a namorada. Voltou para Pedreiras treze anos depois, quando o irmão Josenil Nascimento se elegeu prefeito. Não havia emissora de televisão na cidade, na ocasião. O *Jornal Nacional* e os capítulos das novelas da Globo eram enviados de São Luís em fitas de videocassete e exibidos com um dia de atraso. Chico Corinto montou um canal pirata em parceria com um cunhado, que era técnico de rádio, e passou a produzir um jornal diário de quinze minutos.

Ele era repórter e apresentador e o cunhado, cinegrafista. A TV Mirante (da família Sarney, afiliada Globo) legalizou o canal. Reportagens de Chico Corinto sobre as enchentes do rio Mearim chegaram a ser exibidas no *Jornal Nacional*. "Eu entrava no rio para mostrar a extensão do drama, e a Globo gostava da minha ousadia", relatou.

Apresentador do programa *Na Mira da TV*, no canal 18 — TV Rio Flores, afiliada local da Record —, Chico Corinto não esconde sua militância política em favor do proprietário da emissora, o ex-prefeito e ex-deputado estadual Raimundo Louro, do PR. Louro é proprietário ainda da retransmissora local da RedeTV! (canal 7), além de fazendas e da indústria de extração e refino de óleo de babaçu Iovesa.

"Sou fiel a Raimundo Louro. É meu padrinho, com certeza", disse Chico Corinto quando o entrevistei na residência dele, no centro de Pedreiras. Estava licenciado da TV por conta da disputa eleitoral. A campanha de 2016 também não foi boa para seu chefe político. Raimundo Louro pretendia concorrer a prefeito, mas foi barrado pela Lei da Ficha Limpa. A filha Priscila Louro, que o substituiu, foi derrotada por Antônio França, do PTB, e o filho Serapião não se reelegeu vereador. Só restava um membro da família com mandato: o deputado estadual Vinicius Louro, também do PR.

O jornalismo policial praticado pelas TVs locais é explícito. Se a reportagem trata de um assassinato, a câmera mostra longos closes do morto e detalhes dos ferimentos no corpo. Para acompanhar algumas matérias até o final, é preciso estômago forte. Em 2014, ocorreu um crime bárbaro em Trizidela do Vale. Um adolescente foi assassinado por outro menor. Mas não foi uma morte qualquer. A vítima foi esquartejada, o coração e o órgão sexual extirpados e as partes do corpo espalhadas em um matagal. As emissoras mostraram repetidamente as imagens desfocadas dos pedaços do corpo, mas ainda se podia identificar o coração e o tronco separado das pernas. Chico Corinto considerou aquela reportagem a mais impactante de sua carreira.

A exibição das tragédias sem meios-termos é rotina no jornalismo local. Em 2012, a TV de Corinto noticiou o assassinato de um homem que estava em regime de prisão semiaberto. Enquanto ele descrevia o crime, a câmera passeava lentamente pelo corpo tatuado do homem, só de cuecas, sobre o mármore do necrotério.

Mas na galeria de reportagens de Corinto há exemplos bem-humorados como o do travesti que venceu quatro mulheres no concurso da Garota Rapadura e o da batata no formato de uma mão de quatro dedos guardada como troféu pelo policial militar Deusdete. Os soldados chamavam a peça de "mão do Lula", numa referência à mão esquerda sem o dedo mínimo do ex-presidente Luiz Inácio Lula da Silva. "Coisa da natureza", filosofou o jornalista enquanto mostrava a batata para a câmera.


O principal noticiário da TV Rio Flores é o *Balanço Geral*, que vai ao ar imediatamente após o *Na Mira da TV*. O apresentador em 2016 era J. Wilson, que foi locutor de porta de loja e de carro de som antes de ser descoberto por uma rádio local. Adepto do judaísmo nazareno, que acredita na volta de Cristo, o apresentador disse que não afronta bandidos como a maioria dos jornalistas locais. "Boa parte dos bandidos é refém do sistema. Não sou juiz, e só relato o acontecido. Quanto mais polêmico for o repórter policial, maior salário terá, mais ficará visado pelo pessoal do presídio e perderá o direito à vida social. Tem repórter atrevido que paga a ousadia com a vida", afirmou.

Também não denunciava abusos dos políticos, porque os prefeitos de Pedreiras e de Trizidela do Vale eram aliados de Raimundo Louro, o dono da TV. "Somos reféns dos políticos. Se recebo alguma denúncia de desmando, encaminho para o Ministério Público em vez de divulgar." O sonho de J. Wilson era ter seu próprio carro de som e contratar um jovem locutor para fazer a propaganda volante.

# Mato Grosso

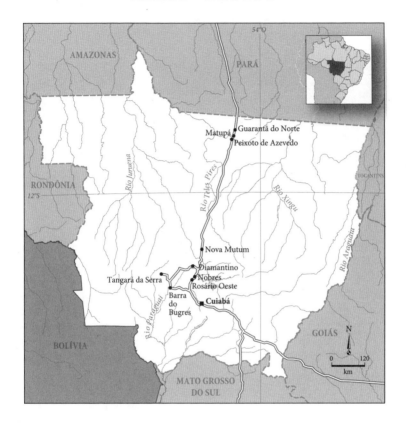

*Dificilmente fazemos uma entrevista sobre economia. Isso não traz audiência. O que dá audiência é a desgraça alheia. Aqui, como em qualquer lugar do Brasil, quanto pior a notícia, melhor para a audiência. Entenda que a desgraça é bem-vinda, desde que a vítima seja o outro.*

Sílvio Delmondes, administrador e apresentador da
TV Vale, afiliada à Record em Tangará da Serra

# Índios, garimpeiros e sucuris: A TV no Nortão

Acompanhados do proprietário e de empregados da fazenda, o repórter e o cinegrafista da TV Ourominas vão em direção a uma gigantesca sucuri, ou anaconda, que parece dormir no meio do lago. O fazendeiro que chamou a equipe de reportagem está certo de que ela engoliu uma capivara e ficará imóvel e inofensiva por duas semanas, até concluir a digestão. Por isso, remam em direção à cobra. Mas ela já está morta. O grupo circunda o animal, e conclui que teria pelo menos oito metros de comprimento.

A cena aconteceu em 2009, no município de Matupá, no extremo norte do Mato Grosso. Cinco anos depois, em 2014, a equipe da TV Ourominas registrou o aparecimento de mais uma anaconda, de cerca de sete metros. Dessa vez, a cobra tinha sido morta a golpes de facão por outro fazendeiro, que tentava resgatar seu feroz pit bull do abraço mortal da serpente. O cão também acabou morto.

As reportagens sobre as duas sucuris são apontadas pelo diretor da TV, Alvacir Gaspareto, como as mais marcantes da história da emissora, que retransmite o SBT. No município de Matupá vivem também índios Terena e Kayapó, mas a TV não considera o dia a dia deles como notícia. "A população já se acostumou com os índios. Não são novidade", resumiu o jornalista.

Matupá está dentro do chamado Nortão mato-grossense, onde a floresta predomina. A cidade ficou mundialmente conhecida por causa da chacina ocorrida em novembro de 1990, quando três assaltantes foram torturados e queimados vivos por populares depois de terem feito mulheres e crianças reféns por mais de quinze horas e se entregarem à polícia. Um cinegrafista amador filmou a matança. A TV Ourominas só entraria no ar um ano depois.

O tempo de experiência dos jornalistas ali costuma ser medido também pelo número de malárias que contraíram. Gaspareto, que trabalha na TV desde 1991, diz ter sido acometido quarenta vezes desde que chegou ainda menino à região. Os sintomas da doença são a febre, dores e tremedeira.

A oito quilômetros de Matupá está a cidade de Peixoto de Azevedo, onde existem duas emissoras de televisão com programação produzida localmente: a TV Miragem, afiliada à Record, e a TV Peixoto, afiliada à RedeTV!. Ivanildo do Nascimento, proprietário da Record local, supera Gaspareto em número de malárias: 42, ele garante.

Matupá e Peixoto de Azevedo têm um forte ponto em comum: o garimpo de ouro. Pelo menos 80% da população de Peixoto de Azevedo são nordestinos que foram atraídos pelo garimpo. Já em Matupá, a proporção é de 80% de sulistas. "Meu público principal é o garimpeiro nordestino. Por isso mostro forró e vaquejadas, e o noticiário tem um linguajar bem coloquial", diz Nascimento, também proprietário de uma rádio FM e da retransmissora SBT na cidade vizinha de Guarantã do Norte.

Quando alguém de fora pede informação sobre a história de Peixoto de Azevedo, três coisas são citadas de imediato: possui o maior assentamento do Incra da América Latina; é o local onde caiu o avião da Gol que se chocou com o Legacy norte-americano, em 2006; e, por fim, há a descoberta do ouro, que atraiu milhares de garimpeiros para a região nos anos 1980 e mudou o curso da vida de muitos colonos recém-chegados, levando-os a abandonar o cultivo agrícola pela busca do metal precioso.

O ex-governador do estado Silval Barbosa fez fortuna como garimpeiro e começou sua carreira política como prefeito de Matupá. Ele possui dez emissoras de televisão — em nome de parentes — que projetaram seu nome e viabilizaram sua eleição a deputado estadual, vice-governador e governador. Gaspareto administra uma das emissoras do político.

As dez outorgas de televisão estão distribuídas entre três empresas: Tupi Comunicações (nos nomes da mulher e da filha do ex-governador), Sociedade Guarantã de Televisão (em nome do irmão Antônio Barbosa Filho) e o Sistema Ourominas de Radiodifusão, que aparece no cadastro da Receita Federal como pertencente ao pai de Silval e ao empresário Juarez Filho, irmão do ex-deputado federal Rogério Silva (exerceu o mandato pelo PPR, de 1995 a 1999). Os irmãos Silva são mineiros e a principal atividade do grupo Ourominas é a compra de ouro em garimpos. Ivanildo Nascimento refere-se a Silval Barbosa como "o Sarney do Mato Grosso", por causa da quantidade de emissoras que possui.

Durante minhas pesquisas, me deparei com dois jornalistas que trabalharam nas campanhas eleitorais e na implantação das emissoras do ex-governador e que, posteriormente, tornaram-se também proprietários de televisão: Ed Motta, dono da retransmissora SBT na cidade de Nova Mutum, e Marcos Antônio de Souza, proprietário da afiliada RedeTV! de Peixoto de Azevedo. Os dois enfatizaram que as emissoras foram os pilares da ascensão do político.

"As televisões foram fundamentais na construção da popularidade de Silval Barbosa. Até 1996, quando implantamos a emissora em Colíder, ninguém o conhecia na cidade. Dois anos depois, ele concorreu pela primeira vez a deputado federal e recebeu 2600 votos em Colíder. A TV é uma vitrine", afirmou Marcos Souza, que foi locutor das campanhas eleitorais do político e o assessorou até 2014. Ele não comenta sobre a prisão do ex-governador e de grande parte da cúpula do governo em setembro de 2015, quando foram denunciados à Justiça pelo Ministério Público estadual por desvios de recursos públicos, fraudes fiscais e corrupção.

No Nortão mato-grossense, as pequenas emissoras de televisão compartilham as reportagens. É uma forma de suprir as deficiências de estrutura e de falta de recursos de cada uma delas. "As grandes distâncias inviabilizam a competição. Aqui é todo mundo junto e abraçado", afirma, em tom divertido, o proprietário da TV Miragem, Ivanildo Nascimento. A concorrência existe só entre as emissoras situadas na mesma cidade. Mas, regionalmente, elas atuam como se fossem uma cooperativa e trocam informações.

Nascimento exemplifica outra situação típica das pequenas emissoras da Amazônia Legal: ele é afiliado Record em Peixoto de Azevedo e do SBT em Guarantã do Norte. São cidades vizinhas, com uma distância de cinquenta quilômetros entre elas. Pergunto se isso não lhe causa conflitos de interesse, e ele responde que não. O sinal da Record que ele emite a partir de Peixoto de Azevedo alcança tanto Guarantã quanto a cidade de Matupá, o que significa que ele tem uma cobertura regional. Do mesmo modo, sua afiliada SBT de Guarantã chega aos municípios vizinhos.

As emissoras que cobrem as três cidades têm outro ponto em comum: são comandadas por sulistas. Gaspareto nasceu em Ronda Alta, no Rio Grande do Sul. Sua família vivia na terra indígena Nonoai e ganhou 42 alqueires de terras do Incra em Matupá. Ele tinha nove anos quando foram retirados da reserva e levados para uma agrovila no Mato Grosso. Ele descreve assim sua chegada, em 1978: "Muitas famílias foram levadas para o projeto de assentamento, mas não havia nem rama de mandioca para comer. Os alimentos chegavam por avião. Cada família recebia a cota de alimentos necessária para sobreviver. Muitos desistiram diante das adversidades e voltaram para o Rio Grande do Sul. Outros plantaram milho, mas não tinham como vender a produção".

Nos anos 1980, começou a febre do ouro. Os pais de Gaspareto venderam a terra que tinham recebido do Incra e investiram o dinheiro em maquinário para o garimpo. Até a mãe foi auxiliar, como cozinheira. Ele viveu no garimpo dos dezesseis aos dezoito anos. Foi admitido na televisão como motorista, depois evoluiu para ajudante de filmagem e para cinegrafista. Quando já era diretor da emissora, surgiu a oportunidade de fazer o curso de jornalismo. Ele fez o vestibular e se diplomou com mais 22 alunos.

Quando o entrevistei, em dezembro de 2016, sua equipe tinha doze funcionários e a emissora faturava cerca de 20 mil reais por mês. Os repórteres recebiam salário de 1200 reais mensais (um salário mínimo e meio, na época). Gaspareto não dependia do salário para sobreviver, e tirava o sustento do sítio que comprou quando vendeu seu maquinário de garimpo. "Como eu toco a TV, meu salário fica para o final. Em geral, recebo 2 mil reais por mês", explicou.

O carro-chefe da programação da TV Ourominas é o telejornal *Nortão Agora*, com uma hora e meia de duração. O apresentador, Marcos Cassati, elegeu-se vereador pelo PMDB em 2016. A emissora tem outro vereador no seu quadro de funcionários, Cleber Cardoso, também do PMDB. Segundo o diretor, o vínculo político não influenciaria o tom do noticiário: "Aqui dentro, eles não são vereadores. São funcionários", diz Gaspareto. E todos os funcionários têm de vender anúncios para garantir o recebimento dos salários.

A participação dos repórteres na comercialização de anúncios ocorre também na TV Miragem, em Peixoto de Azevedo. Segundo seu proprietário, Ivanildo Nascimento, o faturamento mensal era da ordem de 80 mil reais e os jornalistas recebiam salário de 1800 reais, além de comissão de 20% sobre o valor dos comerciais vendidos. Ele empregava onze funcionários na cidade e nove na emissora de Guarantã do Norte. Aos 48 anos, tinha outras fontes de renda, além das duas TVs e de uma emissora de rádio: a intermediação de compra e venda de gado e uma fazenda com rebanho de 1200 cabeças. "Sou um vencedor", disse Nascimento, ao recordar a chegada de sua família no estado. O pai era técnico em eletrônica em Londrina (Paraná) e não possuía nenhuma experiência com agricultura. Comprou uma fazenda em Peixoto de Azevedo, confiando na palavra do vendedor, e quando a família foi ocupá-la descobriu que a terra tinha sido vendida a outros cinco donos.

Nascimento ingressou na radiodifusão pelo caminho que lhe pareceu mais fácil: montou uma rádio pirata. Os técnicos do antigo Dentel (Departamento Nacional de Telecomunicações, extinto em 1990 pelo então presidente Fernando Collor de Mello), que fecharam a emissora, o orientaram sobre os procedimentos para obter as retransmissoras de TV.

Ele diz que suas duas televisões são as únicas autossustentáveis e sem vínculos políticos na região. "Não dependo de verba da prefeitura nem do governo do estado. Os políticos só investem nos períodos de campanha, e a campanha eleitoral de 2016 foi atípica, porque os candidatos tiveram de reduzir os gastos e não puderam receber doações de empresas. As emissoras que dependem de políticos estão no vermelho", afirmou. Ele diz, sem meios-termos, que não abre espaço para políticos em suas emissoras, a não ser que tenham um assunto de relevância para a comunidade. "É tudo pilantra. Eu sei como funciona", desabafa.

A afiliada RedeTv! de Peixoto de Azevedo — TV Peixoto, canal 35 — entrou no ar em março de 2016, mas só começou a produzir programação local depois da eleição municipal, porque o proprietário, Marcos Antônio Souza, assessorava a campanha de um dos candidatos. Quando o entrevistei, na primeira semana de dezembro de 2016, estava otimista. A emissora acabara de inaugurar o estúdio, e tinha dois noticiários no ar: *Jornal Regional*, no horário do almoço, e *Segunda Edição*, no final do dia. E estavam planejados mais programas: *Notícia em Ação*, uma mistura de jornalismo e humor, e o *Resumo da Semana*.

A cidade de Peixoto de Azevedo também estava tomada pela euforia, com o recrudescimento da produção no garimpo de ouro. Marcos Antônio explicou que a economia do município depende do garimpo. "Quando bamburram [acham ouro], o dinheiro circula e é uma beleza. Mas quando está brefado [o ouro não aparece], não há dinheiro." No final de 2016, o garimpo bamburrava.

Ele apresenta o jornal local, enquanto sua mulher cuida da parte administrativa. Único da equipe formado em jornalismo, ele disse que gostaria de contratar jornalistas com formação universitária, mas não há oferta de mão de obra na região. O conteúdo jornalístico da TV Peixoto é semelhante ao das demais emissoras da região. O noticiário policial tem destaque, mas é comedido. "Tenho consciência de que esta é uma região peculiar, complicada. Tem mais de 5 mil garimpeiros e todos se conhecem. Deixo os comentários sobre autoria de crimes para a polícia", afirmou.

A TV Peixoto foi a primeira emissora do Nortão do Mato Grosso a se implantar com tecnologia digital, porque a Anatel já tinha anunciado que não liberaria canais analógicos. Mas ela entrou no ar sem ter licença, aproveitando a brecha criada pelo governo em 2012.

## O REPÓRTER, A HIDRELÉTRICA E OS ÍNDIOS

O Nortão é também chamado de Portal da Amazônia. Ele compreende dezessete municípios: Alta Floresta, Apiacás, Carlinda, Colíder, Guarantã do Norte, Itaúba, Marcelândia, Matupá, Nova Bandeirante, Nova Canaã do Norte, Nova Guarita, Nova Monte Verde, Nova Santa Helena, Novo Mundo, Paranaíta, Peixoto de Azevedo e Terra Nova do Norte. Segundo a organização não governamental Instituto Centro de Vida (ICV), 55% da área total desses municípios são de floresta nativa, mas o plantio de soja avança em municípios como Peixoto de Azevedo e Matupá. A criação de gado se destaca, principalmente em Alta Floresta, que é o município com o quarto maior rebanho do Mato Grosso.

O foco de trabalho do ICV é buscar soluções compartilhadas para o desenvolvimento sustentável sem destruição do meio ambiente. Pergunto ao coordenador de geotecnologia do instituto em Alta Floresta, Vinicius Silgueiro, se as TVs locais têm conseguido acompanhar criticamente o desmatamento da floresta amazônica e se esse tema é frequente no noticiário. "Há muita desinformação. Os jornalistas locais não estão preparados para fazer esta cobertura e não sabem onde buscar informações. Além disso, há preconceito em relação aos índios e ao trabalho ambiental como um todo. Existe um ou outro profissional de televisão preocupado com a questão, mas as emissoras de rádio têm sido grandes parceiras na construção do cadastro ambiental rural", disse ele.

Arão Leite, repórter da TV Nativa, afiliada Record em Alta Floresta, não se intimidou quando um representante do consórcio empresarial responsável pela construção da Hidrelétrica Teles Pires — formado pela estatal Furnas Centrais Elétricas, a EDP Brasil e a China Three Gorges Corporation — quis impedi-lo de acompanhar uma reunião com índios Mundurucu, Caiabi e Apiacá para discutir o vazamento de óleo no rio Teles Pires, que afetou a pesca e a água potável nas aldeias indígenas.

— O senhor está aqui por interesse de quem? — perguntou o técnico da empresa, ao vê-lo com o microfone da emissora.

— Dos índios — respondeu o repórter.

Era uma reunião pública, mas o funcionário da empreiteira continuou a pressionar o jornalista, até que ele encerrou a discussão: "Eu trabalho pra você? Não? Então não tenho que lhe dar satisfação". E continuou o seu trabalho. O diálogo foi exibido pela TV. A reportagem foi ao ar em 30 de novembro de 2016. O repórter ouviu as lideranças indígenas e uma representante do governo federal enviada de Brasília para o encontro. A construtora não quis se manifestar. O vazamento de óleo no rio Teles Pires era o principal assunto jornalístico da região, naquele momento. Dias antes, os índios tinham feito reféns sete técnicos da construtora, em protesto contra o vazamento. O conflito foi sanado depois que a empresa prometeu fornecer água potável às tribos, enquanto as condições do rio não fossem restabelecidas.

Alta Floresta está, pode-se dizer, no epicentro da discussão ambiental, pois fica próxima de três grandes hidrelétricas em construção no Norte do Mato Grosso: Teles Pires, São Manoel e Apiacás. A cidade fica a 185 quilômetros de Peixoto de Azevedo, e a pouco mais de trinta quilômetros da divisa com o Pará. A construção das usinas criou um fluxo constante de trabalhadores oriundos de todas as partes do país em busca de emprego. A TV Nativa fez uma ótima reportagem sobre este fenômeno e registrou a saga dos desempregados que saíram de seus estados empurrados pela recessão econômica. (Na ocasião em que realizei a pesquisa, além da TV Nativa, havia na cidade a TV Nortão, que só retransmitia a programação recebida do SBT. Ela pertence ao ex-prefeito de Apiacás, vizinha a Alta Floresta.)

De maneira geral, meio ambiente e índios são assuntos secundários no noticiário das pequenas emissoras da Amazônia Legal. As pautas são ocupadas com as questões do cotidiano das cidades, como os buracos e lixo nas ruas, a precariedade do atendimento público de saúde, acidentes de trânsito e o noticiário criminal.

"A palavra medo não existe no meu dicionário. Aconteceu, está na tela." A fala destoa da aparência mansa do jornalista Welerson Oliveira Dias, de 29 anos, apresentador do *Olho Vivo*, principal noticiário da TV Nativa. Ele acumula as funções de apresentador e gerente e segue a receita de jornalismo popular praticado pela maioria das emissoras da Amazônia Legal. Apresenta o jornal de pé, movimentando-se pelo estúdio, comenta as notícias, critica autoridades, cobra providências e admite que muitas vezes se excede.

Em dezembro de 2016, a TV produziu uma série de reportagens sobre a precariedade do atendimento hospitalar no município. Enquanto a câmera mostrava um paciente no chão, ele criticava a direção do hospital. "Ainda me resta respeito às autoridades, por mais incompetentes que sejam. Mais um pouquinho e eu perco o respeito. Não estou nem aí."

Welerson foi candidato a prefeito, em 2016, pelo partido Solidariedade, quando recebeu 2268 votos. A TV tem sete funcionários no jornalismo e dois telejornais diários: *Olho Vivo* e *Balanço Geral*. Os repórteres são escolhidos com a participação dos telespectadores. Na fase final da seleção, a emissora mostra vídeos com os testes dos candidatos e o público pode votar. Pergunto se esse processo dá alguma estabilidade ao contratado. "O prêmio é a carteira assinada", respondeu o apresentador. Graduado em jornalismo pela Universidade do Estado do Mato Grosso (Unemat), a formação acadêmica mudou sua forma de ver a profissão e o fez rever a ênfase na cobertura policial. "Estou numa fase de metamorfose. Quero dar voz aos povos indígenas. Estamos sob o olhar do mundo inteiro", afirmou, referindo-se à preocupação mundial com a Amazônia.

A emissora pertence à jornalista maranhense Vera Lúcia Cardoso, que chegou à cidade para fazer assessoria política e acabou por fincar raízes lá. Antes de comprar o canal 7 (TV Nativa) da família do ex-prefeito Robson Silva, ela arrendou a afiliada da RedeTV!, canal 20.

# O dia em que a tigresa ficou nua

Com voz grave, o repórter e apresentador Paulo Linhares mostra a rua vazia de Rosário Oeste, por onde, algumas noites antes, uma jovem caminhara nua e sorridente, exibindo-se para uma câmera. A moça rodopia, mexe os longos cabelos negros e pergunta maliciosa: "Estão gostando da tigresa pelada?". Ela postou o vídeo na internet, e as imagens foram reproduzidas pela TV Rosário [com tarjas pretas escondendo os seios e os genitais], no telejornal *Na Mira*, em fevereiro de 2016. Transmitido no horário do almoço, é o principal programa da emissora, que tem outro jornal no final da tarde, o *Rosário no Ar*.

Por alguns dias, o assunto da moça nua movimentou a pacata Rosário Oeste. A cidade fica a cerca de cem quilômetros da capital do estado e está situada na margem do rio Cuiabá. A praia do rio é sua maior atração. A estrada que corta Rosário é uma rota alternativa para quem segue para o norte do estado e quer escapar do tráfego pesado das carretas carregadas de grãos.

A jovem, Ester Carolline, natural de Alta Floresta, no norte do estado, foi ouvida pelo repórter e afirmou que se desnudava como forma de protesto político e também para conseguir seguidores na internet. Por isso, foi apresentada como "tigresa protestante" pela TV. "No futuro vou levar isto politicamente, se Deus quiser", disse ela, dando a entender que tinha um projeto de carreira política em mente.

O lado sisudo da história ficou com a delegada policial de Alta Floresta, Ana Paula Revelis, que informou haver um inquérito contra a tigresa pela divulgação de material erótico. Segundo a reportagem, haveria outro vídeo da moça esfregando-se nua junto ao radar de uma rodovia, enquanto mesclava "linguagem vulgar e cobrança de políticas públicas", como a melhoria da estrada. Em um terceiro, ela aparece dentro de um rio, com água pela cintura, pescando tuvira (peixinho para isca) e dizendo que aquele era seu meio de sustento.

Notícias "saborosas" como essa são um prato raro no pobre cardápio da TV Rosário. Usualmente, as pautas tratam de assuntos sem charme, como a prisão de pequenos criminosos locais, entrevistas com policiais, reivindicações de moradores, sessões da Câmara e informes da prefeitura. A TV funciona em uma casa com o nome da emissora e a logomarca da Record pintados na fachada. O telhado de amianto e as paredes laterais no reboco evidenciam a simplicidade da construção. O letreiro na fachada não diz o número do canal. A informação está escrita em carvão, na entrada dos fundos. Logo descubro o motivo: a TV funcionou por um ano e meio no canal 7 — tirado do ar pelo governo — e passou a ocupar provisoriamente o canal 2, da prefeitura, enquanto aguardava a aprovação do pedido do canal digital 33.

Mesmo inacabado, o prédio próprio é um orgulho do cinegrafista Elson Manoel da Silva, 41 anos, um dos sócios do empreendimento. Nascido na zona rural de Rosário, ele fez "de tudo um pouco na vida". Vendeu picolé nas ruas, entregou pão nas casas, foi caixa de supermercado, balconista de loja, frentista e gerente de posto de gasolina. Seu sonho era abrir uma oficina para motos, mas acabou seduzido pela proposta do então vereador, e posteriormente vice-prefeito, Valdemir Albino, o Valdo, para montar a televisão. O produtor de eventos local Ednaldo Leme completou o grupo de investidores.

Valdo tinha a pretensão de concorrer a prefeito em 2012, quando fez a proposta aos dois amigos, mas conformou-se em ser vice na chapa de João Balbino, candidato vitorioso, reeleito pelo PR quatro anos depois. O trio queria mesmo era montar uma rádio FM, e acabou convencido de que era mais fácil abrir uma emissora de TV na Amazônia Legal do que obter uma licença de rádio comunitária. E assim nasceu a TV Rosário.

A TV estreou com a programação da rede católica Canção Nova, administrada pela Fundação Século 21, do Movimento da Renovação Carismática, grupo ultraconservador, que obteve do governo federal várias outorgas de retransmissão de TV na Amazônia. Eles tinham um canal ocioso em Rosário Oeste e o trio foi orientado por técnicos de Cuiabá a tentar um acordo com a igreja para usar o canal.

Elson relata que foi à sede da Fundação Século 21, em Campinas (SP), negociar o acordo de afiliação, e que ele e seus sócios "doaram" à instituição 45 mil reais (22 mil dólares, na ocasião) para usarem o canal. A própria fundação teria indicado a Elson o valor a ser doado. Diante da minha surpresa com a admissão do pagamento, ele disse ser praxe das geradoras, no estado do Mato Grosso, cobrar pela liberação do sinal e que aquele valor era o praticado no mercado, naquele momento.

Durante um ano e meio, a TV Rosário funcionou no canal 7, da Fundação Século 21. Mas uma briga, digamos, paroquial, interrompeu o acordo. A emissora foi lacrada pela fiscalização da Anatel depois que a rádio comunitária de Rosário denunciou a

TV por veicular anúncios comerciais no intervalo da programação. A Canção Nova é uma TV educativa e, pela legislação, não pode anunciar produtos.

Os próprios técnicos da Anatel que fecharam a TV sugeriram uma saída para o imbróglio. A prefeitura de Rosário também tinha um canal de retransmissão de TV ocioso: o 2. "Por que não pedem ao prefeito autorização para usá-lo?", propuseram os fiscais. "Podem usar. Nós nunca usamos mesmo", respondeu o prefeito. O diálogo foi reproduzido por Elson, que se declara aliado do prefeito. E a TV voltou a funcionar. Dessa vez, com a bandeira da Record.

Depois da visita dos fiscais, o grupo entrou com pedido de outorga de uma retransmissora na Anatel, e, enquanto o processo tramitava, utilizava o canal do município, sob o bombardeio de críticas da rádio comunitária que Elson qualifica de seu "inimigo número 1". Ele afirmou que a rádio tentou montar uma TV e não conseguiu. Daí as brigas. Perguntei se a cidade comportaria duas televisões e ele respondeu: "Comportar não comporta, mas sou a favor de que vença o melhor".

A TV Rosário faturava cerca de 30 mil reais por mês na ocasião em que entrevistei seu proprietário, e funcionava com uma microequipe de quatro pessoas, a qual ficou ainda mais desfalcada durante a campanha eleitoral municipal. Metade dos integrantes se licenciou para concorrer a vereador em 2016. Além de Elson, o apresentador Paulo Linhares disputou uma vaga na Câmara, mas ambos fracassaram no intento. Elson trabalhou para a reeleição do prefeito Balbino, enquanto o sócio Ednaldo Lemes apoiou o principal adversário do eleito. Na vitória de um ou de outro, a emissora estaria bem. A principal fonte de receita da TV são os contratos com a prefeitura e com a câmara para divulgação de material institucional.

Os proprietários se desdobravam para multiplicar o faturamento da TV. Além da venda de anúncios, promoviam eventos, alugavam sistema de som, tendas e banheiros químicos para festas e ainda prestavam serviços de produção de vídeos e fotos. "Aqui o jornalista faz de tudo e um ensina o outro. A gente também aprende pela internet, vendo como profissionais de grandes emissoras trabalham. Sou cinegrafista e nunca estudei fotografia", explicou Elson, com voz pausada.

O mais jovem integrante da equipe tinha dezessete anos, e aprendeu o ofício na prática. Trata-se de Kaique Rafael, filho de uma professora e de um taxista. O orgulho de trabalhar na TV estava estampado na logomarca da Record que ele mandou bordar em suas camisas. O rapaz recebia um salário mínimo por mês, sem carteira assinada, mas não reclamava das condições de trabalho. Disse que a falta de oportunidade de emprego na cidade é tamanha que se sentia privilegiado.

O adolescente foi admitido na TV aos quinze anos, como menor aprendiz, na função de "editor". Seu trabalho consistia em cortar o sinal da geradora e inserir a programação e os comerciais locais. Ocupava uma saleta junto ao estúdio, que lhe possibilitava contato visual permanente com o apresentador, a quem orientava sobre a hora exata de falar para a câmera. Em 2016, Kaique foi "lançado às feras" e começou a apresentar a previsão do tempo e a fazer reportagens na rua. Logo ficou conhecido na cidade e colecionou fãs. Mudou o corte de cabelo, adotou um visual "social" e passou a usar sapatos de bico fino. Para informar a previsão do tempo, buscava informações nos sites especializados e no canal Climatempo.

Quando o encontrei, em setembro de 2016, Kaique cursava o terceiro ano do segundo grau e sonhava fazer faculdade de jornalismo, viver aventuras e colecionar amigos na profissão. Apesar de muito jovem, já tinha aparecido no noticiário *Cadeia Neles* da Record de Cuiabá, na cobertura de um roubo ocorrido na cidade de Nobres, a quinze quilômetros de Rosário. Orgulhoso do feito, exibia o vídeo em seu celular. "Meu plano é ser conhecido e famoso", resumiu.

Para testar a popularidade da TV, fui ouvir a opinião de Valter Ferreira da Silva, proprietário do Bar Mangueira, em frente ao prédio da emissora. O nome do bar é uma homenagem à enorme mangueira que alivia o calor escaldante de Rosário. "A TV é importante para a gente saber o que acontece na cidade", sustentou o comerciante. O pedreiro Lenino Almeida Mesquita, morador da cidade há trinta anos, citou algumas reportagens que fizeram sucesso, como a briga com troca de socos entre vereadores na Câmara Municipal, em fevereiro de 2016, e a do policial que havia matado o sogro e foi localizado dezoito anos depois. Segundo o dono do bar, acompanhar o noticiário local fazia parte dos hábitos simples da população, como comer paçoca de carne socada no pilão, banana frita e Maria Isabel (arroz com carne-seca).

## A TV DO JAPONÊS

A quinze quilômetros de Rosário fica a cidade de Nobres, de 16 mil habitantes. O município guarda um tesouro ecológico quase inexplorado, semelhante ao de Bonito, no Mato Grosso do Sul: rios de águas transparentes com grandes peixes dourados, grutas azuis e recanto de araras. "Nobres não é bonito. É lindo!", provocam os moradores. Mas ela sofre com a poeira branca permanentemente lançada pelas fábricas que exploram as minas de calcário, produto usado na agricultura como corretivo de solo. Há sete fábricas de calcário no entorno da cidade.

O maior propagandista das belezas da região é o nissei Ivan Makoto Aiko, o Makoto da TV. Aos 52 anos, com três filhas e cinco netos, ele exibia uma disposição adolescente para correr as ruas da cidade com sua câmera. Makoto, literalmente, carrega a empresa no ombro. Além de proprietário, é o único cinegrafista da TV Nobres, canal 20, que retransmite a programação da TV Gazeta, de Cuiabá, afiliada da Record. Foi preciso faro de investigador para encontrar a emissora em uma pequena construção inacabada, sem nenhuma identificação na fachada. As únicas pistas para localizá-la foram a torre de retransmissão e a antena parabólica. Como todas as casas no interior do Mato Grosso têm parabólica, a dica não ajudou muito.

Makoto não aparenta a idade que tem. É com fala suave que relata a trajetória de sua família e como o destino o fez proprietário da TV Nobres. A mãe chegou ao Brasil quando criança. A família desembarcou em Santos, vinda do Japão, e foi levada com outros imigrantes ao Paraná, para o trabalho rural. No início dos anos 1950, um brasileiro convenceu imigrantes japoneses a cultivarem pimenta-do-reino no norte do Mato Grosso e os levou para Gleba Rio Ferro, quatrocentos quilômetros ao norte de Cuiabá. Para chegar lá, tiveram de abrir o caminho na mata. O projeto fracassou, e as famílias se espalharam em busca de outras oportunidades.

Makoto nasceu na gleba e lembra o relato dos pais sobre rastros de onças na porta da casa. Depois que a floresta foi derrubada, viram que o solo era pobre e impróprio para o plantio da pimenta-do-reino. Os pais de Makoto decidiram descer com os filhos pelo rio Cuiabá, rumo à capital. "A família parou nesta curva do rio, que é Nobres, e meu pai começou a trabalhar como mecânico", disse ele, que se tornou técnico em contabilidade. Durante seis anos, chefiou a área de contabilidade da fábrica de cimento do grupo Votorantim, nas cercanias da cidade.

O calcário é a principal riqueza da região, mas gera pouca renda para o município, porque a atividade é isenta de impostos pela prefeitura. Cada indústria ocupa em média setenta empregados. Por isso, a cidade começou a olhar para o ecoturismo como uma possibilidade futura de crescimento.

O que leva um contador a querer uma TV? Ele respondeu que foi a paixão por filmagem e por fotografia. Disse que sua atração por vídeo era tamanha que, se pudesse, passaria 24 horas por dia diante do televisor assistindo aos noticiários e observando os ângulos e as técnicas usadas pelos cinegrafistas. Curiosamente, ele tentou abrir uma rádio antes da TV, mas, tal como aconteceu com os donos da TV Rosário, no município vizinho, descobriu que seria mais fácil montar uma televisão, em razão do tratamento diferenciado da Amazônia Legal.

Makoto foi secretário de Finanças da prefeitura de Nobres de 2001 a 2004, quando conheceu um produtor de vídeos de Cuiabá, que lhe indicou um pessoal especializado em implantar emissoras de TV no interior da Amazônia. "Eu e um amigo investimos 100 mil reais em equipamentos e na compra do terreno. Montamos o canal 8, sem outorga do governo, e começamos a retransmitir a Record." Ao mesmo tempo, entraram com um processo no então Ministério das Comunicações, solicitando a outorga do canal 20.

O canal 8 ficou no ar por quatro anos. Tinha jornalismo e programa de entretenimento com entrevistas sobre temas culturais apresentados pelo radialista local Ezir Costa. Por ser o único com algum conhecimento sobre televisão, Costa foi o mestre de Makoto. A aventura acabou quando a Anatel recebeu uma denúncia anônima sobre a existência do canal pirata, e os fiscais o lacraram.

Àquela altura, Makoto sobrevivia financeiramente da pequena televisão. Privado da única fonte de renda que possuía, foi obrigado a se reciclar e fez um curso técnico de instalação de sistemas de segurança. Assim, sua vida mudou novamente de curso. Passou a instalar alarmes em casas e empresas, como autônomo, mas continuou com o sonho de reabrir a TV.

Em 2009, aconselhado por uma engenheira de televisão de Cuiabá, Makoto começou a retransmitir a TV Canção Nova, pelo canal 3, que estava fora do ar havia alguns anos. Ele reativou o jornalismo local e a venda de comerciais, mas, depois de três anos, os fiscais da Anatel reapareceram e de novo lacraram a emissora.

Uma medida inesperada do governo de Dilma Rousseff facilitou a implantação de retransmissoras de TV na Amazônia Legal. Em dezembro de 2012, o então Ministério das Comunicações deu dois anos e meio de prazo para as retransmissoras sem outorga se regularizarem, sem o risco de serem lacradas pela fiscalização da Anatel. O japonês surfou na nova onda e colocou sua TV no ar pela terceira vez.

Na eleição municipal de 2016, não houve horário eleitoral gratuito para os candidatos apresentarem suas propagandas na televisão de Makoto. Eu quis saber o motivo, e ele me respondeu com surpreendente sinceridade: "O partido que eu apoio está mal das pernas, e não conseguiria pagar a produção dos vídeos. O partido adversário contrataria outra produtora. Eu só teria o trabalho de transmitir, sem ganhar nada. Para mim, só ficaria a bomba. Entendeu?".

A TV Nobres funciona com uma equipe de apenas três pessoas: o editor (que corta o sinal da geradora e insere o conteúdo local), um jovem e ambicioso repórter, que faz as reportagens e apresenta o *Balanço Geral*, e o próprio Makoto, que cuida das filmagens e da venda dos anúncios, e não gosta de aparecer no vídeo. "Quero que os outros apareçam, não eu."

Quando questionei sobre a situação financeira de sua empresa, respondeu, irônico, que ela não corria risco de quebrar, "porque sempre foi quebrada". As instalações, de uma simplicidade franciscana, condiziam com o diagnóstico. A emissora funciona em uma casa de dois cômodos: a sala, com um cenário rural bucólico pintado na parede, e o estúdio onde são gravados o jornal diário e o programa do pastor da Igreja Internacional da Graça de Deus, que arrenda espaço na programação.

Aos domingos, a TV transmite a missa direto da igreja matriz. Mas ele não acredita que isso possa lhe trazer conflito com a Igreja Universal do Reino de Deus, dona da Record, da qual é afiliado.

A TV Nobres — como várias outras pequenas emissoras que encontrei na Amazônia — alimenta-se de informações fornecidas pelos próprios moradores. Para fazer a pauta do noticiário, Makoto tem um grupo de 204 amigos no WhatsApp que o informa das novidades. Se ocorre um assassinato ou um assalto, é avisado pela rede social.


UMA ESTRELA EM ASCENSÃO

O sucesso de uma microemissora do interior depende diretamente do carisma do apresentador. Na TV Nobres, a responsabilidade estava com um jovem autodidata, André Godoy, então com 21 anos. Antes de concluir o ensino médio, ele conseguiu o registro profissional de jornalista na Gerência Regional do Ministério do Trabalho de Mato Grosso. Aproveitou, segundo me disse, a janela de oportunidade criada pelo Supremo Tribunal Federal quando eliminou a obrigatoriedade do diploma de jornalista para o exercício da profissão. Godoy entrou no jornalismo aos catorze anos. Ele se destacava na cidade como liderança jovem da Igreja

Internacional da Graça de Deus. Cheio de iniciativa, tinha um programa religioso na rádio comunitária.

Makoto ofereceu a ele meio salário mínimo por mês para ser editor na TV, e o ensinou a cortar o sinal da geradora e a colocar a programação local no ar. O garoto aprendeu rápido e buscava se aprimorar observando, pela TV, como eram feitos os cortes das matérias nos grandes jornais nacionais.

Antes de completar dezesseis anos, recebeu oferta de trabalho na TV Rosário — da cidade vizinha — pelo dobro do salário que Makoto lhe pagava. Aceitou a proposta e abandonou seu mentor. Àquela altura, Godoy já filmava e fazia reportagens nas ruas. Em dois anos, passou a apresentar o telejornal *Rosário no Ar*. O menino prodígio teve uma trajetória acelerada. Quando a TV Rosário foi lacrada pelo governo federal, em 2012, Godoy foi trabalhar no SBT de Sorriso, a capital da soja, de 60 mil habitantes, mas se assustou com o tamanho da cidade, segundo ele grande demais para os padrões a que estava acostumado. Não conseguiu ficar longe da família e voltou com novos conhecimentos na bagagem. "Convivi com jornalistas mais experientes, que me ensinaram a importância de ouvir o outro lado quando fazemos uma matéria de denúncia, e a prestar atenção nos detalhes. Agora, se o prefeito for acusado de algo e não quiser dar entrevista, eu cobro pelo menos uma nota por escrito da prefeitura para dar credibilidade à reportagem."

Depois que retornou de Sorriso, Godoy passou a acumular as funções de repórter e apresentador das TVs de Nobres e de Rosário, onde é visto como profissional experiente. Os proprietários das duas emissoras só lhe fazem elogios, pela capacidade de atuar como cinegrafista, repórter e apresentador. "Cidade pequena tem pouca notícia. Então, tenho de ser criativo e adaptar os assuntos do noticiário nacional para a minha realidade. No auge da epidemia do zika vírus, eu repercutia as reportagens do Rio e São Paulo ouvindo as famílias e os médicos daqui. Sempre fiz minhas pautas. Faço as entrevistas, edito a matéria e apresento o jornal."

Pedi para me explicar seu estilo de trabalho. Ele resumiu: "Faço cobertura policial, esportes, eventos, mas prefiro reportagens produzidas. Quando vou entrevistar um bandido, pressiono para obter a confissão dele, e, se fica calado, sinto raiva. Eu reclamo: na hora de roubar você é o cara e na hora de contar o que fez, não fala nada? Minha namorada teme pela minha segurança, mas tomo cuidados. Não fico em bares à noite, nem ando sozinho pelas ruas. Uma vez, encontrei um bandido que eu havia entrevistado e o levei para a igreja".

O jovem repórter contou que a namorada estava grávida e se despediu com uma demonstração de autoconfiança: "A crise econômica do país não me atinge. Para mim, não tem desemprego. Se eu sair daqui hoje, amanhã estarei empregado, porque tenho contatos e o pessoal me conhece". Até aquele momento, apesar de prestigiado, Godoy nunca tivera carteira assinada.

# No coração do agronegócio

De repente, no meio da planície tomada por plantações de milho, soja e algodão emerge uma cidade planejada, de avenidas amplas, salpicadas por praças e monumentos que homenageiam a colonização. Todas as construções ali são novas. Não há buracos nem pedintes nas ruas.

Estamos no coração do agronegócio, na cidade de Nova Mutum, 250 quilômetros ao norte de Cuiabá. Tudo nela exala progresso. O município é o segundo maior produtor de grãos do estado. Para uma população de cerca de 50 mil habitantes, há 10 mil máquinas agrícolas (uma máquina para cada cinco pessoas). As plantações quase invadem as ruas. Há silos enormes para armazenamento de grãos, bem ao lado das casas.

A bacia amazônica começa a noventa quilômetros da cidade. Antes da chegada do agronegócio, a terra era coberta pela vegetação mista de cerrado e floresta, mas a maior parte dela foi posta abaixo, primeiro para a criação de gado, e posteriormente para a produção de grãos. "Nos colocam como vilões da história, mas foi o governo federal que estimulou o agricultor a derrubar a mata", defende-se o secretário municipal da Indústria e Comércio,

Renato Kremer. Às perguntas sobre desmatamento, ele responde lembrando dois lemas do regime militar nos anos 1970: "Integrar para não entregar" e "Plante que o governo garante".

A história de Nova Mutum começa com a compra de 120 mil hectares pela Agropecuária Mutum (de empresários paulistas), para a criação de gado. As terras pertenciam ao município de Diamantino, que também deu origem a outros municípios símbolos do agronegócio, como Lucas do Rio Verde e Sorriso.

Nos anos 1970, com a onda migratória de sulistas rumo ao Centro-Oeste, parte da Fazenda Mutum foi desmembrada e vendida a agricultores do Rio Grande do Sul, Paraná e Santa Catarina. Em 1981, ganhou autonomia administrativa e rapidamente ultrapassou Diamantino.

As televisões do interior da Amazônia refletem a economia de cada localidade. A pujança de Nova Mutum fica evidente também nas três retransmissoras locais: Record, SBT e RedeTV!. Todas ocupam prédios modernos, em total contradição com as de Rosário e Nobres. A cobertura policial é comportada, sem sensacionalismo, de acordo com o perfil conservador da cidade. A emissora mais rica é a TV Arinos, canal 9, que retransmite a programação da Record. Seu proprietário, Roberto Dorner, tornou-se conhecido por explorar o serviço de balsas em Rondônia, Acre, Amazonas e Pará. A travessia de passageiros e carga no rio Madeira, em Porto Velho (RO), é feita por uma empresa de Dorner, a Rondonave Navegações.

Nascido em Bom Retiro, em Santa Catarina, Dorner foi motorista de caminhão e balseiro antes de migrar para o Mato Grosso, em 1973. Ao chegar, constatou que não havia pontes para cruzar os rios e enxergou sua oportunidade de negócio. Virou o Rei da Balsa, bem antes de se aventurar na política. Dorner foi deputado federal por dois anos, na vaga deixada em 2013 pelo ex-deputado Pedro Henry, que renunciou no escândalo do mensalão. Concorreu duas vezes, sem sucesso, a prefeito de Sinop. Sua segunda tentativa foi em 2016, quando informou ao Tribunal Superior Eleitoral possuir um patrimônio equivalente a 8 milhões de dólares.

Em 2001, ele comprou a TV Rondon, canal 9, de Rondonópolis, uma emissora geradora, afiliada ao SBT. Em seguida, instalou uma retransmissora em Cuiabá, e passou a gerar programação na capital. Depois, expandiu a TV Rondon para Sinop e São José do Rio Claro e comprou a TV Arinos (canal 9) de Nova Mutum, que pertencera ao ex-prefeito Alcindo Uggeri, do PPS.

Mas o "Rei da Balsa" encontrou uma barreira inesperada em Nova Mutum: Ed Motta, conhecido apresentador em todo o norte do Mato Grosso e proprietário do canal 11, já tinha a bandeira do SBT naquela cidade, e o empresário Silvio Santos não quis prejudicar o parceiro pequeno.

Não restou outra alternativa a Dorner senão retransmitir o sinal de outra rede de TV em Nova Mutum, no caso, a Record, concorrente do SBT. Um grupo de comunicação que esteja presente em múltiplas cidades tem a vantagem de negociar pacotes com grandes anunciantes para veiculação nas várias praças. A TV Rondon perdeu essa vantagem em Nova Mutum.

"Ed Motta não tinha nada que o desabonasse para o SBT tomar o sinal dele e passar para nós", admitiu o professor e diretor da TV Arinos, Andrei Mariotti. Paranaense de Salto do Lontra, Mariotti chegou ao estado do Mato Grosso aos sete anos. Os pais foram atraídos por um projeto de colonização em Terra Nova do Norte, no Nortão mato-grossense. Ele deixou a gleba aos dezesseis anos, em busca de suas próprias oportunidades. Foi bancário e administrador de oficina mecânica, antes de aceitar o convite para administrar o SBT de Sinop. Com a compra da TV Arinos, mudou-se para Nova Mutum para pôr a empresa em ordem.

Nova Mutum, diz ele, é rica, mas tem faturamento publicitário pequeno para o porte da cidade, de cerca de 300 mil reais (US$ 100 mil) por mês, dividido entre todas as emissoras de rádio e TV. "A riqueza está nas mãos de poucos latifundiários e de empresas familiares que veem o anúncio como despesa, não como investimento. As corretoras internacionais, que compram, armazenam e exportam os grãos, não investem em publicidade. Com isso, as emissoras dependem, basicamente, do comércio local", disse ele.

A crise econômica que mergulhou o Brasil em recessão e atingiu o setor de mídia brasileira de forma nunca vista, a partir de 2015, também afetou as televisões de Nova Mutum. A TV Arinos (que funciona junto com a rádio FM do mesmo grupo) perdeu 40% do faturamento e demitiu cinco dos trinta funcionários em 2016.


## CHICO TELLO, O AFÁVEL

Não procurem por Claudiomiro Henrique Vieira em Nova Mutum, porque ninguém o conhece pelo nome de registro. É como Chico Tello que o apresentador do *Balanço Geral* da TV Arinos é conhecido. Começou como apelido pejorativo, mas o apresentador, um moreno forte e afável, fez dele sua marca registrada. Chico é sinônimo de macaco no norte do Mato Grosso. Ele explica que ganhou o apelido quando era menino e passava horas grudado na tela do campo de futebol apreciando os jogos.

De estilo contido e sóbrio, ele se apresenta de terno e gravata e inicia o *Balanço Geral* pedindo a bênção divina para as famílias, empregos e negócios de seu público. É um programa de variedades, com informações locais e noticiário obtido por parcerias com televisões das cidades vizinhas. Grande parte do tempo é ocupada com a divulgação de recados e mensagens dos moradores enviados por WhatsApp. O apresentador divide a cena com um personagem curioso: um sapo de pelúcia, preso no telão do estúdio.

Chico Tello nasceu em Carapó, no Mato Grosso do Sul. Quando tinha três anos, sua família se mudou com os dez filhos para Guarantã do Norte, onde o Incra distribuía lotes. O pai conseguiu uma gleba de 21 alqueires, onde plantava arroz e feijão. Os filhos maiores ajudavam na lavoura, enquanto Tello sonhava com o rádio. Furava uma lata de massa de tomate com um prego e a espetava em um sabugo de milho para fingir que era um microfone.

Quando era adolescente, foi ajudar na pintura da casa do diretor da rádio local, e comentou sobre o sonho de ser locutor. O diretor lhe ofereceu uma vaga de editor de áudio e meio salário mínimo por mês. Ele não pestanejou. Aos dezessete anos, passou a ajudar o locutor esportivo. O locutor ficava na cabine e ele, na pista, entrevistava os jogadores. Tentava imitar os repórteres das rádios nacionais, e agradou. Pouco depois, ganhou seu próprio programa de esportes na rádio.

Numa viagem do então governador Dante de Oliveira (PMDB, 1996-2002) a Guarantã do Norte, Tello foi para a entrevista com a função de segurar o microfone. Tentou fazer uma pergunta, mas ficou mudo. "Foi um momento marcante na minha vida. Todo mundo riu. Eu me perguntava: aonde um moleque saído do mato iria pensar em estar ao lado do governador?"

Em 2000, um amigo jornalista o convidou para trabalhar na emissora de televisão do então prefeito de Matupá e futuro governador Silval Barbosa, e o ensinou a escrever texto para televisão. Anos depois, o mesmo jornalista conseguiu um canal de televisão em Nova Mutum e levou Chico Tello para trabalhar com ele. Numa cidade conservadora e de baixa criminalidade, Tello abandonou as reportagens de denúncias e se tornou, como se define, "um repórter do bem".

O amigo que arrastou Chico Tello para Nova Mutum é Laudenor Francisco Torres, que também não é conhecido pelo nome de registro. Quem quiser encontrá-lo terá de procurar por Ed Motta, o proprietário e apresentador da TV Mutum, canal 11, afiliada SBT.

Motta nasceu em Caruaru (Pernambuco), onde vendeu roupas na feira. Muito falante, anunciava os produtos pelo microfone e chamava a atenção pela capacidade de improviso. Um irmão havia se mudado para Colíder (norte do Mato Grosso) e falou sobre ele com dirigentes de uma rádio local, a Educadora, que pagou a despesa de viagem do rapaz.

Colíder é formada por migrantes de São Paulo e do Paraná que foram produzir café nos projetos de colonização. Posteriormente, os pés de café foram substituídos por pés de boi. Ed Motta chegou lá aos dezoito anos e ficou conhecido com o programa *Fala Povo*, em que entrevistava as pessoas nas ruas. Quando foi implantada a primeira televisão de Colíder, Motta estava na equipe.

Nos anos 1990, o ex-governador Silval Barbosa, então prefeito de Matupá, começou a implantar televisões pelo interior do estado para pavimentar seu projeto político. Ed Motta foi seu braço direito nessa empreitada e montou emissoras em Lucas do Rio Verde, Colíder, Água Boa, Pontes e Lacerda, Terra Nova e Guarantã do Norte. Em 2005, deixou Barbosa para administrar a TV de outro político, o então deputado estadual José Riva, em Juara. Não suportou as brigas políticas no município e, um ano depois, foi cuidar de seu próprio negócio em Nova Mutum.

Quem descreve a trajetória de Ed Motta é sua mulher e sócia, Léia Gomes Torres. Nascida em Cáceres, ela também é professora de português no ensino médio. Por ter morado com o marido em várias cidades do estado, Léia tornou-se uma estudiosa da colcha de retalhos cultural em que o Mato Grosso se transformou, e cita o escritor moçambicano Mia Couto para explicar o comportamento social de Nova Mutum: "Os países pobres produzem pessoas ricas, mas não riquezas. Nova Mutum, assim como Lucas do Rio Verde, Sinop e Sorriso, é rica, mas sem riqueza intelectual. As pessoas trabalham muito e se divertem pouco".

A chegada de nordestinos como mão de obra para os frigoríficos BRF (Brasil Foods, dona das marcas Sadia e Perdigão) e Natural Pork (marca Excelência) iniciou uma transformação. "Os sotaques começam a se misturar nas escolas e a mudar a cara da cidade. Surgiu um discurso de defesa das minorias, mas ainda é inadmissível para a família sulista admitir o casamento com um nordestino", disse ela.

Ed Motta investiu 1 milhão de reais em equipamentos e na construção da sede da TV Mutum, inaugurada em 2007. O prédio contrasta com o ambiente de trabalho quase doméstico. O filtro de água na recepção tem capa bordada com a logomarca do SBT e samambaias de plástico enfeitam o estúdio e a sala da diretoria. Afinal, o lema da emissora é "A TV da família".

Léia Torres diz que as pequenas emissoras do interior são viáveis, desde que funcionem como microempresas. No início, ela foi responsável pela administração, pelas finanças e pelo marketing, enquanto o marido era o repórter, apresentador e vendia os anúncios. Em 2016, a empresa possuía uma equipe de oito pessoas e uma jovem repórter, com diploma universitário, Kelly Zanon, 25 anos, estava no grupo.

Ela chegou de Alta Floresta (a seiscentos quilômetros de distância) em 2013 e, eventualmente, substituía Ed Motta na apresentação do *SBT Notícias*, exibido das 11h30 às 13h. A jovem contou que, depois de ter recebido cusparada e ameaça de bandidos, só tinha medo de cobrir os acidentes violentos da BR-163, por onde passam as carretas que levam grãos e máquinas agrícolas. Ficou traumatizada após pisar em restos de intestinos humanos e encontrar o corpo carbonizado de um amigo. Kelly se define como uma "repórter bugra", da roça, e que prefere fazer um jornalismo mais sutil, sem imagens explícitas de violência. Casou-se com um engenheiro sanfoneiro (ou gaiteiro, como se diz na região), ela descartou mudar-se para uma cidade grande.

A terceira emissora é a TV Cidade, canal 7, afiliada à RedeTV!. Ela ocupa uma imponente casa, em estilo alemão, onde também funcionam uma rádio e o escritório da Fazenda Catarinense, produtora de soja, milho e feijão. A prioridade do grupo é a fazenda. Por isso, os concorrentes a encaravam como se fosse um hobby de fazendeiro.

A TV tem como produção própria o jornal *Aconteceu Virou Notícia* e exibe mais dois programas produzidos por terceiros: *Rota Musical*, aos sábados, e *Esporte e Cidade*, às segundas e sextas-feiras. O contador da fazenda, Cleuson Becker, que também administrava a TV, informou que três funcionários haviam sido demitidos e que, por isso, o jornal estava sendo feito sem repórter.

# Diamante bruto

Uma cidade parada no tempo; o primo de um importante ministro do Supremo Tribunal Federal e duas pequenas emissoras de televisão movidas por ambição política. Esses são os ingredientes de uma história novelesca, passada em Diamantino, em Mato Grosso. O ministro em questão é Gilmar Mendes, ex--presidente do STF.

O principal personagem é o advogado e ex-vereador Márcio Mendes, herdeiro e autodeclarado filho "bastardo" de Abrelino Alves da Costa, tio de Gilmar Mendes. Sua semelhança física e de tom de voz com o famoso e polêmico ministro chamam a atenção na primeira vista. Em 2016, ele concorreu a prefeito da cidade, pelo PMDB, depois de quatro anos como vereador e foi o terceiro colocado. Antes de se eleger vereador, em 2012, dirigiu a TV Diamante, afiliada SBT. O canal foi outorgado pelo então Ministério das Comunicações no governo de Fernando Collor de Mello à União de Ensino Superior de Diamantino, instituição particular de ensino da família de Gilmar Mendes. A emissora saiu do ar logo após a eleição. Já a universidade, que tinha como principal acionista Maria da Conceição Mendes Franca, irmã do ministro e do ex-prefeito de Diamantino Francisco Mendes Júnior, foi estatizada pelo governo do Mato Grosso em 2013.

O episódio a seguir retrata a postura da TV Diamante diante de um problema urbano corriqueiro, os pequenos furtos cometidos por menores. Era fevereiro de 2012 e Márcio Mendes apresentava a principal atração da emissora, o noticiário *Comando Geral*. Inconformado com o veto do Conselho Municipal dos Direitos da Criança e do Adolescente à proposta de toque de recolher para menores, ele defendeu diante das câmeras o extermínio de pequenos delinquentes:

"Quando é que o nosso direito de cidadão não vai ser ferido por esses menores adolescentes que estão aí aprontando o que querem, da forma que querem? Estou a ponto de defender que façam limpa na cidade. Sabem o que é limpa? Derrete tudo e faz sabão. Pior é que nem para isso vai prestar, viu? Eu acho que nós vamos ter que instituir em Diamantino é o sindicato do crime mesmo. Aquele que elimina esses problemas da sociedade. Não estou incentivando, não, mas as autoridades que deviam estar tomando conta jogam o problema pra cima da sociedade."

Quando o conheci, em setembro de 2016, a primeira pergunta que fiz foi se continuava favorável à execução de delinquentes. Ele não hesitou na resposta: "Acho que há crimes que cabem a execução, principalmente os que atentam contra a vida, quando entram em nossas casas e põem armas em nossas cabeças". Perguntei se executaria alguém nessa situação: "Em dois tempos", declarou sem pestanejar.

A inauguração da TV Diamante, em dezembro de 2008, coincidiu com o início de um período político turbulento. Francisco Mendes Júnior, irmão caçula de Gilmar Mendes, terminava seu segundo mandato como prefeito. Ele tinha apoiado Juviano

Lincoln, do PPS, para sucedê-lo, mas este acabou derrotado nas urnas pelo notário Erival Capistrano, do PDT.

Na mesma ocasião, foi inaugurada uma segunda emissora na cidade: a TV Pisom, sem o poder de fogo da emissora dos Mendes. Afiliada à Record de Cuiabá, a TV Pisom foi implantada pelo casal Laércio Fernandes e Maria Cláudia Heming. Ele, agrônomo; ela, formada em direito. O casal sustentava os quatro filhos com uma loja de produtos agropecuários.

Segundo Márcio, a ideia de abrir a TV Diamante surgiu quando Francisco Mendes Júnior era prefeito. Um assessor lhe propôs parceria no projeto e negociou o arrendamento do canal com a faculdade. O contrato não foi formalizado, o que ele considera ter sido um erro. A emissora foi montada com equipamentos de segunda mão e funcionava em uma sala minúscula. "A redação era tão pequena que para um de nós mudar de ideia, o outro tinha que ir para fora", contou às gargalhadas.

A derrota de Lincoln para Erival Capistrano levou a um período conturbado na política local. O prefeito eleito mal conseguiu esquentar a cadeira. Foi cassado após denúncias veiculadas pela TV Diamante de falsificação de recibos de doação em sua campanha. Em menos de dois anos, foi afastado e devolvido ao cargo três vezes, até ser substituído definitivamente por Lincoln em 2010. Como apresentador da TV, Márcio Mendes atacou implacavelmente a gestão de Capistrano. Anos mais tarde, o filho dele, Eduardo Capistrano, elegeu-se prefeito, e lavou a alma do pai.

A família Mendes fez vistas grossas para o estilo agressivo de Márcio. Perguntei a Maria Conceição Mendes — principal acionista da universidade e, em consequência, também da emissora — o que achava do jornalismo da TV Diamante, e ela me respondeu: "Vou ser sincera, nunca assisti a nenhum programa da televisão. A universidade não tinha nada a ver com a TV. Apenas cedia a antena".

## UMA TV DO BARULHO

Duas qualidades são inegáveis em Márcio Mendes: o bom humor e a rapidez de raciocínio, que se convertem em armas afiadas. Em dezembro de 2010, no último retorno de Erival Capistrano à prefeitura, a TV decidiu estocá-lo promovendo a inauguração de três quebra-molas como as únicas obras do então prefeito.

Contratou banda de música, comprou foguetes, juntou um grupo de moradores — na maioria, crianças — para acompanhá-lo e levou um jabuti para representar o poder municipal. "Qual o seu salário? Quantos parentes o senhor tem na prefeitura?", perguntava levando o microfone à boca do animal. "Rufem o bumbo, inauguramos mais uma obra", dizia quando o jabuti finalmente ultrapassava a fita colocada sobre o quebra-molas. Para manter a criançada animada, balas e refrigerantes eram distribuídos.

Márcio Mendes me recebeu para uma entrevista na sala de sua casa, que também era a redação de seu pequeno jornal, *O Divisor*. Trata-se de uma publicação sem periodicidade rígida, e que também traz notícias sobre outros municípios no entorno de Diamantino. O jornal tinha tiragem de 3 mil exemplares em 2016. Logo no início da entrevista, detalhou seu vínculo com o famoso ministro do STF. Disse que entrou para a família "pela janela" e que só foi reconhecido pela Justiça como filho de Abrelino Alves da Costa quando este já havia morrido.

Como nos enredos novelescos, esta é uma história recheada de nuances. O pai biológico de Márcio tem sobrenome Alves da Costa e é irmão de Nildes Alves Mendes, mãe de Gilmar Mendes.

Por coincidência, a mãe de Márcio tinha o mesmo sobrenome, mas de outra linhagem. "Uns Mendes pobres, vindos dos lados de Rosário, não os Mendes ricos de Cáceres e de Cuiabá", disse ele, que não se esquivou a dar detalhes sobre sua origem.

A mãe era casada com um garimpeiro que se embrenhou pelo norte do país deixando-a com um filho pequeno em Diamantino. Foi quando o sr. Abrelino, solteiro e sem filhos, se aproximou dela, e Márcio foi gerado. O garimpeiro voltou para casa após seis anos. Quando viu a criança pequena "ficou bravo como onça", mas se resignou e registrou o menino como seu filho. Ele tinha dezoito anos quando Abrelino morreu. Imediatamente, entrou com o pedido judicial de reconhecimento de paternidade. O processo levou cinco anos. Nesse período, estudou direito e apontou um estilingue para a vidraça dos Mendes ricos.

Sua primeira experiência em comunicação foi como correspondente do *Jornal Arinos*, de Nova Mutum. Em seguida, abriu seu próprio veículo, *O Divisor*. Márcio Mendes não nega que a TV Diamante fez cobertura parcial contra o ex-prefeito Erival Capistrano. "Minha afinidade era com o Lincoln. A prefeitura tinha contrato de publicidade com a TV, éramos parceiros. Na gestão do Erival, o contrato de publicidade foi cancelado. Ele achava que a TV tinha de trabalhar de graça", afirmou.

Depois de ter sido apeado em definitivo da prefeitura, Erival Capistrano voltou a se dedicar a seus negócios — no caso, o cartório do 2º Ofício de Registro Civil, de onde me deu uma rápida entrevista por telefone, sobre sua experiência com a TV Diamante. Atribuiu parte da perseguição sofrida à sua decisão de cancelar o contrato de publicidade da prefeitura com a emissora e concluiu que "talvez" lhe tenha faltado um pouco de jogo de cintura naquela ocasião. "Mas, na minha visão, a prefeitura não tem que remunerar pela divulgação dos atos da gestão municipal", acrescentou.

Márcio Mendes não vê conflito ético se uma emissora tomar partido de uma corrente política, como evidencia este diálogo da nossa entrevista:

— O que é ser bom jornalista?

— Aqui não se observam as mesmas regras de jornalismo que ensinam na faculdade. Nas cidades grandes o contato do jornalista com o entrevistado é superficial. Aqui, é preciso saber quem é quem, ter cuidado com os vínculos. É possível fazer uma investigação jornalística, mas quem lhe dará proteção quando a matéria for publicada?

— Como é o relacionamento das emissoras com os políticos?

— Não existe jornalismo imparcial. Você tem um lado ou outro. Aliás, em quase todo o interior é assim. Você precisa ser sustentado. Quem banca? Quem paga?

Nascida com o nome de Arraial do Ouro, em 1728, a cidade de Diamantino mudou de nome ainda no século XVIII, após a descoberta dos diamantes. O garimpo faz parte do passado e foi substituído pelo agronegócio. Mas a riqueza gerada no campo pelas grandes fazendas de soja, milho e gado não é visível na região urbana. Ao contrário das vizinhas ricas Nova Mutum e Tangará da Serra, que respiram modernidade, Diamantino parece parada no tempo e ainda preserva, por exemplo, a tradição das rezas em latim.

As famílias Mendes e Capistrano disputam o mando político da cidade há várias décadas. Francisco Mendes (pai do ministro) foi prefeito duas vezes — nos anos 1960 e 1970 — e Francisco Mendes Júnior exerceu dois mandatos consecutivos, de 2001 a 2008. Darcy Capistrano, irmão de Erival, foi prefeito de 1983 a

1988 e tentou eleger-se outras vezes, sem sucesso. Eduardo Capistrano, filho de Erival, elegeu-se com 65% dos votos em 2016.


## DIAMANTE VERSUS PISOM

A relação conflituosa entre Márcio Mendes e a TV Pisom não acabou com a retirada da TV Diamante do ar. Pelo contrário. Ela se agravou depois que ele foi eleito vereador. A afiliada Record passou a fiscalizar as despesas da Câmara e denunciou o gasto excessivo com diárias de viagem pagas aos vereadores. Encabeçando a lista dos acusados estava Márcio Mendes, que reagiu. Foi à emissora cobrar direito de resposta, e não aceitou as condições para a entrevista que lhe foram dadas. A TV mostrou o áudio das discussões entre o parlamentar e a diretora da TV, Maria Cláudia Heming.

Em reação às reportagens exibidas pela TV Pisom, Mendes entrou com processos contra a emissora em várias instâncias, com a acusação de que os proprietários estariam burlando a legislação ao arrendar o canal pertencente ao Grupo Gazeta, de Cuiabá. "O arrendamento é ilegal e, logo, trata-se de uma TV pirata", disse-me, ao explicar por que fez a denúncia ao Ministério Público Federal, ao então Ministério das Comunicações e à Anatel. Maria Cláudia alegou que alugava espaços na programação, mas não arrendava o canal.

A TV Pisom funciona em um bairro novo, fora da zona histórica da cidade. É preciso estar atento para achar o prédio, porque não há letreiro nem placa na fachada. Existe apenas um decalque na porta com os dizeres "Sede do canal 11". Na pequena sala de espera deparei-me com o primeiro indício de que era uma empresa sob gestão feminina: o filtro de água coberto por uma capa de tecido bordada com as logomarcas da Record e da Pisom.

Maria Cláudia Heming é uma loura de silhueta esguia, nascida em Toledo, no Paraná. Ela conta que sua família chegou ao Mato Grosso decidida a cultivar as terras adquiridas no projeto de colonização do município de Primavera do Leste. Mas, como não tinha tradição agrícola, trocou de ramo e abriu uma churrascaria na BR-163, não muito distante de Diamantino. O marido de Maria Cláudia, Laércio Fernandes, também nasceu no interior do Paraná, em Bandeirantes, e foi para o Mato Grosso trabalhar como agrônomo.

Fui recebida na pequena sala da diretoria da TV e Maria Cláudia respondeu às perguntas de forma contida, na defensiva. Temia que a entrevista causasse mais problemas à sua emissora. Explicou que, se a TV fosse encarada como negócio, já estaria fechada, que via seu trabalho como "missão". Pedi que explicasse por quê. "Se você distribuir uma cesta básica, vai resolver o problema de uma pessoa. Mas se uma cidade é explorada por um governante, a TV lhe dá a possibilidade de ajudar milhares de pessoas. Diamantino tem 25 mil habitantes que podem ser beneficiados pela televisão", afirmou.

O foco principal da emissora, segundo ela, era o "jornalismo comunitário", o que se pode traduzir por beneficente. No estúdio de gravação do telejornal diário, havia um par de muletas, roupas usadas e até uma cama para serem doados. "As pessoas pedem ajuda e a gente faz o intercâmbio entre quem precisa e quem pode ajudar. Nosso papel é fazer as pessoas se conectarem", prosseguiu. Maria Cláudia fazia também o papel de repórter investigativa. Foi dela a reportagem sobre os gastos da Câmara Municipal com pagamentos de diárias dos vereadores sem a comprovação de despesas.

Ela e o marido disputaram a eleição para vereador pelo PRB, em 2016. Segundo alguns moradores, sua candidatura seria apenas para cumprir a cota de participação feminina do partido e por isso, só obteve dois votos. O marido saiu-se melhor, com 172 votos, mas também não se elegeu. Ela justificou seu ingresso na campanha também como missão: "É algo que não passava por nossas cabeças, mas ou você entra para a política, ou deixa a cidade acabar", afirmou.

Após a troca de comando na prefeitura, a TV Pisom também mudou de rumos. Em janeiro de 2017, Maria Cláudia e Laércio anunciaram que estavam abrindo mão da emissora e que um novo locatário assumiria o leme a partir de fevereiro. "Estou saindo fora. Comunicação é um negócio complicado, que deve ser tocado por quem é da área", disse-me ela, por telefone. Contou que não conseguia mais trabalhar em TV e cuidar de quatro filhos e que iria priorizar a família e tentar se firmar como advogada.

A emissora foi transferida a David Vieira e passou a se chamar TV Ideal. Mas manteve o endereço e a afiliação com a Record. Ao contrário do casal paranaense, que assumiu a TV Pisom sem possuir experiência no ramo, Vieira trabalhou na implantação de emissoras de televisão do ex-governador Silval Barbosa em várias cidades do interior do Mato Grosso.

# A tv do peão de boiadeiro

O ex-prefeito de Barra do Bugres, Wilson Francelino de Oliveira, viu sua carreira política ruir depois que a emissora local — tv Independência, canal 9, afiliada Record — o mostrou com a mão no pescoço da repórter Elissa Neves, em maio de 2012. Parecia que ele tentava enforcá-la, enquanto lhe dizia ao ouvido que só daria entrevista no estúdio, com transmissão ao vivo.

A tv Independência é a única emissora de Barra do Bugres e fazia crítica implacável à gestão do prefeito. Em retaliação, ele não dava entrevistas, o que levou a repórter a abordá-lo durante um evento público. Irritado com a insistência dela, segurou-a pelo pescoço, sem perceber que o cinegrafista filmava a cena. Ao ser informado de que estava sendo gravado, acusou a repórter de falta de profissionalismo. Ela rebateu na mesma hora: "O senhor quase me enforca, fala ao meu ouvido e eu é que tenho falta de profissionalismo?".

As imagens caíram na internet e foram reproduzidas até pela cnn. Entidades representativas dos jornalistas e das empresas de comunicação se manifestaram em defesa da repórter, que registrou queixa contra o prefeito, por agressão. Ele fez o mesmo contra ela, e a acusou de calúnia. O caso foi encerrado com uma audiência de conciliação na Justiça, mas o projeto de reeleição do prefeito acabou naquele momento. Terminado o mandato, voltou para o anonimato na sua loja de material de pesca.

Passados quatro anos do episódio, o ex-prefeito, conhecido como Wilson Pescadô, disse que a TV provou ter mais força do que o Executivo. "Virei um monstro perante o país e o mundo", afirmou. Ele voltou a negar que tenha apertado o pescoço da repórter; disse que foi perseguido por ter cortado o contrato de publicidade da prefeitura com a televisão e que as imagens foram editadas para que parecesse agressivo.

Barra do Bugres fica a 153 quilômetros de Diamantino. A distância entre os dois municípios é relativamente pequena, mas o cenário muda completamente. O cultivo de grãos dá lugar aos canaviais. É o território da usina de açúcar e de álcool Barralcool, que contrata muitos nordestinos para o corte da cana. A poucos quilômetros da cidade fica a reserva dos índios Umutina.

A segunda atividade econômica do município é a criação de gado, que atraiu o principal personagem dessa história: Orlando Cardoso Chaves. Como quase todos na cidade, ele é migrante. Nasceu em Guaraçaí, interior de São Paulo. O pai era gerente de uma fazenda em Nova Independência e decidiu mudar-se para Mato Grosso depois que o proprietário da fazenda se matou. Com as economias, comprou terras em Barra do Bugres.

Orlando chegou à cidade ainda menino, mas levava nas veias a paixão pelo rodeio. Aos dezesseis anos, sem que o pai soubesse, se inscreveu para seu primeiro rodeio. Entusiasmado com o terceiro lugar obtido, abandonou os estudos. "Virei caubói e me joguei nesse mundão." Aos trinta anos, montou sua própria companhia, o que o obrigou a abandonar as disputas para não concorrer com seus peões. Mas, quatro anos depois, em 2004, não resistiu ao convite para um último rodeio em Roraima.

A disputa foi transmitida, via satélite, por um canal de TV rural. Orlando pediu ao locutor para anunciar que dedicava a competição aos moradores de Barra do Bugres. A cada rodada homenageava um bairro. O retorno à cidade coincidiu com o período pré-eleitoral e ele concorreu a vereador. "Prometi que ia defender o povão, que o pau ia cantar em favor do povo." Foi eleito pelo PP.

Orlando tinha um passado de bad boy. Nos anos 1980, ficou preso quatro meses, em Cuiabá, acusado de tentativa de sequestro do então deputado estadual René Barbour, um dos sócios da Barralcool. A queixa acabou retirada e o caso caiu no esquecimento. Na Câmara dos Vereadores, colocou em prática o estilo "é no laço, é na tora", segundo ele próprio definiu, e começou a colecionar adversários. No início da legislatura, juntou-se a cinco vereadores para eleger o presidente da Câmara. "Na semana da eleição do presidente, fomos a um pesqueiro fechar o acordo para escolher o eleito. Eu não fazia parte da mesa diretora da casa, e meu voto era decisivo. Combinei o voto certo de que seria escolhido presidente na vez seguinte. Mas isso não aconteceu, e me tornei presidente com os votos do grupo opositor."

Em 2007, foi cassado pelos vereadores sob acusação de superfaturar despesas com combustível e cartões telefônicos no período em que presidiu a casa. Mas conseguiu reverter a cassação na Justiça e recuperou o mandato. Nove anos depois, o caso foi julgado em primeira instância e ele foi condenado a oito anos e nove meses de prisão. Mas recorreu na segunda instância. Até o final de 2016, o recurso não tinha sido julgado. Reeleito em 2008, Orlando usava a tribuna para atacar o então prefeito Wilson Francelino. Não chegou a cumprir um ano do segundo mandato, pois foi novamente cassado em 2009, dessa vez por quebra de decoro parlamentar.

Sem mandato político, aceitou o convite para comandar a TV Independência, canal 9, afiliada Record, e a transformou em sua nova tribuna contra a gestão de Francelino. Fez reportagens sobre o lançamento do esgoto in natura da cidade no rio Paraguai (prática que não se modificou com o passar dos anos) e sobre a compra pela prefeitura de medicamentos fora da validade. Orlando não só exibia os assuntos na TV como formalizava os pedidos de investigação no Ministério Público. "Sou do tipo polêmico, que compra briga. Não tenho medo de ninguém, só de Deus, e quebrar a cara é parte da vida. Mas o diabo fecha uma porta e Deus abre duas", me disse quando o entrevistei em Barra do Bugres. Era uma noite quente de domingo, em setembro de 2016. Tínhamos encontro marcado para a manhã seguinte, na emissora, mas ele antecipou a entrevista e me localizou quando eu jantava no único restaurante aberto da cidade.

## JEGUE NO ESTÚDIO

Em 2010, numa tentativa de frear o noticiário desfavorável ao prefeito, o então assessor jurídico da prefeitura arrendou a emissora de televisão e trocou os apresentadores. Mas a estratégia durou pouco. Em março do ano seguinte, foi aberta uma investigação do Ministério Público Estadual para apurar se a emissora estaria usando funcionários e veículos da prefeitura. Então, a antiga equipe retomou o controle. "Tomaram a televisão de volta na força", queixou-se o ex-prefeito, que, em dezembro de 2011, foi cassado por determinação judicial por desvio de recursos federais destinados à compra de medicamentos. Mas recuperou o poder no dia seguinte, graças a uma liminar que suspendeu a cassação. O afastamento relâmpago foi comemorado com foguetório por Orlando Chaves, que sustenta ter sido o autor da reclamação sobre o desvio de verba junto ao Ministério Público. "Quando saiu a ordem judicial de cassação, o comércio já estava fechado, mas consegui comprar uma caixa de foguetes. Da minha casa, eu via os fazendeiros chegando de Hilux à casa do prefeito para se solidarizarem com ele. E eu da minha casa: bum, bum, bum! No outro dia, quando ele recuperou o cargo, mandou soltar tanto foguete em cima da minha casa que muitas telhas foram quebradas. E eu para a minha mulher: 'Fica fria, que faz parte...'."

Orlando Chaves emite uma sequência de risadinhas ao dar detalhes sobre a relação da emissora com o então prefeito. Diz que assim que assumiu a direção da TV procurou Wilson Francelino e o avisou que mostraria as mazelas da administração até que ele também perdesse o mandato. "Passei a apresentar o telejornal com um jumento dentro do estúdio. Mandei fazer até botinhas de borracha para o animal. Entre uma notícia e outra, eu perguntava: você gosta do prefeito? E o jumento balançava a cabeça: Não! Esse prefeito gosta do povo pobre? E o jumento: não!" Foi nesse clima que o prefeito Wilson Francelino, o Pescadô, voltou sua ira contra a repórter.

A quem pertence a TV? Eis uma pergunta difícil de ser respondida. O canal 9 está registrado na Anatel em nome da Televisão Água Boa Ltda. Ele foi outorgado à empresa em 1997, no primeiro mandato do ex-presidente Fernando Henrique Cardoso. A autorização foi assinada pelo ministro das Comunicações, Sérgio Motta, que por sua forte ligação com o então presidente era tratado pela imprensa como "primeiro amigo".

A empresa teve seu Cadastro Nacional de Pessoa Jurídica (CNPJ) cancelado pela Receita Federal em fevereiro de 2015. O que significa que a partir de então ficou impedida de emitir notas fiscais. Mas a televisão continuou em funcionamento e as notas fiscais passaram a ser emitidas pela empresa Orlando Duarte Chaves Ltda., com outro CNPJ.

Orlando disse que foi procurado em 2009 pelo empresário Márcio Roberto Martins, de Cuiabá, que lhe propôs sociedade no negócio e adquiriu 50% da emissora por 70 mil reais (cerca de 40 mil dólares em valores da época). Porém, no sistema de informações cadastrais do Serasa Experian (o mais usado pelas grandes empresas) constava que Martins tinha a totalidade das cotas em 2016. Tive uma breve conversa por celular com Márcio Martins, no segundo semestre de 2015. Na ocasião, ele disse que recebeu a emissora de um político, como parte do pagamento de dívidas, mas não identificou o devedor. Depois disso, apesar de muitas tentativas, não consegui mais localizá-lo.

Já Orlando Chaves acrescentou uma nova informação sobre os supostos proprietários da emissora. Disse que, no final de 2015, recebeu uma notificação judicial do advogado Elvis Klauk Júnior, de Cuiabá, para suspender os repasses de dinheiro a Márcio Martins, porque ele não seria mais proprietário da emissora. O dono seria o próprio Klauk, que manteria Orlando Chaves no comando da TV até o veredito final sobre a disputa societária. Depois da entrevista, porém, constatei no sistema de informações do Tribunal de Justiça do Mato Grosso que Klauk é advogado de Orlando Chaves, informação que ele omitiu na entrevista em Barra do Bugres.

Na manhã seguinte à entrevista fui à sede da TV Independência. A precariedade da emissora ficava evidente já na fachada do prédio. O letreiro com identificação do nome da TV e do número do canal estava em frangalhos e só encontrei um funcionário no local. Na sala de espera, um sofá roto e duas cadeiras sujas aguardavam os eventuais visitantes.

A emissora contava com uma equipe de cinco pessoas e o ponto alto da programação local era o jornal *Tribuna do Povo*, apresentado por Orlando Chaves. Ele conversa com os telespectadores por telefone público do tipo orelhão instalado no estúdio e faz campanhas para arrecadar dinheiro e pagar enterros, cadeiras de rodas, muletas e medicamentos para os mais necessitados. Segundo Orlando, só os pobres se sensibilizam com os pedidos de socorro. "Rico não ajuda ninguém. Quem ajuda o pobre são outros pobres. Chegam a fazer fila na porta da TV para doar dois e cinco reais", relatou.

O apresentador revelou ter um projeto político em mente para 2020, quando recuperar os direitos suspensos com a cassação do mandato de vereador. "Anote aí, vou ser prefeito desta cidade", avisou com animação. Na campanha eleitoral de 2016, a TV Independência ficou surpreendentemente neutra e abriu espaço para todos os candidatos.

# As estrelas de Tangará da Serra

Faltavam menos de cinco minutos para o jornal *Tangará 40 Graus* entrar no ar quando a apresentadora Márcia Kappes entrou no estúdio. A equipe estava ansiosa com a demora, mas ela chegou calma, deu algumas orientações aos assistentes e iniciou o programa exatamente às 11h30, como previsto, sem retocar a maquiagem nem trocar o figurino. Com 1,80 metro de altura, cabelos louros e sapatos com estampa de oncinha, a apresentadora da TV Cidade Verde, canal 10 (afiliada Bandeirantes), tem um estilo que mescla um tanto de Ana Maria Braga e outro de Hebe Camargo. Ela trata as mulheres como amigas íntimas e faz confidências diante da câmera como se estivesse em uma conversa na cozinha.

Kappes é a principal estrela televisiva de Tangará da Serra, o que não é pouco, levando-se em conta que a cidade de 100 mil habitantes, a 239 quilômetros de Cuiabá, possui mais quatro emissoras com programação local: BemTV (SBT, canal 3), Rede-TV! Tangará (canal 16), TV Vale (Record, canal 7) e TV Centro América (Globo, canal 13).

O nome do programa remete mais ao calor da cidade do que à temperatura do noticiário, porque o *Tangará 40 Graus* tem mais merchandising do que notícia. Começa com imagens de crianças — enviadas na véspera pelas mães, por celular — repetindo o bordão criado pela emissora: "Alô, Márcia, estou na Band porque a Band é bom demais". E ela: "Essas crianças acabam com meu coração".

Cheguei à emissora meia hora antes do início do programa, sem ter agendado o encontro. Mas fui recebida entusiasticamente pela equipe. Dois funcionários logo atraíram minha atenção: o baixinho Marcelo Alves da Silva, de 33 anos, auxiliar de estúdio, e o altão Renan Coelho, jornalista, de cinquenta anos, que parecia gigante perto do colega. A dupla é conhecida por fazer propaganda de produtos com o mote preço pequeno e desconto grande. O sucesso lhes abriu outras portas. Os dois foram contratados por uma distribuidora de gás para estrelar um quadro dentro do jornal chamado "Patrulha do Almoço". Eles entram de surpresa nas casas e distribuem brindes se encontram a marca anunciada na cozinha e a TV ligada no *Tangará 40 Graus*.

Enquanto espero pela apresentadora, vejo o roteiro do dia: três reportagens policiais — um arrombamento de loja, uma prisão por tentativa de homicídio e a entrevista com um feirante que teve o carro roubado —, três pedidos de ajuda a famílias em dificuldade financeira, dois acidentes de trânsito e outros temas variados.

As propagandas são parte do noticiário, e a própria Márcia Kappes entrevista os anunciantes, alardeando a qualidade dos produtos e as ofertas de preços. Esse comportamento é comum a quase todas as pequenas emissoras de TV da Amazônia Legal. Repórteres e apresentadores agem como garotos-propaganda e não separam notícia de publicidade. Presenciei o fenômeno na maioria dos lugares que visitei. Há emissoras que partilham a receita dos anúncios com o repórter e com o apresentador e estabelecem uma cota de publicidade como parte da remuneração do profissional.

Desconcertante, emotiva, impulsiva e indomável são adjetivos que caem perfeitamente em Márcia Kappes. Assim que ela chega, eu me apresento e explico rapidamente o motivo da visita. Combinamos fazer a entrevista durante o intervalo de dez minutos da exibição do horário eleitoral gratuito e eu passo a acompanhar o programa de dentro do estúdio.

Na primeira atração, ela mostra seu lado impulsivo. Era um merchandising da distribuidora de gás de cozinha Gás 21, e ela entrevistava o representante da empresa, que chegou com seu recado na ponta da língua. Na noite anterior tinha havido um debate entre os candidatos a prefeito, promovido pela seção local da Ordem dos Advogados do Brasil (OAB). Kappes estava indignada com a animosidade das claques. Deu sua opinião sobre o episódio e incluiu o anunciante na discussão: "As pessoas têm de divergir no campo das ideias, mas ontem não foi o que aconteceu", disse ela. O anunciante opinou: "Terminada a campanha, a vida segue... eu tenho de vender gás, você tem de vender merchand. Temos de trabalhar, mas dependemos da política".

Enquanto ela o entrevistava, duas vendedoras de uma loja ajeitavam, no estúdio, as roupas que seriam exibidas no próximo merchandising. Na sala ao lado, uma moradora entregava à recepcionista a foto do cãozinho desaparecido naquela manhã e pedia ajuda para encontrá-lo. Márcia Kappes atendeu prontamente ao pedido e colocou no ar a foto do animal e o telefone da dona.

A TV Cidade Verde funciona numa construção nova, no mesmo bairro onde estão as retransmissoras da Globo, do SBT e da Record. O prédio estava sendo reformado para a construção do novo cenário do *Tangará 40 Graus*, que ganhou uma cozinha moderna e um ambiente com poltronas, onde Márcia passará a receber os convidados. Ela estimula as telespectadoras a enviar objetos para decorar o novo cenário e exibe diante da câmera os panos de prato que ganhou de uma moradora.

Quando entra a propaganda eleitoral, vamos para o novo estúdio e iniciamos nossa conversa. Ao retornar ao programa, anuncia a minha presença e me faz perguntas sobre o tema do livro. Entro no jogo e recomeço a entrevistá-la, com transmissão ao vivo para a cidade. Pergunto:

— O que te agrada mais: vender produto ou fazer reportagem?

— Vender produto. Acho que vender um produto e fazer uma matéria têm tudo a ver. O que me encanta no vender é que eu posso falar bem. Me desgosta muito mostrar uma pessoa em situação difícil. Não gosto de noticiar assassinato, porque sei que vou desagradar a mãe do preso e a família de quem ele matou. Todas as famílias têm imperfeições, e não gosto de mostrar pessoas em situações difíceis.

— Qual é o seu público?

— Eu falo para a mulher e digo para ela estudar, ser independente e se embelezar. Tem mulheres poderosas vítimas dos maridos em casa. Eu tento falar para elas se libertarem, se amarem e ganharem seu próprio dinheiro. Mas não confronto os homens. Gosto dessa coisa de papai, mamãe e filho. Adoro ser legal com meu marido e não quero desconstruir as famílias.

— Se arrepende de algo que fez como jornalista?

— Se eu pudesse voltar atrás, nunca teria tratado presos como bandidos. Nenhuma mãe espera que o filho se torne criminoso. Depois que entendi que existem leis para enquadrar as pessoas e que não preciso julgá-las, recuso-me a fazer este papel.

A entrevista diante da câmera dura onze minutos. Ela fica surpresa quando digo que as retransmissoras de televisão só produzem conteúdo local na Amazônia, e diz que a TV vende muito, mas tem custos altos — como os 10 mil reais em energia por mês. "Pessoas de fora debocham dos caipiras fazendo TV, mas não sabem de nada..."

Márcia Kappes nasceu em Santa Helena, no Paraná. A família se mudou para o Mato Grosso quando ela tinha seis anos e foi morar em Terra Nova do Norte. Tempos depois, o pai virou garimpeiro e formou uma nova família em Peixoto de Azevedo, também no norte do estado, deixando a ex-mulher e os filhos para trás. "Ficamos sem eira nem beira no Nortão", disse-me ela, referindo-se a Terra Nova do Norte. Ela tinha onze anos quando o pai se foi. A avó materna, que também havia migrado para o Mato Grosso, levou a filha e os netos para Juscimeira, uma cidadezinha próxima a Rondonópolis. Márcia não se ajustava à cidade pequena e, ainda adolescente, foi morar com uma amiga da mãe em Rondonópolis, que, comparada a Juscimeira, é uma metrópole.

## COMO TIRAR LEITE CONDENSADO DE PEDRA

Como cinco emissoras de TV encontram notícias em uma cidade tranquila como Tangará da Serra? Na TV Centro América (Globo), a fórmula é o jornalismo comunitário, como me explicou a editora regional Daniela Patrícia dos Santos. A receita é simples: os moradores enviam fotos e vídeos sobre os problemas da comunidade — como buracos na rua, terrenos baldios tomados por matagal, focos de mosquitos da dengue — e a emissora manda uma equipe ao local e passa a cobrar as providências para a resolução do problema.

O jornalismo policial, que costuma dar boa audiência no interior, rende poucas matérias em Tangará da Serra. "Quase não temos um factual forte. É preciso tirar leite condensado de pedra", resume Daniela. No dia em que a entrevistei, o ponto alto do noticiário era uma reportagem sobre a necessidade de planejamento familiar no gasto do 13º salário.

O desafio de encontrar matérias atrativas aumenta durante as campanhas eleitorais municipais, quando a emissora suspende o jornalismo comunitário para não criar fatos que interfiram no resultado da eleição. "Nos períodos eleitorais, só cobrimos o factual. Se o morador apontar um buraco novo na rua, a gente noticia. Mas, se for um problema antigo, não haverá cobertura nossa. Não noticiamos nada contra ou a favor da prefeitura durante a campanha."

O jornalismo de Tangará da Serra é dominado por sulistas. Daniela nasceu em Jesuítas, no Paraná (próximo a Cascavel), e foi para o Mato Grosso recém-formada em jornalismo. Aceitou o emprego sem nunca ter sequer ouvido falar de Tangará da Serra, e fez a viagem de carro, sozinha e sem GPS. Catorze anos depois, quando a entrevistei, continuava apaixonada pela cidade, uma característica, aliás, de toda a imprensa local.

Tangará tem outra característica curiosa: embora possua um Produto Interno Bruto (PIB) por habitante inferior aos seus vizinhos Nova Mutum e Diamantino, tem um mercado publicitário mais pujante, o que explica a existência de cinco emissoras disputando o bolo publicitário. A cidade é um polo prestador de serviços, que atende a outros municípios expoentes do agronegócio, como Campo Novo dos Parecis. E por ter uma estrutura fundiária baseada em pequenas propriedades rurais, sua renda é mais bem distribuída entre a população.

O gaúcho Sergio Roberto Reichert, chefe de redação da BemTV (afiliada SBT), calculou que a cidade gerava uma receita publicitária mensal de 1 milhão de reais. Os anunciantes são lojas de confecção, supermercados, revendedoras de veículos e de maquinário agrícola, casas de produtos agropecuários, consultorias agronômicas, clínicas médicas e dentárias e a agroindústria. Há muitos anunciantes, mas o valor dos comerciais é baixo. Segundo Reichert, o anúncio na BemTV de trinta segundos custava oitocentos reais (pouco menos de um salário mínimo), com direito a três inserções.

Outro fenômeno curioso que me foi relatado é a dificuldade de contratação de jornalistas, em contraste com a crise e o desemprego existentes nas capitais. "Falta mão de obra porque não temos faculdade de jornalismo na cidade e porque o salário não é atrativo para os profissionais da capital", disse o editor. Segundo ele, a BemTV pagava o piso salarial, que estava em 1,8 mil reais por mês, em setembro de 2016. E enquanto a TV Centro América empregava quinze jornalistas, a BemTV tinha apenas cinco. Seu principal programa é o *Bem no Almoço*, apresentado por Kessia Angelina, que, mesmo não sendo repórter, exercia eventualmente a função. O estúdio tem decoração sóbria, mas algo chama atenção no cenário: uma pilha de produtos alimentícios de um dos anunciantes do noticiário. E antes do jornal é exibido o *TV Vantagem*, um programa de 45 minutos só de publicidade.

## RINGUE POLÍTICO

A vinheta da TV Vale, afiliada Record em Tangará, resume em segundos o perfil do proprietário e apresentador de seu principal programa, Sílvio Delmondes: "Polêmico, sem papas na língua, extrovertido". Ele concorreu sem sucesso a deputado estadual em 2010 e 2014 e foi derrotado por outro apresentador de TV local, Wagner Ramos, eleito pelo PR.

Delmondes é mato-grossense de quinta geração, como faz questão de destacar, e nasceu em Barra do Garças. Como é de praxe entre os profissionais da região, começou a trabalhar em rádio na adolescência, e ainda jovem passou a sonhar em ter a própria televisão. Em 2001, montou uma em Canarana que, nove meses depois, foi fechada pela Anatel. Ele disse que foi enganado pelo engenheiro que apresentou o projeto de outorga ao então Ministério das Comunicações.

Depois do fracasso da primeira tentativa, montou a TV Serra Dourada, na cidade de Água Boa, em parceria com o então deputado e futuro governador Silval Barbosa. Em seguida, implantou a TV de Tangará da Serra, novamente em parceria com um político: o senador Wellington Fagundes (PR). Nos dois casos, segundo Delmondes, as promessas de transferência de cotas foram apenas verbais e não se concretizaram. Em 2005, ele passou a gestão da TV de Água Boa a outro jornalista e se concentrou na emissora de Tangará da Serra.

Toda a cidade acompanha os confrontos políticos entre Sílvio Delmondes e o deputado estadual Wagner Ramos, a quem Delmondes acusa de ser o proprietário de fato da TV Tangará, canal 16, afiliada da RedeTV!. Os dois trocam acusações em várias ações judiciais. Impossível saber quem tem razão na briga, e o mais provável é que nenhum deles a tenha.

As duas emissoras possuem um ponto em comum: ambas funcionam com arrendamento dos canais. Trata-se de uma prática no mercado que não é permitida pela legislação, mas é tolerada pela fiscalização. O canal 7, usado por Delmondes, está registrado em nome da empresa TV Chapada dos Parecis, que pertence aos filhos do senador Wellington Fagundes. Delmondes tinha um contrato de locação de horário integral, o que, na prática, configura o arrendamento.

O canal 16 encontrava-se na mesma situação. Ele estava registrado no governo em nome da Rádio Marco Zero, uma empresa de comunicação do Amapá, pertencente ao empresário José Alcolumbre, tio do senador pelo Amapá Davi Alcolumbre (Democratas). O deputado Wagner Ramos não tem vínculo formal com a emissora, mas possui inegável influência sobre ela. Ele costuma apresentar o jornal *AconteceMT* às segundas e sextas--feiras, quando não tem compromissos na Assembleia Legislativa.

Não há inimigos mais implacáveis do que os ex-aliados. Durante a campanha eleitoral de 2014, o *AconteceMT* tinha como apresentador o jornalista Evandro Carlos, que, por vários anos, foi o principal repórter do *Balanço Geral*, comandado por Delmondes na Record. O ex-pupilo fez tantos ataques a Delmondes na RedeTV! que este conseguiu direito de resposta de mais de uma hora no jornal *AconteceMT*.

Na campanha eleitoral municipal de 2016, as duas retransmissoras estiveram novamente em lados opostos. Delmondes coordenou a campanha do prefeito reeleito Fábio Junqueira (PMDB), e Wagner Ramos apoiou Reck Júnior (PSD). A TV de Delmondes acabou multada pela Justiça Eleitoral por beneficiar Junqueira numa entrevista com todos os candidatos. "Eu não tinha motivo para favorecê-lo no debate. Era marqueteiro da campanha dele e sabia que as pesquisas já apontavam sua reeleição. Não tinha por que usar a TV", justificou-se. Mas, quando lhe perguntei se sua emissora foi imparcial na campanha, ele me deu uma resposta cristalina: "Não existe imparcialidade jornalística nem nas retransmissoras da Amazônia, nem na imprensa do Brasil. Todo mundo tem seu interesse".

Dois meses depois de minha passagem por Tangará da Serra, em novembro de 2016, entrevistei Sílvio Delmondes por telefone. Conversamos duas vezes sobre disputas políticas e sobre o jornalismo praticado pelas retransmissoras da Amazônia Legal. Para ele, o jornalista do interior não precisa e não deve ter diploma universitário. "A formação acadêmica não é relevante para as emissoras do interior, e faz o topete muito alto. Os formados não têm o conhecimento de que precisamos e são arrogantes e petulantes", declarou.

Argumento que o repórter com formação universitária estaria mais bem preparado para cobrir os assuntos do agronegócio, sustentáculo da economia da região, mas ele desdenha do meu raciocínio: "Dificilmente fazemos uma entrevista sobre economia. Isso não traz audiência. O que dá audiência é a desgraça alheia. Aqui, como em qualquer lugar do Brasil, quanto pior a notícia, melhor para a audiência. Entenda que a desgraça é bem-vinda, desde que a vítima seja o outro".

Na RedeTV! Tangará, encontro o paranaense Izaias Zenere, um dos apresentadores do *AconteceMT*. Nascido em Quedas do Iguaçu (Paraná), ele chegou ao Mato Grosso com onze anos. O pai era mecânico e migrou em busca de melhores condições. Ele resumiu sua formação com uma frase muito usual entre os profissionais das retransmissoras da Amazônia Legal: "Minha faculdade foi a rua". A RedeTV! local tem uma situação peculiar: três apresentadores se revezam no jornal *AconteceMT*. Os outros são o deputado Wagner Ramos e o jornalista Emerson Romani. Zenere disse não temer a concorrência de jornalistas com formação universitária e duvidou que sejam capazes de aguentar o ritmo a que os repórteres locais são submetidos. "Aqui a gente cobra o escanteio, recebe a bola e cabeceia para o gol. Tem dia que faço cinco matérias para fechar o jornal", afirmou.

Ele se considera jornalista investigativo. Peço que me defina jornalismo investigativo e ele responde de pronto: "É adrenalina, emoção, desafio". Contraditoriamente, diz que a maior emoção de sua carreira foi socorrer uma família em dificuldades na véspera do Natal. "Eu estava apresentando o jornal quando uma família muito humilde entrou no prédio da emissora, pedindo comida. Não dava tempo para fazer uma reportagem. Eles contaram seu drama ao vivo. Em vinte minutos, conseguimos alimentos, dinheiro e até um emprego para o pai. Chorei muito. O papel da imprensa não é só noticiar. É também ajudar a quem precisa", concluiu.

Zenere disse que não cogitava, até aquele momento, concorrer a cargo político, mas já exibia cacoetes dos políticos. Referiu-se a si mesmo na terceira pessoa e, ao descrever uma reportagem policial que terminou com a rendição do assaltante, saiu-se com a seguinte frase: "Desde já parabenizo a polícia de Tangará pela brilhante negociação e por libertar os reféns sem disparar um tiro".

# Tocantins

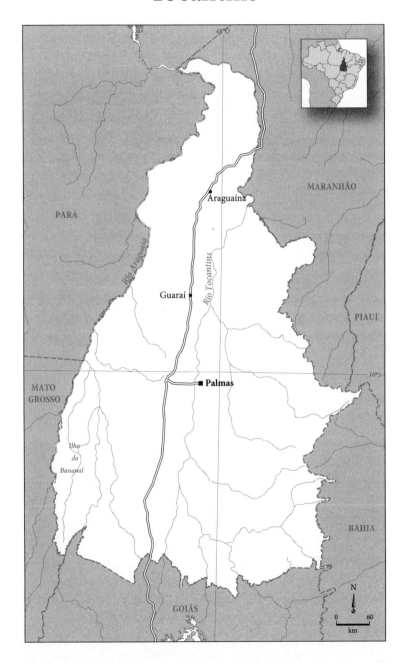

*As emissoras das grandes cidades selecionam os personagens que devem ser entrevistados. Aqui todos falam, e muito. Se há um acidente ou alguém leva um tiro, avisam primeiro a televisão e só depois chamam a polícia ou a ambulância.*

Jaime Júnior, jornalista e apresentador da TV Tocantins, afiliada SBT em Araguaína

# As retransmissoras do Tocantins

A afiliada Globo em Palmas deixou de ser apenas retransmissora e se tornou geradora, em 2009. Ao inaugurar o novo canal, Fátima Roriz, diretora do Grupo Jaime Câmara, proprietário da TV Anhanguera, comparou a mudança de status à evolução de filial para matriz. Se a TV fosse um imóvel, disse ela, a concessão seria a escritura. A declaração da executiva é reveladora do perfil da radiodifusão no estado do Tocantins, onde quase todas as emissoras de televisão funcionam só com outorgas de retransmissoras. Como já foi dito, há uma diferença abissal entre as duas categorias, não só em termos legais, como também de valorização do investimento.

As geradoras têm contratos de concessão com a União por quinze anos, renováveis ad infinitum. As concessões (tanto a outorga inicial quanto as renovações) são aprovadas pelo Congresso Nacional. Uma vez aprovadas, as renovações se tornam quase automáticas. Para haver uma rejeição, é preciso quórum qualificado e o voto nominal de dois quintos dos integrantes na Câmara e no Senado. Já as retransmissoras são liberadas ou canceladas por simples portaria ministerial. A interrupção do sinal por mais de trinta dias, por exemplo, seria motivo de anulação da outorga.

Existiam, até 2017, apenas cinco geradoras em todo Tocantins. Três delas pertencem ao Grupo Jaime Câmara: a de Palmas e as de Araguaína e Gurupi. Não por acaso, são as três maiores cidades do estado, nesta ordem. A quarta geradora é a TV Boa Sorte, de Araguaína, pertencente aos herdeiros do ex-senador Benedito Vicente Ferreira, o Benedito Boa Sorte, do antigo PFL, que exerceu dois mandatos consecutivos, de 1971 a 1987. A quinta concessão é a TV educativa do governo estadual, com sede em Palmas.

As geradoras do interior são anteriores à criação do estado do Tocantins. As da TV Anhanguera foram autorizadas em 1982, pelo ex-presidente general João Batista Figueiredo. Benedito Boa Sorte recebeu a concessão do canal 7, de Araguaína, durante o governo Sarney, em 1985. O senador era do mesmo partido do presidente da República e estava no segundo mandato no Senado. A venda das concessões por licitações públicas foi introduzida em 1997, no primeiro governo de Fernando Henrique Cardoso, mas os editais foram lançados de forma desordenada, o que gerou uma onda de ações judiciais e pilhas de processos burocráticos que se arrastavam por dez anos ou mais.

O governo deveria ter priorizado o jovem estado ao lançar os editais de venda de concessão de TV, mas apenas um canal foi licitado para Palmas em vinte anos. Um grupo de especuladores ofereceu o maior preço pela concessão e anos depois a revendeu ao Grupo Jaime Câmara. Houve muita grita dos radiodifusores sobre o critério de escolha dos vencedores das licitações em todo o país. As queixas resultaram em ações judiciais que paralisaram muitas concorrências. O então Ministério das Comunicações adotou uma fórmula mista de proposta técnica e de preços para decidir os vencedores. Como os projetos técnicos eram padronizados, vencia quem prometia pagar mais ao governo. Esse sistema despertou a gana de especuladores em todo o país. As grandes redes de TV concorreram na licitação do canal de Palmas, mas um investidor botou o preço nas alturas, certo de que conseguiria revender com lucro mais adiante. E foi o que aconteceu.

Em março de 2011, fiz uma reportagem na *Folha de S.Paulo* sobre as 91 empresas que obtiveram o maior número de concessões de rádio e TV entre 1978 e 2010. Dentre elas, 44 não existiam nos endereços informados e tinham sido registradas em nome de laranjas. Entre os "proprietários", havia funcionários públicos, donas de casa, cabeleireira, enfermeiro e humildes fiéis de igrejas evangélicas de diferentes denominações, que emprestaram seus nomes em favor da causa religiosa. Em treze anos, o governo federal pôs à venda 1872 concessões de rádio e 109 de TV. Parte delas foi anulada por iniciativa do próprio Executivo. Em 2011, foram canceladas 111 licitações. Os motivos alegados foram insegurança jurídica e desinteresse do vencedor.

## OS SIQUEIRA CAMPOS

A retransmissão da Record e da Bandeirantes esteve por muitos anos nas mãos da família do ex-governador José Wilson Siqueira Campos (PSDB). Principal cacique político do estado, ele liderou a campanha pela criação do Tocantins. Não por acaso, foi o primeiro a governá-lo, elegendo-se para mais três mandatos. Seu filho Eduardo Siqueira Campos foi senador, prefeito de Palmas, deputado federal pelo PTB e deputado estadual pelo Democratas.

Durante a campanha eleitoral de 2006, o filho mais velho e homônimo do ex-governador acusou o pai de possuir emissoras de televisão em nome de "laranjas" e citou as TVs Rio Bonito e Jovem Palmas. As acusações, feitas em depoimento à Polícia Federal, tiveram grande repercussão na mídia porque ele falava com conhecimento de causa: além de filho, era quem administrava os bens do pai.

A repórter Maria Lima escreveu sobre o caso no jornal *O Globo*: "Com a autoridade de quem esteve durante três décadas na linha de frente dos negócios que resultaram num império econômico calculado em mais de 50 milhões de reais, o primeiro passo do primogênito dissidente dos Siqueira é mostrar que a declaração de bens apresentada pelo pai ao Tribunal Regional Eleitoral (TRE), com patrimônio de apenas 431 mil reais, é uma peça de ficção", escreveu ela. Além das TVs, o filho citou rádios e jornais entre os bens que o pai teria em nome de laranjas. A reportagem reproduziu um trecho do depoimento dele à Polícia Federal: "Quando eu vendi um carro para ajudar a comprar equipamento para a primeira TV, eu perguntei: 'Pai, por que tem que colocar no nome do filho do motorista?'. Ele dizia que não podia colocar no seu nome porque era político".[*] Um dos laranjas apontados era Geraldo Mota, ex-assessor de Siqueira Campos no governo, em cujo nome foi registrada a empresa Sistema de Comunicação Rio Bonito.

A Rio Bonito recebeu cinco outorgas de retransmissão de TV: Araguaína (canal 2), Gurupi (canal 6), Palmas (canal 2), Paraíso do Tocantins (canal 6) e Porto Nacional (canal 12). Esses canais retransmitiram a Record por vários anos. Em 2017, estavam arrendados à Rede Mundial da Igreja Mundial do Poder de Deus, mas Geraldo Mota continuou como cotista majoritário no sistema de dados da Receita Federal.

---

[*] Maria Lima, "Filho acusa Siqueira Campos de crimes em Tocantins", *O Globo*, 6 set. 2006. Disponível em: <https://oglobo.globo.com/brasil/eleicoes-2006/filho-acusa-siqueira-campos-de-crimes-em-tocantins-5007212>. Acesso em: 20 jun. 2017.

A segunda emissora citada pelo primogênito como sendo do ex-governador foi a TV Jovem Palmas, nome fantasia do Sistema de Comunicação do Tocantins. A empresa teve pleitos atendidos nos governos Collor, Itamar Franco e Fernando Henrique Cardoso. Recebeu onze licenças de retransmissão no estado entre 1991 e 1996. Entre elas, estão as de Palmas (canal 7), Araguaína (canal 6) e Gurupi (canal 3).

O filho expôs o pai motivado por disputa familiar por bens. Mas, apesar da gravidade das acusações, o caso não foi adiante e caiu no esquecimento. Quando a bomba estourou, Eduardo Siqueira Campos, filho e herdeiro político do ex-governador, estava no final do mandato de senador. Assim que o mandato terminou, ele oficializou a compra do Sistema de Comunicação Tocantins, o que reforçou as suspeitas de que a empresa era de fato da família.

Entrevistei-o por telefone em 2015, quando era deputado estadual, pelo Democratas. Conversamos por cerca de quarenta minutos. Perguntei-lhe quais eram seus vínculos com as duas TVs citadas pelo irmão, e ele me deu uma resposta dúbia sobre sua relação com o Sistema Rio Bonito. Eduardo disse que não era sócio da empresa, mas ajudava na administração. Quando a TV Rio Bonito se afiliou à TV Mundial, da Igreja Mundial do Poder de Deus, coube a ele negociar as condições com os representantes do apóstolo Valdemiro Santiago. Eis como definiu sua relação com o ex-assessor do pai: "Conheço o Geraldo Mota desde criança. Temos a mesma idade. Em nenhum momento de meu pai no governo a empresa dele prosperou. Pelo contrário. Sempre teve passivos [dívidas] complicados".

Em relação à TV Jovem Palmas, nome fantasia do Sistema de Comunicação do Tocantins, disse que a comprou em 2007, quando seu mandato de senador chegou ao fim, e que a transação foi feita com anuência do governo. As cotas foram registradas no nome dele e no da filha. Sem laranjas. "Comprei a empresa com um passivo enorme. Não foi presente de ninguém e quitei as dívidas sem mídia pública. O governo do estado concentrava toda a publicidade na Globo", declarou, referindo-se à primeira gestão do peemedebista Marcelo Miranda, que sucedeu a Siqueira Campos em 2003.

A TV Jovem Palmas era afiliada à Rede Bandeirantes. Eduardo Siqueira Campos trocou pela bandeira da Record. Segundo ele, ela faturava apenas 20 mil reais por mês quando ele assumiu a administração e estava mergulhada em dívidas. Disse que vendeu a empresa em 2010, quando o pai concorreu pela quarta vez a governador. Os compradores foram os empresários Luciano e Rodrigo Rosa, donos de uma revendedora de veículos em Palmas. O ex-senador entregou uma empresa contaminada por acordos e alianças políticos, e não tinha o comando sobre as filiais de Araguaína e Gurupi, que continuaram retransmitindo a Bandeirantes até 2015, com a marca TV Girassol.


SAI O POLÍTICO, ASSUME O EMPRESÁRIO

Para entender a rotina de uma retransmissora de médio porte na Amazônia Legal, entrevistei o diretor de Operações da TV Jovem Palmas, Vanderlei Barreto. A entrevista com a afiliada Record foi feita em junho de 2015, na sede da empresa. Ela tinha acabado de recuperar o poder de mando sobre a retransmissora de Gurupi, mas a de Araguaína permanecia fora de seu controle e continuava vinculada à Bandeirantes. O desenlace, no entanto, estava prestes a ser concretizado.

A emissora contava, então, com apenas um programa de produção própria: o telejornal *Balanço Geral*, com uma hora e meia de duração, e outros dois programas locais, de produção terceirizada: o *Sem Disfarce*, apresentado pela jornalista Graziela Guardiola, e o humorístico *Plágio*, do comediante e jornalista Júnior Foppa.

A empresa possuía 35 funcionários, dos quais seis eram jornalistas, e estava preocupada com rentabilidade, e não com a cobertura de seu sinal no estado. Embora tivesse licenças de retransmissão em onze cidades, o foco estava voltado unicamente para Palmas, Araguaína e Gurupi. Os demais canais estavam desativados, à espera de uma conjuntura econômica mais favorável. A empresa também não se interessava em delegar a gestão dos canais inativos a terceiros. "O arrendamento prejudica a concorrência porque o arrendatário não tem obrigação contratual de seguir a tabela de preço dos comerciais e acaba praticando preços abaixo do valor de mercado", afirmou o diretor.

Quis saber o que tinha mudado na gestão da empresa, quando deixou de ser comandada por um político. A resposta de Vanderlei Barreto não me surpreendeu: "O foco comercial mudou completamente. Quando o gestor era político, não estávamos voltados para o resultado financeiro, mas para o conteúdo jornalístico. Sob a gestão empresarial, o foco está no que o produto pode trazer de vendas. O *Balanço Geral* é um ótimo produto comercial. Se um programa não atinge a meta financeira, a gente o reavalia. Antes, mesmo que o produto fosse inviável financeiramente, poderia ser mantido por interesse do acionista".

# O uivo do guará

É meio-dia na escaldante Guaraí, uma pequena cidade do norte do Tocantins cortada pela rodovia que liga Palmas a Belém do Pará. O jovem professor de direito Nivaldo Júnior ignora o calor e sobe apressado os dois lances da escada que dá acesso ao estúdio da TV Guará. Com um salto na direção da câmera, começa mais uma edição do *Tribuna do Povo*, uma mistura de jornalismo e entretenimento que vai ao ar no horário nobre das emissoras do interior: o do almoço.

De terno cinza-escuro e gravata, Nivaldo tenta prender a atenção do telespectador com reportagens sobre crimes, editoriais e tiradas de humor. Ao chamar para o intervalo comercial, diz que vai "tomar uma aguinha para dar um susto no fígado". O estúdio não possui isolamento acústico, mas isso não parece abalar o apresentador, que apela aos telespectadores: "Abrace a TV Guará. Abrace o Nivaldo Júnior. A cada dia que passa, eu me empolgo mais".

O símbolo da emissora é o lobo-guará, nativo do cerrado, conhecido por ser um animal curioso. Portanto, bem apropriado para simbolizar a pequena televisão.

Quando estive em Guaraí, em 2015, o jornal era patrocinado pela Cordial Cosméticos, uma fabricante de Aparecida de Goiânia (Goiás). Os produtos ficavam expostos sobre uma mesa no estúdio, ao alcance da câmera. Para demonstrar que o sabonete líquido era perfumado, o apresentador abriu a camisa e esfregou o produto no corpo. Aproximou-se da câmera e sussurrou: "Vem ni mim, meu povo, que eu tô cheiroso!". Os comerciais exibidos eram produzidos pelos funcionários da própria emissora.

Não há notícias relevantes todos os dias na pequena Guaraí, e Nivaldo Júnior tem de ser criativo para conquistar a audiência. Para envolver o público, copiou fórmulas que deram certo nas grandes emissoras, adaptadas, naturalmente, ao tamanho do bolso dos anunciantes locais. Assim, no final de 2016, a TV entrou na onda do reality show. Reuniu um grupo de mulheres acima do peso dispostas a encarar o desafio do emagrecimento, mas elas não ficavam confinadas em um espaço coletivo. Cada uma buscava alcançar seu objetivo em sua própria casa e às sextas-feiras iam ao estúdio para serem pesadas e entrevistadas por Nivaldo no *Tribuna do Povo*.

O desafio "Emagreça Já" foi patrocinado pela Drogaria Santiago, que forneceu os kits de produtos de emagrecimento além de prêmios em dinheiro para as três primeiras colocadas: trezentos reais para a vencedora, duzentos para a segunda colocada e cem para a terceira. A disputa prendeu a atenção do público por vários meses. Nivaldo mantinha o ânimo do grupo em alta, como mostra o diálogo com uma das participantes no final de janeiro de 2017:

— Ela vem pra ganhar, pra chegar lá! Continua com a mesma empolgação?

— Fé em Deus. Vou fazer o meu melhor. Não prometo muita coisa, mas devagarzinho a gente chega lá.

— Você disse que ia dar uma intensificada nas atividades físicas.

— Nessa questão de exercício físico eu sou um pouquinho lerda. Eu faço em casa porque eu gosto de ficar dentro de casa. Eu gosto muito de ficar dentro daquela casinha...

Outra fórmula adaptada por Nivaldo Júnior foi o quadro "Achados e Perdidos", em que ele chega de surpresa em uma casa — em geral, nos bairros de periferia — levando brindes e uma caixinha com nomes de itens básicos de uso doméstico. Se a moradora tiver os itens da lista em casa, ganha os brindes. Os presentes são tão simples que o próprio apresentador se qualificou de "Gugu dos pobres". Em uma visita em fevereiro de 2017, os brindes foram uma caixa de doce de buriti e uma garrafa de mel, segundo ele, boa para limpar a caixa de catarro, oferecidas pela barraca do feirante Zé Maria.

E há o "Ronda do Povo", quando Nivaldo Júnior percorre partes da cidade ouvindo queixas da população sobre focos de mosquitos da dengue, buracos na rua, falta de iluminação pública e outros. Depois de entrevistar os moradores, ele leva a autoridade municipal responsável pelo serviço ao local para constatar o problema e informar sobre as providências que serão tomadas. Em janeiro de 2017, a TV produziu uma série de reportagens sobre o recolhimento e tratamento do lixo. Um dos objetivos era a valorização do trabalho de gari. Nivaldo embarcou no caminhão de recolhimento de lixo, uniformizado de gari, e mostrou o descuido da população com o acondicionamento do lixo e a discriminação sofrida pelos profissionais.

A TV Guará funciona no canal 5, que foi outorgado à prefeitura de Guaraí pelo então Ministério das Comunicações em 1986. A prefeitura não implantou a retransmissora, e 28 anos depois, em 2014, transferiu o direito de uso do canal ao empresário Expedito Nogueira, que acabara de inaugurar uma retransmissora em Porto Nacional, cidade vizinha a Palmas.

Nogueira permaneceu pouco tempo com a TV Guará. No início de 2015, transferiu o contrato de direito de uso do canal ao contador e corretor de imóveis Nivaldo Carvalho, pai de Nivaldo Júnior. Quando lhe perguntei por que investiu seu dinheiro na televisão, o contador respondeu, sem hesitar: "Porque sou louco. E porque sou um homem de desafios".

O ex-prefeito Júlio Pereira Sobrinho apoiou a assinatura do contrato de cessão de direito de uso do canal por seu antecessor. "A prefeitura não tem recursos financeiros para tocar um canal de TV, e eu considero a televisão relevante para o município. Se o governo quer incentivar a cultura local, deve criar mecanismos para isso. Não basta disponibilizar um canal de TV", afirmou. A TV retransmite a *Record News* e entrou no ar pela primeira vez ainda com Expedito Nogueira, em julho de 2014. Houve festa na principal praça da cidade. O então secretário de Educação, Gersival Lopes, deu o primeiro "boa noite" com transmissão ao vivo pela emissora.

Situada a 178 quilômetros de Palmas, Guaraí nasceu com a construção da rodovia Belém-Brasília (BR-153), que corta a cidade. Em 2015, possuía poucos meios de comunicação: duas rádios FM (uma comunitária e outra comercial), a TV Guará e um blog de notícias.

DISTRIBUIÇÃO DE ANTENAS

O maior adversário das pequenas televisões da Amazônia Legal é a antena parabólica, que permite às famílias captar a programação das grandes redes de televisão, produzida em São Paulo e no Rio de Janeiro, diretamente do satélite. A programação local das retransmissoras não está no satélite e só é captada pelas tradicionais antenas espinha de peixe. É uma concorrência dura de enfrentar. Segundo dados dos próprios radiodifusores, existiam cerca de 22 milhões de parabólicas espalhadas pelo país em 2016. Na cidade de Guaraí, 70% das casas tinham antenas parabólicas quando a pequena emissora local entrou no ar. Para enfrentar o problema, o pragmático contador Nivaldo Carvalho comprou antenas comuns e as distribuiu gratuitamente entre os moradores.

A televisão funciona no prédio do escritório de contabilidade e da imobiliária da família, que bancam a maior parte dos custos da emissora. A TV, por sua vez, anuncia os serviços das empresas. A simbiose foi planejada pelo contador para viabilizar o sonho do filho.

Nivaldo Carvalho é maranhense, da cidade de Alto Parnaíba, e chegou a Guaraí nos anos 1990, enviado pela empresa em que trabalhava. Acabou ficando por lá. É um homem de discurso direto, como se pode ver pelo diálogo que tivemos, durante minha visita à emissora:

— O senhor acha mesmo que comprar uma TV no interior do Tocantins foi um ato de loucura?

— Sou um homem de desafios. Vejo que televisão não é um negócio para dar dinheiro. Minhas outras empresas ajudam a sustentar a televisão. O poder de retorno de uma empresa com um raio de atuação tão pequeno é incerto. Vai chegar um ponto em que ela vai parar de crescer. Mas não entrei nesse negócio pensando em ganhar dinheiro. Entrei por paixão.

— O senhor cogita entrar na política?

— Absolutamente não. Se eu pudesse, nem votaria.

— O senhor parece ser um homem que mede seus riscos.

— Empresa é como cirurgia. Todas têm risco. Mas penso que avaliei bem o negócio. Uma TV com um mercado limitado, no interior, não tem espaço para voar. Não tem céu de brigadeiro pela frente. Se eu conseguir que dez por cento das empresas da cidade anunciem na TV, estarei satisfeito. Tenho a vantagem de mostrar as coisas da nossa região. Acho que o telespectador vai preferir ver o que está acontecendo em seu estado, em sua cidade, do que acompanhar as notícias de São Paulo.

# O bicho pega em Araguaína

Araguaína é a cidade amazônica mais vigiada pela imprensa. Nada passa despercebido aos olhos e ouvidos dos seus jornalistas, a maioria formada apenas no exercício prático da profissão. No horário do almoço, quando degustam o tradicional chambari cozido de canela de boi, típico do Tocantins, os moradores podem escolher entre sete opções de telejornais locais.

Quando a Constituição de 1988 aprovou o desmembramento de Goiás e a consequente criação do Tocantins, Araguaína já era um polo de prestação de serviços não só para o norte do estado, mas também para o sul do Pará e do Maranhão. É uma cidade universitária que atrai muitos jovens. Possui 100 mil habitantes a menos do que Palmas (180 mil para 280 mil), mas é mais dinâmica do que a capital. "Palmas é burocrática. O bicho pega mesmo é em Araguaína", definiu o jornalista Jaime Júnior, apresentador do *Aqui Agora Tocantins*, telejornal vespertino da TV Tocantins, afiliada SBT.

Localizada a cem quilômetros da divisa com o Pará, a cidade é uma vitrine, onde a vida de seus habitantes está constantemente exposta. Tudo o que acontece lá importante ou desimportante é matéria-prima para saciar a fome de notícias dos telejornais. Com frequência, os próprios jornalistas são personagens, como ocorreu em dezembro de 2015 com o repórter Lucas Ferreira, da TV Anhanguera (afiliada Globo).

Ele relatava as dificuldades de atendimento enfrentadas pelos moradores no Hospital Regional, em razão da greve dos servidores, quando um funcionário administrativo o tirou de lá e tomou-lhe o microfone e o celular com que filmara os pacientes. Momentos depois, o funcionário agrediu o cinegrafista e quebrou a câmera da emissora de TV. Então, aconteceu o inusitado: Lucas Ferreira deu ordem de prisão ao agressor, usando uma prerrogativa prevista no artigo 301 do Código Penal, segundo a qual o cidadão comum pode ordenar a prisão de um criminoso em flagrante. O crime, no caso, foi a destruição de um patrimônio privado, a câmera.

O repórter olhou firme para o agressor e disse: "Você está preso!". O homem pareceu não entender o que se passava, e Lucas repetiu a ordem de prisão. Os dois foram para a delegacia, acompanhados por grevistas que estavam do lado de fora do hospital e que serviram de testemunhas da acusação. O episódio teve cobertura da imprensa local.

A agressão a jornalistas, infelizmente, tornou-se rotina no Brasil. Segundo levantamento da Fenaj, o número de casos passou de 137 em 2015 para 161 em 2016, sendo maior a incidência entre os profissionais de TV.[*] Diante da banalização dos ataques à imprensa, a reação de Lucas chamou minha atenção. Nos quase quarenta anos em que atuei como repórter, nunca soube de iniciativa semelhante.

---

[*] Disponível em: <http://fenaj.org.br/wp-content/uploads/2016/06/relatorio_fenaj_2016.pdf>. Acesso em: 21 jun. 2017.

Liguei para a redação da TV Anhanguera para entrevistá-lo. Queria saber em que se inspirara para tomar a iniciativa. Se era uma orientação da empresa ou se tinha se baseado em algum precedente. Ele me disse que agiu por iniciativa própria e que foi apoiado pelo empregador. "Sempre busquei conhecer meus direitos e a voz de prisão é um direito do cidadão", acrescentou. O processo contra o agressor foi arquivado pela Justiça em janeiro de 2017 (o juiz entendeu que não houve crime), mas a emissora recorreu da sentença e a discussão prosseguia na segunda instância.

Os apresentadores se expõem diante das câmeras, da mesma forma que expõem seus entrevistados. Mas poucos foram tão longe quanto Sirlene Borges, jornalista e proprietária de dois canais de retransmissão de TV em Araguaína: o canal 20, afiliado à RedeTV!, e o canal 26, que repete o sinal da TV Meio Norte. Além das emissoras, ela possui uma clínica médica na cidade.

Sirlene apresentava o programa *A Voz do Povo*, no canal 20, quando soube que teria de se submeter a uma cirurgia cardíaca. Ocorreu-lhe, então, tatuar uma borboleta no seio esquerdo para marcar a fase decisiva da vida em que se encontrava. Poderia ter sido um momento íntimo e pessoal, mas ela decidiu transmitir a sessão de tatuagem ao vivo, em seu programa. À medida que o tatuador fazia seu trabalho, Sirlene narrava o que sentia. Foi uma exposição "sem glamour", como ela própria relembrou em nossa conversa, por telefone. Poderia ter coberto o corpo, mas deixou a barriga proeminente e o sutiã vermelho à mostra. Isso aconteceu em dezembro de 2014 e ela tinha 49 anos. "Eu nem gostava de tatuagem, mas decidi fazer como forma de dizer às mulheres que acompanham meu programa: mulherada, sacuda a poeira e dê a volta por cima! O povo acompanha minha vida do jeito que ela é."

Sirlene disse que o momento mais impactante de sua vida profissional aconteceu em 1998, quando ouviu a confissão de um homem que matou o compadre e cortou o corpo dele em pedaços. Ela foi a primeira pessoa a ouvir o preso. Ele relatou o crime em detalhes e contou onde estava o corpo mutilado. "Existe uma hora em que o cara quer contar a história dele, por mais tenebrosa que seja", concluiu.

O jornalista Jaime Júnior, apresentador do *Aqui Agora*, no canal 7 (SBT), chegou à idade de Cristo (33 anos) com dezessete anos de atuação profissional. Como muitos comunicadores da Amazônia, ele entrou para o jornalismo na adolescência. Aos dezesseis anos, foi admitido como repórter da TV Girassol. Fez faculdade de jornalismo e pós-graduação em Palmas. Foi repórter e apresentador do telejornal *Anhanguera Segunda Edição*, na afiliada Globo. Atuou em todas as redes de televisão do Tocantins e no SBT, na Record e na Anhanguera de Goiás.

Por ter começado muito jovem, também se desencantou cedo com o jornalismo. Ele cursava o oitavo período do curso de engenharia civil preparando-se para mudar de profissão quando conversamos por telefone, em março de 2017. "O que provocou seu desencanto com o jornalismo?", perguntei. Ele me apontou dois motivos: a concorrência predatória que desvalorizou os anúncios comerciais — "tem gente que permuta anúncio por espetinho de carne", brincou — e a vinculação dos telejornais a interesses políticos. "Como não tenho vinculação política, as dificuldades para bancar os custos são grandes", afirmou.

Seu programa é uma produção independente. Ele compra espaço na emissora (25 minutos), tem sua própria equipe e é responsável pelo conteúdo que divulga. "O lado positivo é a proximidade que temos com a população. Há uma interatividade de fato entre a emissora e os moradores. A existência de muitos canais de TV desmistifica e banaliza a figura do apresentador. As emissoras das grandes cidades selecionam os personagens que devem ser entrevistados. Aqui todos falam, e muito. Se há um acidente ou alguém leva um tiro, avisam primeiro a televisão e só depois chamam a polícia ou a ambulância. São tantos os programas de televisão, que Araguaína nem precisaria de câmeras nas ruas."

Araguaína virou município em 1958, portanto trinta anos antes da criação do estado do Tocantins. Mas a região começou a ser ocupada em 1876 por migrantes que se estabeleceram na margem do rio Lontra e fundaram o povoado Livra-nos Deus, supostamente por causa do medo de ataques dos índios Karajá e de animais selvagens.

Antes de Palmas existir, Araguaína já contava com duas geradoras de televisão: a TV Anhanguera, canal 11, afiliada Globo, pertencente ao tradicional grupo de comunicação Jaime Câmara, de Goiás; e a TV Tocantins, canal 7, afiliada ao SBT, pertencente aos herdeiros do ex-senador Benedito Boa Sorte, do PFL. A primeira foi autorizada pelo então presidente João Batista Figueiredo, em 1982, e a segunda por José Sarney, em 1985. Além das duas geradoras, Araguaína possuía, em março de 2017, doze retransmissoras autorizadas pela Anatel, das quais dez estavam no ar, sendo que metade delas produzia conteúdo local.

O período do almoço, como já foi dito, corresponde ao horário nobre da audiência. Embora, por ser uma geradora, a TV Anhanguera possa reproduzir 24 horas diárias de conteúdo local, ela dispõe na prática de apenas 32 minutos ao longo do dia para exibir conteúdo local nos telejornais, pois precisa retransmitir também as notícias da capital do estado. Enquanto isso, os telejornais das outras emissoras da cidade se estendem por até duas horas. Isso explica por que a Globo perde audiência em parte do horário de programação local.

A afiliada Record Sistema de Comunicação Tocantins, canal 6, exibe o *Balanço Geral*, com uma hora e 45 minutos de duração.

A TV Líder, canal 20, afiliada RedeTV!, tem o *Fala Comunidade*, com duas horas de duração. O SBT disputa a audiência com *O Povo na TV*; a Via Brasil, afiliada Bandeirantes, exibe o *Jornal 54*, apresentado pelo proprietário da retransmissora, Flávio Leal. A rede educativa do estado, canal 13, concorre no horário com o programa *Agora*. Por fim, a TV Alvorada, canal 9, afiliada à Rede Gazeta, apresenta o *Lucas Lima na TV*.

A maioria desses jornais é produzida por empresas terceirizadas, que compram horário nas emissoras e se sustentam com a venda de anúncios publicitários e de convênios com prefeituras e com o governo do estado. A terceirização do jornalismo produz uma situação inusitada: o proprietário da emissora não responde pela veracidade das notícias que veicula. Esse modelo é seguido, inclusive, pela TV Educativa, a RedeSat, que aluga horário para dois programas no estilo popular/ policial: o *Agora*, apresentado por Tomaz Xavier, e o *Rota*, com apresentação de Magna Cavalcante. Os programas são recheados de anúncios do comércio local, o que também é questionável em se tratando de uma emissora educativa e estatal.

O cardápio de programas oferecido no horário do almoço é variado, mas o tempero é o mesmo: notícias policiais, queixas dos moradores sobre a inexistência ou a má qualidade dos serviços públicos, campanhas de ajuda aos mais necessitados, entrevistas para promover políticos e histórias de conflitos e dramas cotidianos. Os apresentadores, com poucas exceções, têm vínculos políticos. O filho de Vanderlan Gomes, Terciliano Gomes, do Solidariedade, foi o vereador mais votado em 2016. O vereador Divino Bethânia (do Pros, Partido Republicado da Ordem Social) é quem apresenta o *Fala Comunidade*, na RedeTV!. O apresentador Tomaz Xavier, do telejornal *Agora*, no canal educativo, concorreu sem sucesso a vereador, em 2016.

Na campanha eleitoral para governador de 2010, Vanderlan Gomes, que apresentava o *Primeira Mão* na TV Girassol, foi o epicentro de uma ação que quase levou à cassação do governador eleito José Wilson Siqueira Campos. Principal figura política do estado, ele acumulou quatro mandatos como governador, e seu filho, Eduardo Siqueira Campos que foi prefeito de Palmas, deputado federal e senador, era proprietário da TV Girassol, que na ocasião retransmitia a Bandeirantes em Araguaína. A eleição foi polarizada entre Siqueira Campos (PSDB) e o então governador Carlos Gaguim (PMDB), que tentava a reeleição.

Gaguim entrou com um processo na Justiça Eleitoral pedindo a cassação do governador e do vice-governador eleitos, e sua principal alegação foi a de que o programa *Primeira Mão* teria feito propaganda indevida para Siqueira Campos e influenciado o voto de 250 mil eleitores. O que Vanderlan fez para provocar a reação de Gaguim? Segundo o advogado da chapa derrotada Solano Carnot Damacena, além de fazer propaganda explícita de Siqueira Campos e de abrir espaços no programa para aliados, atacou Gaguim com uma avalanche de reportagens sobre falhas de gestão e promessas de governo não cumpridas. Os fatos eram reais, mas teriam sido superexpostos e turbinados com declarações de populares. Eis um trecho da argumentação do advogado, colhida dos autos do processo: "Em diversos programas, os eleitores e os cidadãos eram instigados pelos repórteres a falar mal do governo e a falar bem do Siqueira. 'Vamos dar um chute na bunda desse povo, vamos tirar esse povo de lá que ele só pisa no povo.' Eles falavam isso no programa".

O processo se arrastou por três anos, e o veredito do Tribunal Regional Eleitoral foi de que Vanderlan trouxera à tona problemas vividos pela sociedade, e que não foram inventados por ele. "Não há como separar jornalismo-denúncia de enredo político", opinou o relator do processo, desembargador José Ribamar Mendes Júnior. O Tribunal decidiu em favor de Siqueira Campos.

## DA GUERRILHA DO ARAGUAIA À TV

Vanderlan Gomes é o apresentador de TV mais longevo do Tocantins. Começou a carreira em comunicação aos trinta anos, depois de uma passagem curta e agitada pela Polícia Militar. Participou, como primeiro-tenente, da repressão a um dos focos da Guerrilha do Araguaia, no município de Xambioá, a cerca de cem quilômetros de Araguaína. Estudou contabilidade e chegou a cursar dois anos na faculdade de direito, mas, segundo afirmou, sua paixão sempre foi a televisão. Conseguiu seu primeiro emprego na retransmissora da TV educativa do estado.

Ainda era um jovem profissional quando foi contratado, em julho de 1985, como locutor esportivo na TV Tocantins, em Marabá, e presenciou o assassinato do investigador de polícia Robson José Abade no estúdio da emissora. Ele estava sendo entrevistado por Vanderlan e criticava o então vereador João Chamon Neto quando Salvador Chamon Sobrinho, delegado de polícia do garimpo de Serra Pelada e irmão do vereador, invadiu o estúdio acompanhado de um pistoleiro. A câmera estava ligada e registrou tudo. "O clima estava muito tenso. Chamon apontava para o entrevistado, enquanto o pistoleiro encostou o revólver em minhas costas. Diziam que iriam matar nós dois. De repente, Chamon atirou no entrevistado. Os dois, então, o arrastaram para fora e o executaram no corredor. Me tranquei no estúdio e alguns minutos depois entrei no ar e relatei o acontecido. Sou a única testemunha do crime", contou Vanderlan.

Ouvi a história com extremo interesse porque tinham me falado daquele assassinato na minha passagem por Parauapebas e Marabá. A família Chamon tornou-se umas das lideranças políticas do sudeste do Pará. João Chamon Neto foi eleito deputado estadual, pelo PMDB, em 2014, e seu filho, Wenderson Chamon, elegeu-se duas vezes prefeito de Curionópolis (também pelo PMDB) e implantou uma rede regional de comunicação e rádios, televisões e jornal impresso com cobertura em Marabá, Parauapebas e Canaã dos Carajás. Daí meu interesse pelo crime.

Chamon Sobrinho alegou legítima defesa da honra e foi condenado a apenas dois anos de prisão. Como era réu primário, ficou preso apenas por alguns dias, durante o inquérito, relatou-me o advogado Américo Leal, que o defendeu no processo. Anos depois, o assassino também fez carreira política e elegeu-se prefeito de Ipixuna do Pará, pelo PT, em 2012.

Por quase vinte anos, Vanderlan produziu e apresentou um telejornal no mesmo molde do *Balanço Geral*, o *Primeira Mão*, exibido no canal 6 pela Bandeirantes. Em 2015, o canal mudou de donos e passou a retransmitir a Record. Para ele, não houve alteração. Continuou a alugar espaço na emissora e a produzir seu noticiário, como sempre fez. Ele atribui sua longevidade na TV ao "linguajar do povão" que usa diante das câmeras e à estrutura que montou para noticiar os casos com agilidade. Sua equipe contava com cinco repórteres, três cinegrafistas e três editores em 2017. Os funcionários se revezam para que haja sempre alguém de plantão à noite e nos fins de semana. Segundo ele, quando acontece um crime, sua equipe chega ao local antes da polícia e em dez minutos está pronta para divulgar a notícia pela TV ou pela internet.

O segundo caso que Vardelan considerou marcante em sua trajetória aconteceu em Araguaína, em novembro de 2009. Um homem, que suspeitava estar sendo traído pela mulher, estuprou a enteada de dezenove anos, amarrou-a ao colchão e ateou fogo, queimando-a viva. Quando Vanderlan chegou à emissora para preparar a edição do jornal, o assassino o aguardava. Temendo ser linchado, pediu ao apresentador que o acompanhasse à delegacia. Mas, antes, Vanderlan o entrevistou e transmitiu a confissão do crime ao vivo.

## O CORAÇÃO DE CADA UM

O tempo é a mercadoria mais barata das pequenas emissoras de TV da Amazônia. A disponibilidade de espaço na grade de programação leva os repórteres a explorarem ao máximo os assuntos, para que nenhum detalhe seja perdido. Se o entrevistado abre o flanco, o resultado se torna imprevisível.

Em novembro de 2010, o repórter Raniere Rodrigues, da equipe de Vanderlan, entrevistou um morador da periferia de Araguaína, Francisco das Chagas Barbosa, que havia agredido a mulher a tapas, por ciúmes. Ele aparentava ter pouco mais de trinta anos, e foi contido por um primo da mulher, que o golpeou com uma cadeira. Com o rosto ensanguentado, derramou sua raiva, mágoa e paixão pela mulher. O vídeo da entrevista teve mais de 800 mil visualizações no YouTube. A reportagem explorou a fragilidade e as contradições do homem, com recursos de edição de acentuado cunho machista.

— Por que o senhor espancou sua mulher?

— Eu não ia espancar ela.

— O senhor bateu ou não bateu?

— Eu bati, não nego. Porque eu estou negando aqui na terra, mas pra Deus eu não estou. Eu nunca tinha batido nela. Tem treze anos que a gente mora [juntos], e ela não tem nenhum arranhão no corpo feito por mim. Ela tem do ex-marido. Eu dei meu nome. Hoje ela é casada no civil através de mim.

— Eu quero saber: por que você bateu nela?

— Eu bati porque ela fez por onde.

— O quê, por onde?

(Começa uma música romântica ao fundo.)

— Ela escreveu uma carta. Tem uns dois meses que eu carrego comigo.

— O que ela escreveu na carta?

(Uma nova música de fundo: "Estou escrevendo essa carta meio aos prantos/ ando meio pelos cantos/ pois não encontrei coragem/ de encarar o teu olhar".)

— Fala muitas coisas.

— Que coisas?

— Isso não vou declarar.

— Diz só uma parte...

(O entrevistado conta que perguntou à mulher se não seria melhor que ele fosse para a casa dos pais.)

— Ela me disse: "Fique em casa". Cada qual tem um coração. Eu não suporto. Quando uma pessoa tem um coração, cada um suporta. Você tem seu coração, eu tenho o meu.

— Mas o que diz na carta, Francisco?

— Eu não sei declarar tudo.

— Amor?

— É uma declaração de amor.

(A edição coloca um mugido de boi ao fundo, numa alusão a chifres.)

— Pra quem?

— Pra outra pessoa.

— Quem é essa outra pessoa?

— Eu não vou declarar o nome, porque eu não quero julgar ninguém.

— Você imagina que sua esposa pode estar te traindo?

— Pra mim, era.

— Aí, você bateu nela?

— Eu não bati com intenção nisso.

(Mais mugidos de boi ao fundo.)

— Qual era a intenção?

— A intenção que eu bati nela foi por causa que eu não... Eu pago o que eu fiz.

— Você bateu de quê?

— Bati de tapa.

— Tapa onde?

— Na orelha dela. Eu ia dar de novo e ela correu.

— É verdade que antes você secou dois litros de [conhaque] São João da Barra?

— Não. Eu bebi um litro em casa. [...] Tenho três CDs gravados.

— Então canta aí uma música pra sua esposa.

Ele canta, com certa afinação, uma música sertaneja que espelha a situação em que ele próprio se encontrava:

*Amigo tenha um pouco de paciência.*
*Não é assim que você pensa*
*Da mulher que você tem*
*Amigo, ela é sua mulher*
*Faz tudo o que você quer*
*É quem lhe deseja bem*
*Amigo, eu vou lhe dar um conselho*
*Eu não sei se eu estou certo*
*Ou se estou erraaaado,*
*Escute bem o que eu vou dizer,*

*Pense bem pra não se arrepender,*
*Quando estiver no seu cantinho abandonado*

Quando ele terminou de cantar, a TV mostrou uma imagem antiga, em preto e branco, de um auditório repleto de senhoras batendo palmas.

## O TRABALHADOR ESCRAVO

Em 2004, afastei-me por dois meses da pauta diária da *Folha de S.Paulo* para fazer uma reportagem especial sobre o trabalho análogo ao escravo, o que me levou a uma viagem pelo sul e sudeste do Pará. Parte da rota que percorri naquela época — Xinguara, Redenção, Marabá e Curionópolis — eu revisitei em 2015, na primeira expedição para apuração das TVs da Amazônia Legal, quando tive a oportunidade de entrevistar trabalhadores que haviam sido resgatados de fazendas pela Polícia Federal e pelo Ministério do Trabalho. Eram considerados escravos por estarem presos ao empregador pela servidão por dívida e por terem perdido a liberdade de ir e vir. Ouvi relatos de pessoas que tinham fugido pela mata, sem o salário, por medo de acabarem mortas.

Em setembro de 2016, a TV Via Brasil, canal 54, afiliada Bandeirantes, entrevistou o trabalhador rural Reginaldo Ramos, de 52 anos, que fugiu de uma fazenda em Altamira, no Pará, e tentava chegar a Minas Gerais de bicicleta. Assisti à reportagem com o coração acelerado, porque me remeteu à situação que eu testemunhara havia mais de uma década. Como não somos capazes de eliminar um problema de tal gravidade?

O homem chegou exaurido a Araguaína e foi socorrido por taxistas. Um deles avisou o proprietário da emissora, Flávio Leal, que apresenta o noticiário *Jornal 54*, no horário do almoço. O apresentador mandou uma equipe para entrevistá-lo e fez uma campanha para ajudar o forasteiro a voltar para casa. Um empresário local pagou a passagem de ônibus e moradores contribuíram com dinheiro para que pudesse sustentar os quatro filhos até arrumar um novo emprego em Minas.

O trabalhador vestia uma camiseta com as cores da bandeira do Brasil e tinha uma pequena mala amarrada na garupa da bicicleta. Eis como descreveu sua saga:

— Apareceu um homem na minha cidade, em Sete Lagoas, e levou nóis para Altamira. Depois de seis meses e dezoito dias ele propôs não pagar [salário]. Como o lugar é muito perigoso e ele ameaçou, acabei saindo sem nenhum centavo e vim de bicicleta na intenção de chegar em casa. Mas, daqui até onde eu moro, faltam 1986 quilômetros. Pra mim, ir nesta bicicleta é impossível. Sou casado e tenho quatro filhos. Eu pretendia chegar em casa [interrompe o relato aos prantos]. Eu tou perdido no meio do mundo.

— Então o senhor ficou este tempo todo trabalhando sem receber? — perguntou a repórter, mas ele continuou a exposição que tinha iniciado.

— Eu preciso de ajuda para ir embora. [Estou] sem alimentação, sem lugar de dormir. É a primeira vez que saio para o mundo e espero que seja a última. Eu não tenho costume com nada do mundo. Está difícil. Não tenho dinheiro para um lanche, e não aguento mais pedalar.

— Quem quiser ajudar, procura o senhor aonde? Tem telefone, algum meio de comunicação?

— Tenho não. O único jeito é eu ficar perto dos taxistas. Não tenho pra onde ir. Fico na rodoviária. Fiz ontem 48 dias pedalando. Passei a noite sentado no banco. Não tenho conhecimento nenhum. Eu sou muito humilde. Fico com vergonha de deitar no chão e ficar malvisto. Eu tenho vergonha de tudo. Na situação que eu já tou, ficar ainda mais malvisto? Eu acho que Deus não vai deixar isto continuar. Os que quiserem me ajudar, eu agradeço de coração. Não tenho vício nenhum, a única coisa que eu quero é ir embora.

# Pará

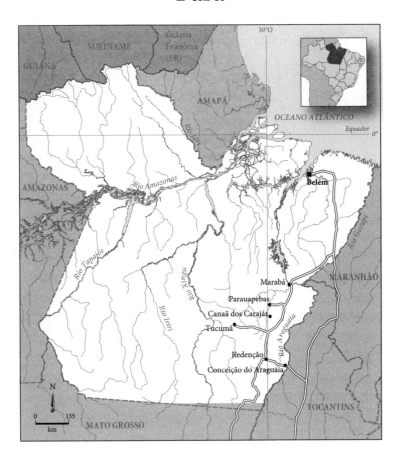

*Como eu não tinha dinheiro para montar uma estrutura,
bolei um programa que pode ser feito sem estúdio. Um dia
eu gravo na praça, outro dia eu transmito da feira.*

Nildo Monteiro, diretor e apresentador do telejornal
*Cidade em Movimento*, no canal 10, em
Conceição do Araguaia, sul do Pará

# À meia-noite levarei sua alma

Era quase meia-noite quando os dois intrépidos repórteres Edson Nascimento e Mariana Fialho cruzaram o portão do cemitério de Conceição do Araguaia, no sul do Pará, para registrar mais um flagrante do caos administrativo na cidade: a ausência de iluminação pública que transformara o cemitério em esconderijo para ladrões e drogados.

Iluminada só pelo refletor, a dupla instalou-se entre as tumbas e passou a dialogar sobre a escuridão ao redor. A reportagem, com duração de doze minutos, teve trilha sonora de suspense. A excursão foi chefiada por Edson, que, além de repórter, era apresentador da TV Rio Norte, canal 18, afiliada à Rede União.

— Está com medo? — ele pergunta à jovem Mariana.

— Não, não.

— Tem certeza?

— Absoluta. Missão dada, missão cumprida.

— Cadê o coveiro que ficou de vir?

— Ele disse que não tinha medo, mas acho que tem sim. Ele marcou e não apareceu.

— A gente é corajoso, né, Mariana?

— Com certeza.

— Você que está em casa assistindo à programação vai acompanhar tim-tim por tim-tim, com exclusividade, como está o cemitério em nossa cidade. Mariana, tu sabe o motivo de a gente estar aqui no cemitério?

— Nós viemos mostrar para o pessoal de casa que o descaso em Conceição do Araguaia não acontece só nas ruas, mas também no cemitério. Realmente é um breu terrível.

— O que é breu?

— É uma coisa bem escura.

— Eu sou breu? — pergunta o repórter, brincando com o fato de ter a pele escura.

— Não sei.

O repórter pede ao iluminador que desligue o refletor. Todos ficam no breu total por alguns segundos.

— Mariana, tá com medo?

— Não.

— Então fica aí, que estou indo embora. Brincadeira à parte, dá um medinho de vez em quando, não é? O perigo não é dos que morreram. Quem morreu, morreu. O perigo vem dos meliantes que vêm usar entorpecentes.

— Exatamente, o perigo maior é este mesmo. Os meliantes que vêm usar entorpecentes, ingerir bebida alcoólica, assustar quem vai da escola para casa. Já teve caso de estuprarem meninas que vêm da escola.

— Agora, o problema é de quem? É meu? É da Mariana? É da população que paga seu imposto ou da administração?

— A maioria dos problemas da cidade é da administração. Eu só peço uma coisa ao responsável por isso aqui: senhor responsável, os mortos também precisam de luz. Eles estão aqui descansando no breu terrível. Mande luz pro povo, mande. Mande luz pros que já morreram, mande.

266

— Vejam que estamos mesmo no cemitério. Olhe esta sepultura! Não é papo furado. Aqui ninguém tem medo de mostrar a verdade. A verdade tem de ser dita doa a quem doer. Concorda, Mariana?

— Concordo. Escreveu não leu, a matéria comeu.

A dupla caminha pelo cemitério até a capelinha sobre o túmulo de um morador chamado Manoel Martins. O repórter comenta sobre o morto:

— Capela do Manoel Martins, o Manelão, nesta noite maravilhosa abençoada por Deus. Manelão, um homem católico, carismático, que carregava o semblante da crença, da fé, e hoje, pode-se dizer, na extrema calamidade da vida, sem iluminação. É triste! Lamentável! Seus entes queridos não podem visitá-lo à noite. Quem vem num cemitério escuro como este? Ninguém! Vamos atravessar o cemitério para mostrar a realidade nua e crua, doa a quem doer. Se tivesse luz, seria melhor?

— Com certeza.

— Seria mais alegre, né? Porque muito escuro torna-se sombrio.

— Demais.

A reportagem foi exibida com sucesso no final de 2016, quando o então prefeito, Valter Peixoto (PT), estava no final de um mandato desastroso. Os buracos e a sujeira nas ruas eram pautas frequentes na TV Rio Norte. Um dos proprietários da emissora é o contador Eduardo Queiroz, que já havia concorrido, sem sucesso, a prefeito de Conceição do Araguaia e a deputado estadual no Pará pelo PR.

Mineiro de Governador Valadares, Queiroz é um dos empresários mais prósperos da cidade. Possui, além da TV, o jornal impresso semanal *Folha do Araguaia*, com tiragem de 5 mil exemplares, escritório de contabilidade com filiais no Maranhão, Pará e Distrito Federal, supermercado e empresa de fornecimento de mão de obra temporária. Segundo ele, são as outras empresas que sustentam a televisão. A receita publicitária não cobre os custos da emissora, embora ela funcione com apenas doze funcionários.

Os empresários da cidade queixam-se do esvaziamento econômico de Conceição do Araguaia nos doze anos de gestão petista, o que depreciou o preço dos anúncios publicitários. O pacote para oito inserções diárias, de trinta segundos cada, custava 2800 reais por mês, em fevereiro de 2017.

A tv Rio Norte foi afiliada à Record até 2015, quando tomou uma decisão que pareceria inusitada fora da Amazônia Legal. Trocou a Record, segunda emissora nacional em audiência, por uma bandeira pouco conhecida: a Rede União. O motivo da troca: a Record, segundo o empresário, reduziu seu espaço diário para exibição de conteúdo local para 22 minutos, ao passo que a Rede União lhe ofereceu seis horas. "Minha audiência quem faz sou eu, e o mais importante é o tempo para veicular a programação e a publicidade local. Não me interessaria ser afiliado à Globo, porque ela não me daria espaço. Sem vender publicidade, como vou bancar a despesa mensal de 30 mil reais da emissora?" O maior anunciante da tv Rio Norte é o próprio Grupo Controles. A lógica do negócio é simples: a televisão divulga as demais empresas e todas ganham.

Metade das seis horas diárias reservadas à programação local era ocupada pelo programa *Cidade Amiga*. Com uma hora e meia de duração, era exibido no horário do almoço e reprisado à noite. O noticiário tinha um trio de apresentadores: o proprietário da emissora, sua mulher, Maria Valdeíde Queiroz, e o repórter Edson Nascimento. As outras três horas eram preenchidas com filmes. O telejornal segue uma fórmula comum na região: a mistura de notícias e brincadeiras, em que os apresentadores buscam fazer o público rir das dificuldades da vida.

Edson Nascimento nasceu em Conceição do Araguaia e chegou aos 33 anos sem nunca ter saído da cidade. Criado pela avó, começou a trabalhar aos nove anos, como lavador de parafusos em uma oficina de automóveis, para ajudar no sustento da casa. Aos doze, montou uma banca de verduras e abandonou a escola. Falante e desinibido, empregou-se como locutor de carro de som. Em 2015, foi contratado como repórter pela TV Rio Norte. Quando o entrevistei, por telefone, em março de 2017, ainda se considerava aprendiz, mas já acumulava as funções de produtor, editor e apresentador.

Seu maior desafio como repórter, até aquele momento, tinha sido a cobertura da operação policial Quinta Parte, que desarticulou um esquema de propina para liberação de mercadorias sem pagamento de Imposto sobre a Circulação de Mercadorias e Serviços (ICMS) em oito cidades do sul do Pará. Fiscais e um vereador foram presos em Conceição do Araguaia. "Era um assunto econômico, difícil, e tive de estudar para entender o que acontecia", afirmou.

## O AGRICULTOR E A CAGIBRINA

O dia a dia do jornalismo em Conceição do Araguaia é feito de assuntos corriqueiros da comunidade. O município tem 5 mil quilômetros quadrados de extensão e vários assentamentos da reforma agrária. É comum os pequenos agricultores passarem meses envolvidos na labuta rural, e se excederem na bebida quando vão à cidade.

Em dezembro de 2016, o pequeno agricultor Francisco Custódio de Abreu, então com 61 anos, deixou seu lote no assentamento Maria Luíza para fazer um exame de próstata em

Conceição do Araguaia. Chegando ao hospital, foi informado de que o exame não seria feito por falta de material médico. Então, deu uma passada no boteco antes de voltar para casa. Ficou bêbado, perdeu todos os documentos e, superada a bebedeira, foi à delegacia policial comunicar o ocorrido.

Edson Nascimento soube da ocorrência e partiu para a delegacia para registrar o fato. A reportagem chama a atenção pela singeleza do entrevistado, que, no final, é estimulado a gravar uma mensagem para tentar encontrar uma mulher disposta a se casar com ele.

— Sr. Francisco, como o senhor perdeu os documentos?

— Tô encabuladinho de como eu perdi esses documentos. Eu tava com uma boroca [mochila pequena] nas costas que eu não tirei. Quando cheguei em casa estava sem nenhum documento.

— O senhor é casado?

— Não, senhor.

— Mas tem filhos?

— Tenho o Flávio. Conhece o Flávio, não? Lá do [assentamento] Maria Luíza? O marido da Raquel, rapaz!

— Tô lembrado, não. Aí o senhor chegou da chácara e foi tomar umas cagibrinas para esquecer os problemas da vida e perdeu os documentos. Quanto tempo o senhor passa na chácara sem vir aqui?

— Moço, eu passo seis meses.

— Aí, quando vem, quer dar uma namoradinha, uma esquentadinha na...

— Na sem-vergonhesa, né? Na goela?

— Tinha dinheiro?

— Tinha não, senhor. Eu não minto. O dinheiro tava no bolso.

— O senhor é esperto. Põe o dinheiro no bolso e deixa a carteira vazia?

— Eu fui pro hospital. Eu vim pro mode fazer um exame, um tal de uma prosta. Chegou aí, não tem expedimento, não tem papel.

— O senhor costuma tomar a cerveja ou a branquinha?

— Eu entrei na cerveja primeiro. Eu procurei o Zé Filho, que tem o bar. Conhece o Zé Filho?

— Não.

— Ele me disse que eu tava com dinheiro. Com cem conto.

— O senhor é de Maria Luíza, é isso?

— Pode dizer que eu sou nascido e criado lá dentro. Todo mundo me conhece lá. Os cabras do ônibus, das caminhonete, do chapéu de palha.

— O senhor cria lá o seu gadinho, boi, porco?

— Rapaz, eu crio um cachorro véio que eu larguei nem sei onde. Agora, eu planto umas coisinhas: feijão, abóbora, melancia, uma mandioquinha pro cabra pegar um ranguinho e ter uma coisa diferente. E tenho meu cavalo e minha sela.

(O repórter cantarola uma música que fala em beber, cair e levantar.)

— O senhor não caiu, não, não é?

— Sei lá, moço. Sei de nada. Eu conto a verdade.

— Sr. Francisco, o senhor perdeu CPF e o que mais?

— CPF, título de identidade, título de eleitor, carteira do SUS.

— Pra quem encontrar tem uma gratificaçãozinha?

— Tem uma bolacha. À toa não fica, não.

— Já que o senhor não é casado, não quer aproveitar e fazer uma matéria para arrumar alguém e deixar de sair por aí bebendo cachaça pelos botecos, apaixonado?

— Eu fui na Vila Cruzeiro. Lá me apresentaram um trem [uma mulher], que eu olhei de banda e pensei que se ela [quisesse] cozinhar um feijão, nóis ia cozinhar. A mulher tem de lutar mais eu. Passar fome, não passa. Só se tiver preguiça de cozinhar.

— Se tiver alguma interessada em um homem honesto e trabalhador, que vai largar as cachaças... O senhor tem de prometer que vai largar!

— Tem o Léo. Conhece o Léo?

— Já ouvi falar.

— Eu trabalhei nove meses para a mãe dele, sem beber nenhuma pinga. Gente, eu sou um cara pobre, não tenho nada. Até o RG eu perdi. Mas tou precisando de uma companheira pra morar comigo no meu barraco. Agora, eu não quero com preguiça, não. Tem água encanada na casa e um porco engordando no chiqueiro para comer no Natal.


## A CAÇADA HUMANA

Conceição do Araguaia fica na divisa do Pará com o Tocantins. Sua população em 2017 se aproximava dos 50 mil habitantes. Além da TV Rio Norte, a cidade possuía mais uma retransmissora de TV com programação local: o canal 10, afiliado ao SBT, sob o comando do radialista Nildo Monteiro. O canal era da prefeitura, mas, como estava ocioso, a Câmara Municipal autorizou o uso em comodato (empréstimo) pelo radialista.

Nascido na Ilha do Marajó, Monteiro passou por emissoras de rádio em várias cidades do Pará antes de fincar raízes em Conceição do Araguaia. Lá, foi diretor da TV Rio Norte, correspondente de diversas emissoras de televisão, e, como Eduardo Queiroz, tentou a carreira política. Concorreu a vereador, sem sucesso, em 2010.

Eu o conheci em 2015, assim que deixei o estado do Tocantins para percorrer o sul e o sudeste do Pará. Na minha rota estavam os municípios de Redenção, Xinguara, Canaã dos Carajás, Parauapebas, Curionópolis, Marabá e, finalmente, Belém, onde encerraria aquela primeira expedição pela Amazônia Legal. Já conhecia parte daquele trajeto, pois fizera uma reportagem especial para a *Folha de S.Paulo*, em 2004, sobre a ocorrência do trabalho análogo ao escravo na região.

Conceição do Araguaia estava enfeitada para a festa de Corpus Christi com tapetes de flores e imagens sacras feitas com serragem colorida na rua da igreja matriz. Nildo Monteiro fazia uma reportagem sobre o festejo, que seria transmitida ao vivo da escadaria da igreja para o noticiário *Cidade em Movimento*. Posteriormente, ele me explicou que retransmitira o jornal da rua porque a emissora estava sem estúdio. "Como eu não tinha dinheiro para montar uma estrutura, bolei um programa que pode ser feito sem estúdio. Um dia eu gravo na praça, outro dia eu transmito da feira. Quando chove ou quando está muito quente, alugo um espaço. Toco a TV sozinho. Gastei 38 mil reais em equipamentos e estou endividado pelos próximos cinco anos. Pode parecer clichê, mas estou nisso por amor. O dinheiro que pinga é muito pouco", ele explicou.

Na ocasião, contava com apenas dois ajudantes: o cinegrafista Lázaro Rodrigues, de 37 anos, e Nilson Taveira dos Santos, de 34. O primeiro, mais experiente, ensinava o ofício ao segundo, que até um mês antes trabalhava como servente de obras.

Nildo Monteiro se define como jornalista investigativo. Em fevereiro de 2015, ele se destacou na cobertura de um caso que comoveu o estado do Pará: a chacina do rio Estiva. Dois irmãos piauienses, Genival e Antônio dos Santos Pereira, assassinaram seis integrantes de uma família que ocupava um lote na Fazenda Estiva, que tinha sido desapropriada para reforma agrária. O objetivo dos dois era "limpar" a área para revender o lote.

O caso chocou pelo grau de crueldade. Os assassinos puseram fogo na entrada do barraco para forçar os moradores — o casal, três filhos e um sobrinho — a sair. As vítimas foram amarradas e obrigadas a caminhar por quatro quilômetros até a margem do rio. Os pais foram degolados e as crianças, mortas a tiros. Os assassinos ainda golpearam as vítimas com paus e pedras. Por fim, com um facão, abriram os corpos pelo abdômen para que afundassem no rio.

Apesar da grande exposição do caso na mídia paraense, os assassinos conseguiram escapar e a polícia levou mais de um mês para encontrá-los em uma fazenda, no município vizinho de Floresta do Araguaia. Eles estavam empregados como trabalhadores braçais em uma fazenda de gado e dividiam o alojamento com cerca de vinte peões, sem despertar a desconfiança de ninguém. A polícia chegou de surpresa ao local. Um dos irmãos, Antônio, não esboçou reação e foi preso, mas o outro, conhecido por Johnny, escapou mais uma vez por uma trilha na mata.

Depois de ouvir Antônio confessar a participação nos crimes e apontar o irmão como o principal autor da chacina, Nildo Monteiro decidiu acompanhar a busca pelo fugitivo. Queria registrar a maior caçada humana empreendida pela polícia naquela região. Mas, para isso, teria que encarar mais de cinco horas de viagem por estradas de terras esburacadas e desertas até a fazenda em Floresta do Araguaia.

Ele e o cinegrafista tinham passado a noite trabalhando quando pegaram a estrada. Nildo dirigia o próprio carro e o cinegrafista gravava as observações do repórter durante a viagem. Em um dos flashes, ele contou que estavam há 32 horas sem dormir, cansados e famintos, e mostrou o único alimento que tiveram no dia: um pacote de biscoito. À medida que se aproximavam da fazenda, entrevistavam os moradores da região e colhiam impressões sobre os fugitivos, e os perfis dos irmãos foram se delineando: arredios, calados, não cumprimentavam ninguém. Um deles tinha sido visto passando em frente à escola rural, contou uma moradora. "Imagine o perigo que as crianças correram", acrescentou.

Um funcionário da fazenda levou Nildo Monteiro até o alojamento dos empregados e contou que os irmãos não dormiam com os demais peões. Preferiam estender a rede do lado de fora. Segundo o empregado, um era brincalhão e o outro, mais calado. Depois de invadir a propriedade, a polícia ordenou que todos os peões deitassem de bruços. Foi naquele momento que Johnny escapou pela mata. Enquanto o jornalista mostrava a trilha por onde o assassino fugira, um helicóptero da polícia sobrevoava a fazenda, um indicativo de que o desfecho do caso estava próximo.

A polícia soube então que Johnny tinha sido visto do outro lado do rio Araguaia, no município de Araguaína. Apesar do cansaço acumulado, Nildo e o cinegrafista voltaram para Conceição do Araguaia, para onde o assassino seria levado depois da captura. A viatura com o preso chegou a Conceição do Araguaia naquela mesma noite, e Nildo Monteiro foi o primeiro a entrevistá-lo. Durante doze minutos, o repórter tentou extrair a confissão de Johnny. Mas ele negou os assassinatos e apresentou uma nova versão: a de que teria sido contratado por um ex-posseiro para retirar os moradores da casa e entregá-los vivos para serem levados para Redenção. Essa versão foi posteriormente derrubada pela polícia. Confrontado com as afirmações do irmão, alegou que ele estaria com medo de que o mandante atentasse contra seus familiares, no Piauí. A entrevista parece um interrogatório policial, como mostram os trechos a seguir:

— Agora conta a parte que interessa pra gente, a parte da verdade. Por que você entrou na casa da família?

— Eu não entrei pra matar. Entrei para desocupar.

— A família reagiu?

— Não reagiu, não. Perguntaram: o que você vai fazer? Eu disse que ia levar eles até o colchete [tipo de porteira] e que eles seriam levados para Redenção.

— A que horas foi isso?

— Umas dez e meia, dez e quarenta da noite.

— Só você e o Antônio?

— É.

— Chegaram a pé ou de moto?

— De pés.

— No barraco estava só a família? Como vocês perceberam movimentação?

— Já estavam deitados quando a gente chegou. A gente pediu pra eles saírem e eles saíram.

— É um cara confuso. Ele começou falando que não fez nada. Agora já entrou falando que chegou na terra. Estou vendo uma contradição aqui. Você não matou ninguém? O revólver [apreendido] com seu irmão na fazenda não era seu?

— Era meu.

— Por que só tinha um projétil no revólver?

— Só tinha uma bala lá.

Nildo Monteiro voltou-se para a câmera e observou que o preso mostrava estar preparado para aquele momento e que elaborara a versão durante o tempo em que estivera foragido.

— O que tu sentiu quando viu as crianças estraçalhadas na beira do rio, e você fazendo toda esta atrocidade com elas?

— Não fiz isso, não, senhor. Não vi isso. Não dou conta de fazer isso, não.

— Então você é um menino bonzinho, um cara super do bem?

— Um cara que põe uma arma na cara de um cidadão que estava dormindo, que tira ele da cama e faz uma coisa dessa não é cem por cento.

— Então você é um cara mau?

— Não, não me considero um cara mau.

— Nem bom nem mau?

(Silêncio.)

— Digamos que você esteja falando a verdade. Que esse senhor [o suposto mandante] encomendou a morte dessas pessoas. Então qual a razão de ele pedir para você ir na comunidade?

— Pra desocupar a terra, que ele ia vender e ia me dar 5 mil.

— Como deu errado, vocês mataram a família?

— Não, a gente não matou a família. Eu não matei.

— Você já matou quantas pessoas?

— Matei uma.

— Onde foi?

— Em Eldorado dos Carajás.

— Como foi? Arma branca, revólver?

— Foi com facão.

— Foi vingança?

— Ele tinha me roubado duzentos reais e ficava toda vez me tirando ideia, até que um dia a gente começou a brigar, eu peguei o facão e fiz o ato com ele.

— Quantos golpes?

— Não lembro.

— Executou por duzentos reais?

— Não. Porque ele tinha me roubado.

— Com um facão? Uma morte parecida com a da mulher que morreu na beira do rio com golpes de facão e de foice.

— É parecido, mas não fui eu.

Ao saber que o preso tinha três filhos, Nilo lhe pergunta o que faria se alguém matasse os filhos dele a golpes de foice e os esquartejasse.

— O que tu sentiria?

— Hum...

— Nada?

— Não entra agora na minha cabeça o que eu podia pensar.

— Se alguém matar teus filhos a golpe de foice, jogar no rio, você não ia sentir nada?

— Não é que eu não ia sentir nada, é que no momento não sei o que eu faria, não.

— Você matou uma pessoa?

— Foi.

— Como é que você mata alguém? O que você sente?

— É ruim. E perturbado.

— Dá o primeiro golpe e continua golpeando? O que você sentia?

— Fiquei fora de mim. Quando vi, tinha acontecido.

— A mesma coisa seu irmão contou ontem pra gente. Perguntei a ele o que sentia depois de matar três pessoas com o revólver. Pra refrescar tua memória, deixe eu te contar o que ele falou pra gente: que você chegou no barraco, rendeu a família, amarrou todo mundo e obrigou a caminhar quatro quilômetros no meio do mato. Isso é mentira?

— É mentira.

— Que, chegando ao rio, deu um tiro nas costas do pai de família e que você matou a mulher com foice. É mentira?

— É mentira.

— E que, no meio da confusão, ele deu tiros nas três crianças e você teve a ideia de esquartejar as pessoas e jogar no rio. Isso é mentira dele?

— É mentira.

As reportagens de Nildo foram consideradas a melhor cobertura jornalística da chacina por profissionais da mídia regional.

# A costureira das índias Kayapó

Graças ao piauiense Jaris Gomes Vieira, ex-diretor da afiliada Record na cidade de Redenção, no sul do Pará, veio a público a história de Cecília Viana, estilista preferida por dez entre dez índias em 54 aldeias Kayapó existentes no município. A relação entre a costureira e as índias começou nos anos 1980, quando ela tomou a iniciativa de fazer vestidos para quatro delas, que estavam no hospital municipal da cidade.

Mais do que vestidos, ela costurou uma relação de amizade com os indígenas, mostrada pela emissora em abril de 2015, na série "Os Donos da Terra". As reportagens nasceram de uma parceria entre Jaris e Banhi-re Kayapó, assessor de comunicação do Distrito Sanitário Especial Indígena de Kayapó do Pará, que propôs à emissora registrar a festa das mulheres de sua aldeia. Formado em teologia, Jaris iniciou sua trajetória em televisão aos vinte anos e já tinha passado por várias TVs no sul do Pará quando chegou a Redenção. Banhi-re, por sua vez, é fotógrafo e cinegrafista.

Os Kayapó ficaram mundialmente conhecidos graças ao carisma do grande líder da etnia, o cacique Raoni, de Mato Grosso.

No Carnaval carioca de 2017, os índios do parque Xingu foram tema do samba-enredo da escola Imperatriz Leopoldinense, e Raoni aceitou participar do desfile para chamar a atenção sobre o desmatamento da Amazônia.

Na série exibida pela TV de Redenção, as índias dançaram com os corpos seminus e pintados. Mas, no dia a dia das aldeias, elas usam vestidos coloridos costurados por Cecília Viana. O estilo das roupas se manteve o mesmo desde que a costureira vestiu as índias no hospital. Eis como ela descreveu aquele encontro para a TV: "Eu tinha ido ao hospital visitar minha amiga Maria, que era cozinheira. De repente, ouvi uma zoada: uh, uh, uh... uh, uh, uh. Irmã de Deus, que barulho é esse? Ela disse que era um bando de índios que estavam em um quarto. Eu me pelava de medo de índio".

A costureira contou que espiou o que acontecia e viu, à distância, que as índias dançavam "como vieram ao mundo", peladas, com os corpos cobertos apenas por pinturas. Ela, então, costurou calcinhas e vestidos para cada uma delas, pulou o muro para entrar no hospital sem ser vista pelos funcionários e se aproximou das Kayapó.

— Vesti uma das calcinhas e ribei meu vestido para elas verem para o que servia. Depois, vesti um vestido e amostrei como era. Uma delas se chegou e eu vesti a roupa nela. Depois vesti as outras. Elas me acarinharam o rosto, e eu doida de medo. Elas deram as costas e pulei o muro de volta, escondida. Quando os caciques chegaram ao hospital e viram as índias vestidas, acharam lindo demais. Perguntaram quem tinha feito as roupas e elas responderam: mulher gorda. Quando eu soube da história, fiquei com medo de me acabar numa borduna [espécie de porrete indígena].

Cecília contou que as índias passaram vários dias sentadas na frente do hospital aguardando que ela passasse pela rua para encomendar mais roupas. E ela, amedrontada, passou a evitar a região. Dias depois, a viram quando entrava na casa de uma amiga, também costureira. "Os índios tudinho foram pra porta da casa. Quando abri a porta, fiquei branquinha como a flor do algodão. O motorista dos índios me disse para não ter medo e avisou: 'A senhora vai ter que trabalhar. Vai fazer vestido pra tudo que é Kayapó.'"

Desde então, Cecília tornou-se a costureira das índias. À medida que sua fama se espalhava pelas aldeias, para dar conta das encomendas, arrebanhou as mulheres da família para auxiliá-la no ateliê. Eis como ela descreveu sua relação de amor com os indígenas. "Índio quando toma amizade é igual a criança. Se você zelar por ele, abraçar ele, vira seu melhor amigo. Eu tenho os índios como minha família. Amo eles. Sei que quando eu morrer, vão chorar demais. Quando eu adoeço eles choram abraçados comigo."

A parceria entre Jaris e Banhi-re produziu ainda um CD com gravações de danças e rituais indígenas. A dupla planejava criar a TV Kayapó, na internet, quando a Record trocou de afiliada em Redenção, no primeiro trimestre de 2017, e Jaris deixou a cidade.

Conheci-o em 2015, à frente do canal 11, pertencente ao ex-prefeito Wagner Fontes. A emissora funcionava em uma construção nova, com instalações amplas e estúdio bem montado. Fontes administrou a cidade de 2009 a 2012 e vinha de uma fracassada campanha para deputado estadual, mas a equipe da TV exalava otimismo. Jaris estava orgulhoso do programa de treinamento e de qualificação profissional que havia implantado. Contou que, naquela manhã, os funcionários haviam tido aula sobre a Revolução Francesa, e falou dos padrões éticos que adotara: evitar cenas de violência na cobertura de chacinas ("Os casos são macabros por si mesmos"), não dar detalhes sobre a produção de bombas caseiras, não citar valores arrecadados pelo narcotráfico.

Conversamos também sobre um fenômeno muito usual na região: a participação dos jornalistas nas campanhas eleitorais, como marqueteiros de candidatos. As equipes das TVs ficam desfalcadas durante as eleições, porque os profissionais se licenciam para faturar um dinheiro extra.

— Essa duplicidade contamina o jornalismo da televisão? Até que ponto vocês têm liberdade para fazer jornalismo imparcial? — perguntei.

— Não vejo muita interferência no jornalismo que a gente coloca no ar. Na campanha política fazemos um trabalho mais agressivo e provocativo. Mas, no telejornal, mostramos o que é real e ouvimos todas as partes — afirmou.

Wagner Fontes perdeu a condição de afiliado Record porque a emissora do bispo Edir Macedo não renovou o contrato com sua empresa, a Sistema Carajás de Comunicação. Ele, então, filiou-se à TV Gazeta. Outro ex-prefeito assumiu a bandeira da Record: o pecuarista Jorge Paulo da Silva, ou JPC, como é conhecido por seu eleitorado. Ele exerceu o mandato de 2005 a 2008 e é proprietário da TV Adonai, canal 19, que até então transmitia a Record News. A troca foi anunciada com estardalhaço pela emissora.

Entrevistei JPC em abril de 2017, para saber sobre os planos que tinha para a televisão, e ele respondeu às minhas perguntas com uma sequência de frases de efeito: "Minha meta é ajudar o povo, combater a injustiça municipal, estadual e federal. Quando houver crime sem apuração vamos apurar, se tiver violência demais, vamos divulgar. Quando tiver pessoas morrendo e o poder público esconder a verdade, vamos revelar. Não sou aliado de ninguém, exceto do povo. Os meios de comunicação são o único grito de que o povo dispõe, mas, infelizmente, a maioria das emissoras pertence a políticos e aliados. Comprei o canal de TV porque acho isso injusto".

282

Interrompi o discurso para questioná-lo sobre o fato de ele ter sido prefeito e obtive outra frase de efeito como resposta: "Entrei na política por revolta, e hoje me arrependo amargamente", afirmou. Tentei tirar alguma informação sobre seus planos no campo político, mas ele se desvencilhou:

— O senhor, então, não cogita concorrer a novo cargo político? — indaguei.

— A decisão está nas mãos de Deus, depende do que Ele colocar no meu caminho — respondeu.

As palavras de JPC eram uma crítica ao então gestor da cidade, o catarinense Carlo Iavé, do PMDB, que tinha, naquele momento, duas emissoras de televisão sob seu comando: a TV Cidade, canal 7, afiliada SBT, e a RBA, canal 13, afiliada Bandeirantes. Ele administrava a segunda a pedido do senador Jader Barbalho, seu colega de partido e proprietário do canal.

Pecuarista e comerciante, Iavé foi citado como o candidato mais rico do Pará nas eleições de 2016, quando declarou possuir um patrimônio de 36 milhões de reais. Quando cheguei à sede da TV Cidade, me deparei com as antenas da Band e do SBT, uma ao lado da outra, e com os carros de reportagens das duas afiliadas estacionados no mesmo pátio.

CLUBE DA VIOLA

Nas manhãs de sexta-feira, o estúdio da TV Cidade é invadido pela trupe do radialista e cantor sertanejo Simião Nogueira, que apresenta o *Clube da Viola*. Ele chega cedo à emissora para limpar e decorar o cenário com cachos de banana, berrante, chifres de boi e produtos dos patrocinadores. Há cuidado especial com o fogão a lenha, que precisa estar fumegante quando o programa semanal entra no ar, ao meio-dia.

O *Clube da Viola* mescla reportagens sobre o mundo rural preparadas pela equipe da emissora com entrevistas ao vivo, vídeos e apresentação de artistas convidados. Simião nasceu em Jandaia, em Goiás, passou a infância em Ribeirão Preto, no interior de São Paulo, e tinha doze anos quando a família de dez filhos se mudou para o Pará em busca de melhores condições de vida. O pai do cantor era trabalhador rural e levava os meninos para ajudá-lo na roça. "Eu trabalhava grudado ao rádio de pilha e decidi na infância que seria locutor", disse ele. Aos dezessete anos, começou a trabalhar como aprendiz em uma rádio, durante a madrugada. O locutor adoeceu e ele assumiu o trabalho do colega. "Minha faculdade foi a escola da vida. Já fui longe, mas quero mais", prosseguiu o cantor.

Com a visibilidade obtida na TV, Simião conseguia trabalhos mais rentáveis, como shows e apresentação de eventos. O programa tornou-se também um palco para divulgação dos artistas da terra, que se apresentavam enquanto o apresentador finalizava o almoço no fogão a lenha existente no palco. Ao final, os convidados degustavam os pratos. Fui contemplada com esta experiência, quando ele serviu costela de boi, arroz e mandioca. Em contrapartida, fui entrevistada a respeito do trabalho que me levara à região.

A equipe de jornalismo da TV Cidade era constituída por profissionais formados como Simião Nogueira, "na escola da vida", com o exercício prático. Um fato despertou minha curiosidade: a concentração de evangélicos no grupo. Erleide Xavier era a âncora do principal programa noticioso da emissora, o *Sul do Pará em Revista*, e sonhava em ser pastora da Igreja Casa da Bênção. Aos trinta anos, já se considerava uma profissional experiente. Disse que sua carreira começou em Redenção, quando era criança. "O dono da rádio me viu cantando, me achou desinibida."

Ela começou com uma pequena participação, mas logo ganhou um programa próprio. Aos vinte anos, após uma rápida passagem como apresentadora de TV na cidade de Tucumã — também no sul do Pará —, chegou a Redenção e foi contratada pela TV Cidade como repórter e produtora. Ficou conhecida na região, mas sonhava em dar novos rumos à sua vida. "Estou jornalista. Não pretendo ficar por muito mais tempo na profissão. A profissão me fascinou estes anos todos, mas agora tenho outros planos. Não quero ir para cidades maiores nem ser apresentadora de uma rede nacional. Sonho com uma vida espiritual e quero usar meu talento para ser pastora", disse ela.

Dois anos depois do nosso encontro, no entanto, ela continuava a trabalhar na emissora.

# O repórter, a agonia do rio e os conflitos com a Vale

O rio Fresco, um dos afluentes do majestoso rio Xingu, no sudeste do Pará, foi contaminado pelo mercúrio e pelos rejeitos sólidos lançados pelos garimpos ilegais de ouro que se multiplicam pela Amazônia, por culpa da inércia das autoridades. Em dezembro de 2016, o repórter Adeilton Teixeira registrou o desastre ambiental em uma matéria exibida na TV Correio, canal 8, de Canaã dos Carajás.

A reportagem começava com imagens aéreas do desmatamento e das crateras abertas pelo garimpo nas margens do rio, e terminava com um close no repórter segurando um peixe de cerca de dez quilos que estava morto sobre as águas barrentas. Ribeirinhos lembraram, aos prantos, que o rio teve águas tão transparentes que se viam os cardumes. O garimpo deixou a água imprópria para o consumo, e o pescado desapareceu.

Adeilton e o cinegrafista Geones Araújo viajaram trezentos quilômetros entre Canaã dos Carajás e São Félix do Xingu. Ele conseguira as imagens aéreas da ONG Viva Rio Fresco e com o material em mãos convenceu a chefia de que o assunto justificava a ida ao local e seu afastamento da pauta diária. Voltou com quatro reportagens.

Nascido no interior do Maranhão, Adeilton estudou até o quinto período de jornalismo em uma faculdade particular do Distrito Federal. Abandonou o curso por não ter como pagar a mensalidade de setecentos reais. Deixou a capital federal para trás quando teve a oportunidade de emprego na retransmissora do SBT inaugurada em Canaã em agosto de 2015. "Me vi diante de duas alternativas: me tornar um repórter respeitado no interior, ou continuar lutando para ser mais um em Brasília."

Com uma rotina de três pautas diárias na TV Correio, em um ano e meio ele acumulou um conjunto notável de reportagens, apesar dos parcos recursos da emissora e de sua pouca experiência profissional em televisão. Criou um canal na internet para exibir as matérias de maior repercussão. Em março de 2017, o acervo contava com 240 vídeos que compunham um retrato dos costumes e dos problemas locais.

No dia 2 de fevereiro de 2017, Adeilton foi cobrir um fato rotineiro: a transferência de dois presos da delegacia de Canaã para Marabá, a 227 quilômetros de distância. Eles viajaram algemados e sentados na caçamba de uma caminhonete da polícia. Um deles não quis conversa com o repórter, mas o outro, identificado como Eduardo, deu uma entrevista provocativa e surpreendente.

— Eduardo, o que te levou para este mundo [do crime]?

— Ah, cara, tirando a parte da vantagem de ter mulher e de ter dinheiro direto, a falta de emprego e de pai para dar um conselho influi muito na vida de quem entra para o crime.

— Você não teve pai?

— Não tive pai e não tive mãe. Fui criado ao deus-dará. Não tive oportunidade para ter um estudo, um trabalho. Isso influenciou muito na vida que eu escolhi para mim, na vida que eu levo até hoje, entendeu? Não sei se depois que eu sair [da prisão], eu vou ter a oportunidade que espero. Se tiver, tudo bem, eu mudo de vida. Se não tiver, eu vou voltar a roubar de novo.

— Antes de você começar a praticar os crimes, fazia o quê?

— Antes de roubar? Nem dá para te dizer. Eu comecei a roubar bem pequeno, com onze anos de idade.

— Hoje você tem quantos anos?

— Vinte e três.

— Você se arrepende de alguma coisa?

— Não me arrependo, não, cara. A sociedade me fez ser do jeito que eu sou. Se eu for à tua casa e te pedir um emprego ou um prato de comida, você vai me discriminar e dizer: sai daqui, ladrão! Sai daqui, mendigo! A sociedade faz a gente ser o que a gente é. Vocês é que são culpados da gente roubar, da gente matar.

— Você quer a mesma vida que vem tendo para o teu filho?

— Não, rapaz, em momento algum. Eu quero que ele estude, trabalhe, tenha uma vida digna e seja feliz.

Adeilton se destacou em outra reportagem sobre dois adolescentes que volta e meia eram detidos por roubo. Os adolescentes haviam fugido do abrigo de menores infratores pela madrugada e foram recapturados horas depois. O repórter acompanhou os policiais na captura e, em seguida, registrou o desabafo da tia de um dos garotos. A câmera mostrou apenas os olhos dela, banhados em lágrimas. Responsável pelo sobrinho, ela contou que ele já tinha sido preso 21 vezes, e que começou a roubar aos onze anos, pouco depois que os pais morreram.

"Não sei se foi a ausência dos pais que levou ele a fazer este tipo de coisa, mas quase toda semana eu venho tirar ele da delegacia. Não aguento mais. Pedi ajuda para a Justiça pra ver o que podem fazer. Eu não dou conta. Estou esgotada. Esta madrugada ele fugiu pra minha casa. Eu me sinto arrasada porque não dei conta de criar ele como deveria. A falha deve estar em mim. Como responsável, eu acho que o erro não é só dele. Deve ter sido meu também. A sensação neste momento é de perda. De fracasso."

Meu primeiro contato com Adeilton foi pelo WhatsApp. Pedi detalhes sobre as apurações das reportagens que vira na internet. Ele me disse as mesmas frases que eu costumava usar quando me perguntavam sobre minha profissão: "Amo o jornalismo, sou completamente apaixonado pela profissão de repórter". Depois, por telefone, acrescentou que suas reportagens vinham de pautas que ele próprio propunha. "Eu crio minhas pautas, brigo por minhas matérias, corro atrás de viabilizá-las." Vi-me nesta resposta também.

## NO REINO DA VALE

A vida em Canaã dos Carajás orbita em torno da mineradora Vale S.A. Até o final dos anos 1970, a região era coberta por floresta densa. As primeiras famílias chegaram em 1977, e cinco anos depois começaram os assentamentos agrícolas e o garimpo de ouro. Em 1985, a Vale começou a explorar o minério de ferro na Serra dos Carajás, no município vizinho de Parauapebas. A produção agrícola declinou. A presença da mineradora em Canaã dos Carajás ganhou escala a partir de 2004, com a exploração da mina de cobre Sossego. E, em 2013, a Vale iniciou a construção do maior empreendimento de sua história até então: o Projeto Ferro Carajás S11D, para exportação anual de 90 milhões de toneladas do minério de ferro da Serra Sul.

A abertura da mina e a construção da usina de beneficiamento do minério chegaram a ocupar 18 mil trabalhadores, o que provocou um grande fluxo migratório para a cidade. A explosão demográfica dobrou o número de eleitores de Canaã em 2016, em comparação com a eleição anterior, de 2014.

Estive na cidade no início de junho de 2015, no ápice das obras. Canaã dos Carajás era uma cidade-dormitório, com maioria de homens e nenhuma estrutura de lazer. Ao entardecer, a rua principal era invadida por comboios de ônibus que traziam os operários das empreiteiras para casa. Canaã lembrava também as cidades dos filmes de faroeste, cheia de aventureiros, de pessoas de todas as partes do país em busca de oportunidades. Com a conclusão das obras no final de 2016, a cidade foi tragada por uma gigantesca onda de desemprego. A principal característica alardeada do projeto S11D é a automação, ou seja, a substituição do trabalho braçal pela máquina. Depois da inauguração, restariam 2800 empregados.

Como o resto do país também enfrentava o desemprego — segundo os dados oficiais, havia cerca de 13 milhões de desempregados em todo o Brasil no início de 2017 —, milhares de trabalhadores preferiram continuar em Canaã a voltar para suas terras de origem, onde poderiam encontrar situação ainda pior. Para estimular o retorno dos trabalhadores às suas cidades, a prefeitura e a Vale passaram a custear as mudanças e passagens de ônibus. Mesmo assim, em março de 2017, restavam 5 mil desempregados. O desespero das pessoas à procura de trabalho diante da agência do Sistema Nacional de Emprego (Sine) e o aumento da violência eram pautas constantes nas televisões locais. Além do SBT, Canaã dos Carajás contava ainda com a TV Serra Azul, canal 12, afiliada Record.

As duas emissoras pertencem a políticos. A afiliada SBT faz parte do Grupo Correio, adquirido pela família do deputado estadual João Chamon Neto, cujo filho Wenderson Chamon foi prefeito de Curionópolis por dois mandatos consecutivos (de 2009 a 2015). Pai e filho são lideranças locais do PMDB e defensores da criação do estado do Carajás.

A afiliada Record pertenceu a Valdemar Pereira Dias, empresário e representante político local, do PSDB, que disputou a eleição para prefeito várias vezes, sem nunca ter sido eleito. Ficou conhecido como Valdemar da Pavinorte, por ter uma construtora com este nome. Em agosto de 2015, foi preso pela Polícia Federal acusado de superfaturar os preços do serviço de transporte escolar para a prefeitura de Marabá. Depois disso, transferiu a emissora ao médico e também político Celso do Vale Filho, do Democratas, seu parceiro de chapa na campanha eleitoral para prefeito, em 2008.

Existe uma terceira retransmissora de televisão em Canaã dos Carajás, da prefeitura municipal, que estava cedida à Rede Brasil Amazônia (RBA), afiliada Bandeirantes, mas sem produzir conteúdo local. A RBA é do senador Jader Barbalho, do PMDB.

Canaã tem uma relação de amor e ódio com a mineradora que transparece no noticiário local. Apesar de seu poderio econômico, a Vale não anuncia nas pequenas emissoras de televisão. Com isso, elas não se sentem constrangidas em exibir os pontos negativos da empresa. Em novembro de 2016, além das demissões em massa dos operários, outro assunto mobilizou os jornalistas: um conflito armado entre seguranças da companhia e trabalhadores rurais, que deixou feridos em ambos os lados.

O jovem repórter e apresentador Jamerson Alves, do *Balanço Geral*, na afiliada Record, exibido no horário do almoço, referiu-se ao episódio como a maior cobertura jornalística de sua ainda incipiente carreira profissional. Ele assumiu a dupla função na TV em 2015, aos vinte anos, mas já acumulava sete anos de experiência em rádio. O que mais chama a atenção nele é o vozeirão de locutor.

O conflito aconteceu no dia 17 de novembro. Cerca de sessenta integrantes da Federação Nacional dos Trabalhadores e Trabalhadoras na Agricultura Familiar (Fetraf) invadiram a Fazenda

São Luís, localizada entre a mina de cobre Sossego e a cidade de Canaã. A Vale havia comprado a propriedade, mas a titularidade da terra continuava contestada na Justiça. Parte dos manifestantes entrou na fazenda com um trator. Os seguranças da fazenda, empregados de uma prestadora de serviços, reagiram. Três pessoas foram baleadas, mas não houve morte.

Representantes da Fetraf deram entrevistas às TVs reivindicando a posse da terra para agricultura familiar e atacaram a mineradora. O advogado da federação, Marcos Tavares, qualificou o serviço de segurança da empresa de "milícia armada". O delegado Fabricio Andrade referiu-se ao confronto como "sangrento" e lembrou o litígio sobre a propriedade da fazenda. A Vale apenas emitiu uma nota, em que alegou que os seguranças agiram em legítima defesa com "meios moderados".

Três meses depois, ocorreu um novo conflito envolvendo o pequeno produtor rural Jorge Martins e seguranças da mineradora. A fazenda, de 210 hectares, é cortada pela ferrovia da Vale, e algumas vacas morreram atropeladas pelos trens de minério. A companhia seria responsável pela construção e manutenção das cercas para separar a ferrovia da propriedade, mas não teria cumprido o compromisso. O fazendeiro e o filho reparavam a cerca quando foram abordados e agredidos. O caso foi discutido em sessão da Câmara Municipal, com a presença dos dois, que tinham hematomas e pontos no rosto.

A afiliada Record exibiu a gravação de uma conversa telefônica entre o fazendeiro e uma funcionária que admitia que a mineradora estava em débito com ele. "Conversei com o gerente da operação ferroviária. Colocamos esta situação. Existe um débito da Vale que precisa ser sanado. Mas eu e ele não temos autonomia para fazer a cerca. Temos que submeter à direção do projeto", disse ela.

Não há ilegalidade na gravação de conversa telefônica feita por um dos interlocutores, mas a exibição desse conteúdo na televisão não era usual. Ao contrário. Costumava ser um recurso usado apenas no chamado jornalismo investigativo. Além de exibir a conversa telefônica, a emissora mostrou mensagens de protestos de internautas nas redes sociais.

## DE REPÓRTER A PASTOR

Quando visitei Canaã dos Carajás, em 2015, a TV Correio não tinha sido inaugurada. Valdemar da Pavinorte só seria preso três meses depois. Portanto, ainda mantinha seu prestígio político e estava no comando da TV Serra Sul, que era o único canal local no ar. O prefeito era Jeová Andrade (que derrotara Valdemar em 2012), do PMDB, e seu assessor de imprensa, Carlos Magno Oliveira, acusava Pavinorte de fazer "um jornalismo rasteiro, baixo e comprometido", e de usar o veículo para atacar os adversários políticos.

A principal estrela televisiva da TV Serra Sul era Patrick Siqueira, o Chocolate. Tinha 21 anos, dois filhos e acumulava as funções de repórter e de apresentador do *Balanço Geral*. Ousado, hiperativo e autoconfiante, ele era a síntese do jovem profissional de televisão daquela área e vislumbrava para si um futuro brilhante em comunicação. Mas sua carreira na TV durou pouco. No mesmo ano, ele perdeu o emprego na emissora e virou pastor em sua Igreja evangélica.

A rápida mudança de rumo na vida do repórter que eu entrevistara na minha passagem por Canaã dos Carajás me lembrou a comparação dos políticos à areia do deserto (hoje aqui, amanhã ali) feita por um diretor de TV em Bacabal (Maranhão), referindo-se à rapidez com que mudam de posição e de aliados. A carreira dos jornalistas do interior da Amazônia também tem a estabilidade das dunas.

Entrevistei Chocolate em um evento público em que ele se apresentou com sua banda gospel. Sua trajetória é reveladora do perfil de grande parte dos profissionais de comunicação do interior do Pará. Nascido em Tucuruí, estudou até o ensino médio e trabalhava como locutor de carro de som quando foi convidado para apresentar um programa em uma rádio pirata. Ele disse que seu começo foi difícil e que recebeu ameaças de morte por apontar políticos corruptos no programa, mas ponderou que todos os jornalistas da região sofrem ameaças e coações. "Sou um cara ativo. Não tenho temor da situação, e o pessoal confia em mim. Minhas palavras são verdadeiras e isso faz meu pedigree crescer mais e mais."

Eis um trecho da conversa que tivemos:

— Você é muito garoto ainda.

— Muito novo para estar com esta onda toda, não é? Mas já estou cansado. Sou muito vivido. Vivido mesmo!

— Como define seu estilo?

— Amigo da polícia. Bandido não gosta de mim.

— Como é a cobertura jornalística nas campanhas eleitorais?

— A gente busca divulgar o candidato do dono da TV. Chamar a atenção do povo e mostrar que ele está fazendo alguma coisa. Isso é difícil, cara.

— E você não pode criticá-lo?

— Jamais.

— Como é a relação da TV com o prefeito?

— O Valdemar [da Pavinorte, dono da emissora] é do PSDB e o prefeito, Jeová Andrade, é do PMDB. A prefeitura nos discrimina. Não dá entrevista à TV.

— Se o prefeito fizer algo bom, a televisão não pode mostrar?

— O dono da emissora é que decide se a matéria vai para o ar ou não.

O prefeito Jeová Andrade foi reeleito em 2016, com apoio da TV Correio, e sem ser incomodado pela TV Serra Azul, que já havia trocado de comando.

# Surge um "império" no Reino da Vale

O ex-prefeito de Curionópolis, Wenderson Chamon, do PMDB, tornou-se um fenômeno da radiodifusão no sudeste do Pará. Enquanto os tradicionais grupos de mídia reduziram suas estruturas e demitiram pessoal para sobreviver à recessão econômica iniciada em 2014, Chamonzinho, como ficou conhecido na região, construiu um pequeno império de comunicação: o Grupo Correio, com sede em Marabá, a quinhentos quilômetros de Belém.

O político implantou rádios e retransmissoras de televisão com a marca TV Correio, afiliada ao SBT, em Marabá, Parauapebas e Canaã dos Carajás. Seus investimentos se estenderam à mídia impressa, com a aquisição do tradicional jornal *Correio do Tocantins*, de Marabá, e a construção de um parque gráfico novo. O Correio se apresenta em seu portal na internet como "o maior grupo de comunicação do sul e sudeste do Pará" e qualifica o investimento feito no parque gráfico como "o maior de que se tem notícia no interior do Pará [...], à altura dos do sul e do sudeste do país".

A rapidez e o porte dos investimentos de Chamonzinho eram o principal assunto entre os pequenos proprietários de televisão quando percorri a região, em 2015. Eles demonstravam surpresa com o novo concorrente, que aparentava fôlego financeiro sem limites. Os afiliados do SBT receavam ser alijados do mercado. O sinal de alerta tinha sido disparado em Marabá e Parauapebas, onde os antigos afiliados da geradora paulista perderam o lugar para o político.

Este livro não tem o propósito de investigar a origem dos recursos usados na compra ou implantação de retransmissoras de televisão ligadas a políticos, mas são oportunas algumas informações sobre a trajetória e o patrimônio oficialmente declarado pelo ex-prefeito.

Wenderson Chamon iniciou a carreira política na pequena Curionópolis, uma cidade pobre que ganhou fama por ter sob sua jurisdição o maior garimpo de ouro de que se teve notícia no mundo: o de Serra Pelada. Quase 100 mil homens foram para aquela região, no começo dos anos 1980, atraídos pelo ouro numa aventura épica registrada pelo grande fotógrafo Sebastião Salgado.

Curionópolis ganhou esse nome em homenagem ao coronel da reserva do Exército Sebastião Curió, conhecido por Major Curió, militar que atuou na repressão à Guerrilha do Araguaia e depois foi nomeado interventor de Serra Pelada pelo ex-presidente da República general João Batista Figueiredo, em 1980. A cidade tem um padrão arquitetônico típico da região Norte, com casinhas de madeira em cores fortes e infraestrutura precária. A população é composta majoritariamente por ex-garimpeiros e muitos deles exibem incrustações de ouro nos dentes.

Os garimpeiros foram organizados em cooperativas em Serra Pelada e cada cooperado ganhou o direito sobre uma parcela do ouro que viesse a ser resgatado dos rejeitos. A permanência dos garimpeiros na região se deve à expectativa de que alguma empresa consiga retirar o ouro remanescente e que parte do lucro seja distribuído aos cooperados. Por isso, os títulos de sócios das cooperativas são vendidos no mercado negro. O sonho da reativação do garimpo persistia em 2015, quando visitei Serra Pelada a caminho de Marabá. No lugar da montanha, restava um grande buraco cheio de água e, em torno dele, barracos miseráveis de madeira onde moravam antigos garimpeiros.

Sebastião Curió e o pai de Wenderson Chamon, João Chamon Neto, se enfrentaram nas urnas em 2000 e 2004 como candidatos a prefeito de Curionópolis. O primeiro pelo PMDB e o segundo pelo PSDB. Curió venceu as duas disputas, e foi cassado pelo Tribunal Superior Eleitoral seis meses antes de concluir seu segundo mandato, depois de ter sido denunciado por Chamon Neto por compra de voto.

Chamonzinho tinha 25 anos quando se elegeu vereador pela primeira vez em Curionópolis, em 2000, pelo PSDB. Quatro anos depois foi reeleito para a Câmara Municipal, e em 2008, já pelo PMDB, tornou-se prefeito. Na declaração de bens que entregou à Justiça Eleitoral naquele ano, informou possuir uma casa no valor de 300 mil reais e um carro de 85 mil. Ao se reeleger prefeito em 2012, continuava com patrimônio acanhado: uma casa no valor de 400 mil reais e três automóveis, no valor de 235 mil reais, adquiridos com financiamento, segundo frisou na declaração entregue ao TSE.

Em 2010, o então Ministério das Comunicações era comandado pelo PMDB. A pasta foi chefiada até abril pelo ex-senador Hélio Costa (que deixou o cargo para concorrer ao governo de Minas Gerais) e na sequência por José Arthur Filardi, homem de confiança de Costa. Naquele ano, o ministério aprovou seis canais de retransmissão de TV solicitados pelo prefeito de Curionópolis: era o primeiro passo para o nascimento do Grupo Correio.

Quatro canais foram liberados para a empresa Radiodifusão Carajás — os de Parauapebas, Marabá, Curionópolis e Canaã dos Carajás — e dois para a empresa Rede Cristalino de Comunicação: São Félix do Xingu e Redenção. O então prefeito de Curionópolis não figurou como proprietário de nenhuma delas. A primeira empresa foi registrada em nome da mãe dele, Ângela Chamon (que é divorciada), e a segunda, em nome da mulher, Mariana Azevedo. Ela não carrega o sobrenome do marido, mas é conhecida como Mariana Chamon.

A TV Correio de Marabá entrou no ar em dezembro de 2014. Em agosto do ano seguinte foi inaugurada a emissora de Parauapebas (canal 40). Em 2016, foi a vez da emissora de Canaã dos Carajás (canal 8). A inauguração dos canais de Curionópolis e São Félix do Xingu era aguardada para 2017.

O surgimento da rede Correio é associado na região ao movimento separatista pela criação do estado de Carajás. A separação foi rejeitada no plebiscito ocorrido em 2011, mas a ideia continuou viva e tem entre seus defensores João Chamon Neto, que se elegeu deputado estadual, pelo PMDB, em 2014. O deputado foi entrevistado durante quase uma hora na TV Correio de Marabá, em janeiro de 2017, e fez uma enfática defesa do novo estado, que teria 39 municípios.


TV É MANDATO SEM URNA

O empresário de Marabá Demetrius Fernandes Oliveira, de 59 anos, ex-suplente do senador Mário Couto, do PSDB, foi o primeiro a perder a bandeira (afiliação) do SBT para o Grupo Correio, em dezembro de 2014. Proprietário do canal 7, ele retransmitiu o sinal do SBT em Marabá por sete anos.

Demetrius foi um influente industrial do polo siderúrgico de Marabá. Como acionista da Usina Siderúrgica de Marabá

(Usimar), passou muitos anos sob o ataque dos ambientalistas, que o acusavam, e às demais siderúrgicas da região, de produzir carvão com madeira retirada ilegalmente da floresta amazônica. Segundo ele, um dos motivos que o levaram a comprar o canal de TV em 2004 foi a tentativa de blindar a imagem de sua indústria, o que não conseguiu. A usina fechou em 2008. O empresário comparou a outorga de televisão a um mandato político. "É um mandato diferenciado, porque não passa pelas urnas. Com uma emissora local você se torna uma miniautoridade, digamos assim." Entrevistei Demetrius em um restaurante em Marabá e ele foi ao meu encontro acompanhado da mulher. Bem-humorado, riu de suas próprias adversidades e falou com surpreendente franqueza sobre a gestão da TV. Depois de passar pela política e pela mídia, concluiu que a força dos dois campos é similar, com alguma vantagem para a última. Ele me disse que o maior coronel eletrônico do Brasil é a Globo, pelo poder de massificar opiniões.

Ele manteve o canal de TV em nome do antigo proprietário, o radialista José Adão, dono de várias retransmissoras no Pará, e resumiu numa palavra o motivo de não ter feito a transferência da outorga: "Desleixo". Irônico, Demetrius disse que não via problemas em ter uma televisão em nome de terceiros: "É mais perigoso ter um carro em nome de outro. Televisão só dá uns processinhos bestas, sem relevância". Disse que repassou a outorga do canal a um pastor evangélico após perder a afiliação do SBT, mas que as instalações e os equipamentos da TV ainda lhe pertenciam. O canal 7 se afiliou à Record News.

Marabá é uma praça menos concorrida para a televisão do que Parauapebas. Em 2015, havia na cidade treze canais de retransmissão de TV autorizados a funcionar pela Anatel, mas seis deles nunca estiveram no ar, até então. Segundo Demetrius, o valor de venda de uma retransmissora de TV em Marabá era de cerca de 1 milhão de reais, naquela época. Os profissionais de imprensa, no entanto, enfrentavam uma realidade de mercado cruel. "Os jornalistas são uns pobres coitados", afirmou o empresário, referindo-se aos salários praticados.

Cheguei a Parauapebas a dois meses da inauguração da retransmissora local da TV Correio. A economia da cidade estava aquecida, em razão da implantação do projeto de minério de ferro da Vale, o S11D, na vizinha Canaã. Com uma população de mais de 200 mil habitantes, Parauapebas é um polo de prestação de serviços e boa parte dos técnicos de empresas terceirizadas da Vale optam por morar lá, em razão dos shoppings, cinemas, hospitais, restaurantes e escolas.

Antes de conhecer Parauapebas, minha curiosidade pelo lugar se devia à fama de ser um celeiro de hackers especializados em golpes contra o sistema bancário. Como repórter da *Folha de S.Paulo*, fiz reportagens sobre prisões de hackers baseados naquela cidade que agiam inclusive fora do Brasil. Mas, quando se chega lá, o que chama a atenção é o grande portão que separa a cidade do universo da Vale. Guardado por seguranças, ele fica no final de uma avenida movimentada. De um lado, o caos urbano e, do outro, a Floresta de Carajás, por cuja preservação a mineradora é responsável. Os empregados da Vale moram em uma vila residencial no meio da floresta, com clubes, igrejas, escolas de alto padrão, casas confortáveis e ar puro. Há um parque na floresta aberto à visitação, onde se pode observar espécies da mata nativa, animais em cativeiro e adquirir artesanato oferecido pelos índios Xikrin.

Parauapebas contava em junho de 2015 com quatro retransmissoras de TV com produção de conteúdo local: as afiliadas Band, Record, Rede Brasil e TV Missão, da Igreja Assembleia de Deus. A TV Liberal (afiliada Globo) apenas reproduzia a programação gerada em Belém, e o SBT estava fora do ar em razão da substituição da afiliada local. Em março daquele ano, a Amazônia TV, canal 4, perdeu a bandeira do SBT para a TV Correio, canal 40, o que afetou duramente suas finanças, e filiou-se temporariamente a uma emissora de menor audiência, a Rede Brasil, de São Paulo. Doze dos quinze funcionários foram demitidos. Tempos depois, a empresa se filiou à RedeTV! e se recompôs financeiramente.

No auge da crise, entrevistei o acionista e diretor comercial da empresa, Genésio Silva Filho. Conversamos no restaurante do hotel em que eu me hospedava e, naquele momento, ele não via perspectiva de melhora no horizonte. A emissora tinha como acionista majoritária a ex-deputada federal (2007-11) e ex-prefeita (1998-2004) Bel Mesquita, do PMDB, que estava sem mandato. Ela havia concorrido a vice-prefeita em 2012, sem sucesso.

A licença do canal 4 pertencia, oficialmente, ao ex-prefeito de Marabá, Nagib Mutran Neto, igualmente do PMDB, acionista majoritário da empresa Rede de Comunicação Regional (RCR). A empresa detém várias outorgas no sudeste do Pará e repassou o canal de Parauapebas a um terceiro que o revendeu à jornalista Mariana Pacheco e à ex-deputada Bel Mesquita. Eu tinha presenciado situação semelhante com outras emissoras de Mutran em Conceição do Araguaia e em Xinguara.

Genésio começou a entrevista afirmando que televisão no interior da Amazônia só é viável como negócio se estiver vinculada à política ou a igrejas. Nossa conversa girou sobre a importância do veículo para os políticos.

— O senhor não é político nem pastor. Por que entrou nessa atividade?

— Nós éramos um grupo político. Uma das sócias da TV é a Bel Mesquita.

— Sua empresa se viabilizava porque uma sócia era política?

— Sim.

— Em que medida a emissora de TV é útil ao político?

— TV é importante para impor respeito aos adversários. Eles pensam: não vou bater nele, porque ele também pode me bater.

— A Bel Mesquita tinha a emissora para impor respeito e não ser atacada pelos adversários?

— Basicamente é isso. Mas ela nunca precisou usar a TV para atacar nem para se defender.

— Você acha que a empresa perdeu o contrato com o SBT por que a sócia não é mais política?

— Com certeza. O atual prefeito de Curionópolis está comprando um império de comunicação. Muitos se perguntam sobre a origem dos recursos, mas ninguém bate com ele de frente. Quem vai enfrentar o império?

A TV Correio entrou na competição em Parauapebas em evidente vantagem sobre os concorrentes já instalados, em termos de estrutura (instalações, carros e equipamentos novos), recursos financeiros e pessoal. Passou a investir em reportagens especiais que exigiam tempo e recursos, como a cobertura da festa na aldeia Xikrin que marca o ritual de passagem do adolescente para a fase adulta. A aldeia fica a mais de cinco horas de viagem de Parauapebas, mas a equipe de reportagem viajou em avião particular, segundo a emissora, cedido por um fazendeiro da região. Sem isso, a cobertura seria difícil, porque o acesso à aldeia é por estrada de terra e a equipe passou o dia inteiro com os índios.

A conotação política da TV Correio ficou explícita no programa *Conte Comigo*, apresentado aos sábados pela mulher de Wenderson Chamon, a jornalista Mariana Chamon. A TV comprou e equipou um ônibus para atendimento médico, exames oftalmológicos e equipamento para ultrassonografia. Durante o primeiro semestre de 2016, o ônibus, decorado com imagens da apresentadora e com a logomarca do programa, duas mãos entrelaçadas formando um coração, percorreu os bairros pobres da periferia da cidade, oferecendo atendimento médico e cabeleireiro gratuitos.

A emissora anunciava previamente o roteiro do ônibus e os moradores formavam longas filas à espera do serviço. Uma equipe de repórter e cinegrafista colhia depoimentos da população de enaltecimento à apresentadora que eram exibidos. "Este programa tem de continuar. É melhor do que a prefeitura. O que a prefeitura não fez por mim, a Mariana Chamon fez. Um beijo no coração dela", declarou uma moradora, identificada como Edna Cristina. "Ela está ajudando as pessoas desempregadas, inclusive eu, que ia gastar 1600 reais com exame de vista e óculos, e fui atendida de graça", afirmou outra senhora, identificada como Francisca Barbosa. "Esta gente mostra que quando recebe atenção e carinho sabe devolver tudo em dobro", comentou a apresentadora em resposta aos agradecimentos.

A TV Correio informou ter distribuído 3 mil óculos à população em 2016. Por causa da promoção, chegou a ser noticiado na cidade que Mariana Chamon concorreria a vice-prefeita na chapa do ex-petista Darci Lermen, que aderiu ao PMDB meses antes do início da campanha eleitoral. Mas a notícia não se confirmou. Uma doença na família a levou a suspender o programa durante o segundo semestre daquele ano. Lermen venceu a eleição, apoiado por Chamon e por Jader Barbalho, e o *Conte Comigo* voltou ao ar em março do ano seguinte.

A audiência das emissoras locais de Parauapebas não é aferida pelo Ibope, que monitora as grandes redes de televisão. Porém, a RBA (da família do senador peemedebista Jader Barbalho), afiliada à Bandeirantes, alegava deter mais de 50% da audiência na cidade em 2017. O grupo é proprietário do canal 30, cuja administração estava a cargo do jornalista e empresário Rodolfo Ramos.

Rodolfo nasceu no Paraná e chegou a Parauapebas no final dos anos 1990. O município tinha se tornado independente de Marabá havia pouco mais de dez anos, o que significa que ele praticamente acompanhou a construção da cidade. Segundo ele, Parauapebas copiou o estilo de vida das grandes cidades e a imprensa local reflete esse perfil. A RBA tem um noticiário, chamado *Barra Pesada*, que de pesado não tem nada. Segundo o diretor, o nome foi mantido por ser marca registrada da afiliada Bandeirantes no Pará.

Os telejornais locais têm uma linguagem sóbria. O noticiário policial é comedido, sem imagens chocantes, e o destaque é dado para os assuntos de interesse comunitário, como iluminação urbana, pavimentação das ruas, desemprego, qualidade do sistema público de saúde e custo de vida. "O anunciante não quer associar sua marca à violência ou à baixaria, e isso acaba direcionando o perfil do jornalismo", afirmou Rodolfo. Essa tese foi confirmada pela demissão do apresentador Rodrigo Cardoso, do *Cidade Urgente*, da RedeTV!, em fevereiro de 2017. Conhecido por não ter papas na língua, ele atendeu uma ligação ao vivo de uma telespectadora, segundo a qual funcionários de escolas municipais estariam sendo demitidos para dar lugar a apadrinhados de vereadores recém-eleitos.

— Gente que votou em vereador e foi desempregada — disse ela.

— Bem feito. Quem mandou ser burro e trocar voto por promessa de emprego? Quem trocou voto por emprego e por tijolo tem mais é que se lascar mesmo. Quer que eu fale o quê? Que o vereador é vagabundo? Que ele é vagabundo eu sei, agora, que tu é burro eu não sabia. Bem feito. Tô nem aí.

Os vereadores não gostaram do que viram e o apresentador perdeu o posto no mesmo dia.

## A VALE NA BERLINDA

Um tema onipresente no noticiário das emissoras de Parauapebas é a queixa sobre a relação da Vale com a cidade. A mídia retrata o sentimento local de que a mineradora leva a riqueza para fora do país e que os royalties recebidos não compensam os danos ambientais e sociais causados pela exploração do subsolo. "A Vale não é vista com bons olhos por aqui. A imagem dela é de uma empresa que só tira e que deveria nos dar mais em troca", disse o diretor da afiliada RBA, Rodolfo Ramos.

Em 2011, o então presidente da mineradora Roger Agnelli queixou-se do prefeito de Parauapebas à presidente Dilma Rousseff. O prefeito era Darci Lermen, na época filiado ao Partidos dos Trabalhadores, que cobrava da empresa um pagamento adicional de 800 milhões de reais em royalties. Segundo a revista *Época*, Agnelli afirmou na carta que a disputa por royalties estava inserida "em um contexto político" e que havia "investigações criminais em andamento" sobre a prefeitura. O episódio causou a demissão do executivo, mas o prefeito de Parauapebas foi apoiado localmente.

Segundo Rodolfo Ramos, a imprensa de Parauapebas não investigou a acusação de Agnelli nem deu repercussão às denúncias. Lermen mudou-se para o PMDB em 2016 e elegeu-se novamente prefeito com apoio tanto da RBA, de Jader Barbalho, quanto da TV Correio. O apresentador do principal jornal da TV Correio, Laércio de Castro, tornou-se secretário de Comunicação de Lermen.

Tal como Canaã dos Carajás, Parauapebas tem uma relação de amor e ódio com a mineradora. "A Vale é muito criticada por fazer explosões próximo das áreas urbanas, o que causa rachaduras nas casas. Sempre que isso acontece, a imprensa cai matando", afirmou Rodolfo. Ele disse que a Vale não anuncia na mídia local nem dá entrevistas aos jornalistas, o que agrava a situação.

A desvalorização do minério de ferro no mercado internacional reduziu o valor dos royalties pagos a prefeituras, e teve um efeito cascata sobre a economia de Parauapebas. O término das obras de implantação da nova mina de ferro em Canaã agravou a crise. Segundo a imprensa local, havia cerca de 40 mil desempregados no município em 2016. As vendas do comércio caíram e os preços de venda e de aluguel de imóveis foram reduzidos à metade.

Em outubro de 2016, a Rede Record inaugurou uma retransmissora em Parauapebas: a TV Vera Cruz, canal 17. Até então, o sinal da geradora era transmitido na cidade pelo canal 2, pertencente ao jornalista e publicitário Walmor Costa, de Marabá. O canal foi licenciado em nome da Rede de Televisão Paraense (RTP), do conhecido radialista José Adão, que possui mais dez retransmissoras no estado. A negociação dos canais por contratos particulares é um procedimento banal na Amazônia, apesar de proibido pela legislação.

Walmor retransmitiu a Record em Parauapebas por doze anos. Por causa do cancelamento do contrato de afiliação, o canal 2 estava fora do ar quando o entrevistei, por telefone, em março de 2017. Ele me disse que iria se afiliar a outra geradora para não perder o canal. Na ocasião, trabalhava como chefe de gabinete do recém-eleito prefeito de Marabá, Sebastião Miranda, do PTB.

Para marcar sua inauguração, a TV Vera Cruz fez uma série sobre os problemas sociais e ambientais associados ao modelo de exploração mineral da Vale. Foram quatro reportagens produzidas por Adriano Baracho, apelidado pela emissora de "Garoto Pebas". Funcionário da Record em Belém, ele foi transferido para Parauapebas. A série se intitulava "Será que VALE a pena?". A empresa não deu entrevista em nenhuma das reportagens, e limitou-se a divulgar notas com explicações formais.

A primeira matéria da série mostrou casas com rachaduras nas paredes provocadas pelo uso de explosivos durante a construção do ramal ferroviário feito para interligar a estação de Parauapebas à nova mina de Canaã dos Carajás. Uma mulher foi entrevistada com o rosto parcialmente coberto, sugerindo que temia sofrer retaliações, e mostrou sua casa reduzida a escombros. Moradores também reclamaram da poluição sonora na passagem dos trens.

No dia seguinte, foram mostradas famílias que moravam em barracos de tábuas sob a linha de alta tensão que leva energia elétrica à mineradora. Segundo a reportagem, 550 famílias viviam ali naquela situação. Um homem, identificado como Luiz Gonzaga, disse ter participado da invasão do terreno por falta de alternativa de moradia, e que o prefeito eleito teria prometido retirar o linhão e manter os moradores no local. Depois de mostrar os problemas dos bairros pobres, o repórter foi para a frente do portão de acesso às instalações da Vale e comparou a situação dos moradores da periferia à dos funcionários da mineradora: "Lá dentro há um mundo completamente diferente. São dois extremos que chamam a atenção", disse ele.

Em outro momento da série, a emissora mostrou cenas do rompimento da barragem de Mariana, em Minas Gerais, e cobrou transparência nas informações sobre a segurança das barragens e diques no Pará. Um representante local da OAB e o presidente da Associação de Moradores Nascidos em Parauapebas (Amonpa), Manoel Lima, foram ouvidos. A série terminou com uma indagação: "Será que vale a pena tudo isto? Só o futuro dirá". A Vale, mais uma vez, só emitiu uma nota formal.

# Tchaca tchaca na butchaca

Tucumã é um dos muitos municípios do sul do Pará que nasceram de projetos de povoamento da Amazônia estimulados pelo regime militar. Começou como uma agrovila, em 1981. Os colonos, que chegavam em busca de terras, viviam isolados e sem informações do resto do país. Para romper o isolamento, criaram o Conselho de Desenvolvimento Comunitário de Tucumã, o Codetuc, e pleitearam uma licença de retransmissão de TV para captar o sinal da Globo.

Em 1988, o então ministro Antonio Carlos Magalhães autorizou a primeira retransmissora para a localidade: a TV Carajás, canal 12. A licença foi emitida em nome do Codetuc, mas, na prática, tornou-se uma emissora particular do vereador Anivaldo Julião Lima, membro do Diretório Nacional do Partido Verde. Ele é conhecido pelos eleitores como Anivaldo Savanas. A segunda retransmissora, a TV Tucumã, canal 6, foi autorizada pelo ex-ministro Sérgio Motta, em 1996, para uma empresa local chamada MM Stúdio. Ela começou como afiliada da Rede Bandeirantes e depois migrou para o SBT.

As duas TVs tiveram períodos de produção de conteúdo e outros em que só retransmitiram a programação que recebiam das geradoras com a inserção de anúncios comerciais. Essa inconstância é corriqueira entre as pequenas emissoras da Amazônia Legal. Muitas delas "hibernam" por longos períodos em razão de dificuldades financeiras ou pela falta de um profissional que assuma o comando do negócio e que tenha interesse pela comunicação.

Com 40 mil habitantes, Tucumã não tem muitos eventos policiais dignos de nota. No primeiro trimestre de 2017, ocorreram dois assassinatos. As vítimas foram forasteiros compradores de ouro, que negociavam nos garimpos da região. Esse cenário ajuda a entender a reportagem exibida pela TV Tucumã em agosto de 2016, sobre um conflito entre uma prostituta e o cliente que se recusou a pagar os vinte reais combinados pelo programa, ou pelo "sapeca iaiá", como os apresentadores de programas policiais costumam se referir ao ato sexual.

O cliente era Donizete, um mototaxista de aproximadamente cinquenta anos, bastante conhecido na cidade. A mulher, identificada como Maria Aparecida, de cerca de quarenta anos, oferecia seus serviços aos passantes na "rua do amor", e já havia atendido Donizete outras vezes, por módicos dez reais por programa. Daquela vez, ele não quis pagar alegando que o serviço não foi prestado.

Era domingo, e Marcos Moura, repórter e apresentador do programa *Revista Regional*, na TV Tucumã, soube da ocorrência. Como não podia dispensar a pauta, correu para a delegacia. O vídeo teve mais de 300 mil visualizações na internet e foi a reportagem de maior repercussão da carreira do jornalista, até aquele momento. A entrevista foi tumultuada, com trocas de ofensas entre os entrevistados. A mulher chegou a morder a mão do repórter. A gravação foi feita na Delegacia Regional do Alto Xingu. Moura começou a entrevista pelo mototaxista:

— Como é seu nome?

— Donizete.

— Qual é a sua versão?

— Já fiquei duas vez com ela, não vou mentir.

A mulher interveio:

— Ele sempre me dava dez reais. Quando foi pra pagar os vinte reais, ele já não me pagou mais.

Donizete continuou a falar.

— Eu ia embora pra minha casa e ela me chamou: "Vambora fazer um negócio aí?".

— Um tchaca tchaca na butchaca? — perguntou o repórter.

— É, esse negócio aí. Eu já tava indo pra casa mesmo. Eu disse: "Tenho vinte contos, se você quiser...". Fomo de moto pra minha casa, de boa. Chegando lá, ela tava bêba, não consegui entrar de acordo, tá entendendo?

A mulher reage:

— Quem aguenta uma coisa dessa, um bicho veio seco desse aí? Queria me estrupá...

Ele prossegue sua fala:

— Aí eu disse: "Muié, vamo embora, o negócio não vai rolar aí, não". A situação não tava boa.

— O senhor pensava que a coisa ia ser diferente, não é? — perguntou Moura.

— Que ia ser diferente. Não gostei do clima que ela tava. Fiquei pro riba dela um cadinho, mas não gostei, não.

— Do que o senhor não gostou?

— Ela não entrou no clima do tchan, tchan, tchan. Eu falei: "Não vou dar nada pra você porque não aconteceu nada". Ela conformou. Eu saí, peguei a moto. Ela voltou para pegar o saco de moedas dela dentro da casa e, como demorou, eu pensei que estava me roubando. Fui lá e não tinha um centavo no bolso da minha calça.

O repórter voltou-se para a câmera para explicar os fatos, e o casal continuou a discussão. Ela chorou e Moura tentou acalmá-la dizendo que os investigadores veriam quem estava certo.

— Eu estou certa, moço. Eu ia passando, ia levar ele pra minha casa, ele me levou pra casa dele, não me pagou e ainda me roubou.

— Qual seu nome?

— Maria Aparecida.

— Calma, não precisa ficar estressada. Você está na delegacia, não está na rua, não está sozinha, está protegida. Esta situação não está fácil. Até eu estou cansado.

E deu o assunto por encerrado.

Tucumã é produtora de cacau e de gado, e muitos vaqueiros circulam por lá à procura de emprego. É fácil identificá-los pelo figurino: camisa xadrez, calça jeans, botas e chapéus inspirados nos caubóis norte-americanos. Assim estava Luiz Carlos, um jovem negro e forte, de apelido Bronzeado, em outubro de 2016, quando os policiais o reconheceram como o homem que acabara de furtar objetos em uma loja de produtos agropecuários. Ele foi filmado pelas câmeras do estabelecimento trocando suas botas velhas por novas e saiu com um chapéu na cabeça, um par de botinas e um jogo de facas para churrasco em uma sacola. O vaqueiro vinha de Sapucaia, também no sul do Pará, a cerca de 214 quilômetros de Tucumã, em busca de trabalho.

Na Delegacia Regional do Alto Xingu, foi entrevistado por Marcos Moura. A câmera percorreu o corpo do vaqueiro, passando pelo cinto com uma grande fivela prateada, outro item indispensável do caubói, e os pés descalços, já que as botas tinham sido recolocadas na embalagem. Sem saber que tinha sido filmado apanhando os objetos, Bronzeado alegou que perdera a carteira de identidade e que certamente o ladrão tinha usado o documento dele.

— Na identidade tem foto, né? Muitas vez alguém acha e faz umas coisas, né?

— As câmeras de segurança registraram você pegando as coisas.

— Pois é, uai. Eu não devo isso aí. De coração!

— O senhor tirou a bota velha, calçou a nova e saiu andando com ela, de boa.

— Eu cheguei aqui onti de tarde e estou nessa correria por um serviço.

— Bronzeado, sua situação complicou. Botina, bota, chapéu... Você nega que pegou?

— Não peguei, não. Tudo isso foi do meu suor.

(O repórter mostra a faca e o amolador.)

— Isso você levava na cintura?

— Não. Como é que eu ia carregar isso na cintura?

— O senhor comprou?

— Comprei, uai, na loja em Xinguara [outro município da região], e levei dentro de uma sacola.

— Xinguara? Mas a loja é aqui em Tucumã!

— Mas eu comprei lá.

— Infelizmente, sua situação não é muito boa.

— Não, gente! Vocês podiam me ajudar, porque eu não devo! O que é isso? Então deixa [a mercadoria] aí! Deixa pra lá! Eu tenho minha coragem, minha saúde, graças a Deus!

— O senhor toma uma cachacinha?

— No serviço, não.

— Usa outra coisa?

— Só a branquinha e o fumo Maratá [fumo desfiado para confecção de cigarro].

— Já tinha passagem pela polícia?

— Primeira vez.

— O senhor não pensou antes de fazer isso?

— Estou passando isso [ser preso] sem eu dever. Eu não tô devendo. Então, não levo nada e pronto. Já arrumei serviço. Compro minhas coisinhas de novo e deixa isso pra lá!

— Tudo bem.

Bronzeado foi solto três dias após a prisão, e deixou a cidade.


## BOLO DISPUTADO

Comparado ao bolo publicitário nacional da radiodifusão, o mercado de Tucumã equivaleria a um grão de areia na imensidão do universo: 20,6 bilhões de reais faturados pelo setor em 2012, último dado divulgado pela Associação Brasileira de Emissoras de Rádio e Televisão (Abert), contra cerca de 600 mil reais. Mesmo assim, cinco retransmissoras, afiliadas Globo, Bandeirantes, SBT, Record e TV Mundial, disputavam os anúncios na cidade.

Marcos Moura arrendou a TV Tucumã em 2016 e se desdobrava para manter no ar o programa *Revista Regional*, de uma hora e quinze minutos de duração, exibido no horário do almoço. Maranhense, de Pedreiras, tem apenas formação prática de jornalismo e disse ter se inspirado em dois apresentadores: Gil Gomes (pioneiro do *Aqui Agora*, lançado pelo SBT em 1991) e Carlos Massa, o Ratinho.

Começou a carreira aos dezesseis anos, como repórter em uma rádio pirata. A voz potente o levou ao emprego seguinte, de locutor de carro de som. Aos 26 anos, mudou-se para Palmas, onde foi contratado pela afiliada local da Central Nacional de Televisão (CNT), geradora sediada no Paraná. Ratinho, então, era a grande estrela da emissora. Nascia ali a admiração de Moura pelo polêmico apresentador e a opção pelo viés sensacionalista.

A TV Tucumã possuía uma infraestrutura ínfima — um repórter, dois cinegrafistas, um editor, um operador de áudio e um apresentador de esportes — quando conversamos, em 2017. Marcos Moura contou que acumulava as funções de pauteiro, repórter, motorista, apresentador, diretor e vendedor de anúncios. Mas estava otimista com o futuro, e defendeu a manutenção do modelo existente na Amazônia Legal. "As televisões locais, quando não são atreladas aos governantes, ajudam a fiscalizar a gestão pública. E damos visibilidade aos anseios da população. Então, eu considero que o modelo de retransmissão da Amazônia Legal é positivo."

O vereador Nivaldo Savanas, proprietário da TV Carajás, suspendeu a produção de conteúdo local em 2013 em razão da crise financeira e dos custos. Segundo ele, a produção do telejornal custaria pelo menos 10 mil reais por mês, ao passo que o bolo publicitário total de Tucumã, disputado entre as rádios e as TVs, era de pouco mais de 50 mil reais por mês. Por ser vereador, sua emissora estava impedida de assinar contratos com a prefeitura, e a administração municipal só anunciava em rádios.

Savanas é adversário político do ex-prefeito Celso Lopes Cardoso, que administrou a cidade de 2009 a 2012, período em que a TV Carajás esmerou-se em apontar as falhas da administração municipal. Estabeleceu-se uma guerra entre a prefeitura e a televisão naquele período. Em retaliação às reportagens, em agosto de 2011, a prefeitura escavou o terreno em volta da TV, a pretexto de ampliar as ruas. O prédio da emissora ficou isolado, dificultando a movimentação da equipe de reportagem.

Indaguei Savanas sobre esse episódio, mas ele não quis aprofundar o assunto. Disse que o caso era passado. Seu adversário político não o incomodava mais: foi derrotado pelo grupo de Savanas nas urnas em 2012 e novamente em 2016.

# Mais histórias

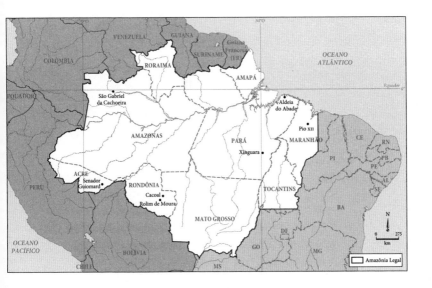

— *É com esta buchinha que eu tiro o sangue, porque não tenho tanque.*

— *A senhora quer o tanquinho para deixar a roupa de molho?*

— *Pra tirar a catinga de sangue. Igual ao que ganhei de presente da minha filha, que só ganha um salário mínimo. Ela me deu no Dia das Mães. É bom demais!*

Diálogo entre a lavadeira do hospital municipal que reclamava da falta de condições de trabalho e o repórter Nilton Almeida em programa exibido pela TV Pio XII, no Maranhão

# A TV do anistiado político

Em março de 2017, prestes a completar cem anos, Nazaire Cordovil Barbosa, ex-combatente da Marinha na Segunda Guerra Mundial, continuava à frente de uma pequena retransmissora na aldeia do Abade, município de Curuçá, no litoral paraense: a TV Fraternidade, canal 9, afiliada SBT.

A história do militar é tão fascinante quanto a existência de sua televisão. A emissora produziu programas locais por vários anos, mas, por falta de recursos financeiros, suspendeu a produção de conteúdo próprio e passou apenas a retransmitir a programação gerada pelo SBT. Filho de marinheiro, Nazaire nasceu em 1917, durante a Primeira Guerra Mundial. Era adolescente quando o pai o matriculou na Escola de Aprendizes Marinheiros, sem imaginar que a carreira levaria o filho para a guerra.

*Memórias do aprendiz de marinheiro n. 61* é o nome do livro que escreveu, aos 92 anos, para relatar fragmentos de sua história. O livro trata sobretudo de sua luta para reaver direitos perdidos durante o regime militar e das lembranças da guerra, que continuavam vivas em sua memória. "Eu não pesquisei. Eu estava lá. O meu navio parecia uma casca de noz sobre ondas de mais de vinte metros de altura. Foi assim que começamos nossa guerra. Eu estava a bordo do cruzador *Rio Grande do Sul*, e mais tarde na corveta *Caravelas*. Em plena noite de tempestade, sem poder acender luzes. Assistindo ao torpedeamento e prestando socorro a um navio do nosso comboio. Estando em meu navio sem sonar, sem radar, em uma guerra que já lançava míssil."

Durante a Segunda Guerra, coube à Marinha brasileira patrulhar o Atlântico Sul para proteger os comboios de navios mercantes contra os ataques de submarinos e navios alemães e italianos. Segundo informações da Marinha, houve 33 ataques a navios mercantes brasileiros, com um total de 982 mortos ou desaparecidos.

Nazaire era marinheiro e tinha 27 anos quando embarcou no *Rio Grande do Sul*. Três anos depois, sofreu um acidente na *Caravelas*, que o levou a ser internado no hospital da Marinha, no Rio de Janeiro. Recuperado, voltou para a linha de frente. Eis como ele descreve o acidente em seu livro: "Tive a cabeça e o corpo escoriados, meus maxilares totalmente partidos, todos os dentes quebrados, meu braço direito fora do sistema, meu ouvido esquerdo avariado e meu sangue tingindo de vermelho o convés, o elevador de munição e o canhão de 101 mm na proa da corveta. Eu, entrando em estado de coma!!!".

Depois da guerra, filiou-se ao Partido Comunista, participou do movimento pela estatização do petróleo, a campanha O Petróleo é Nosso, foi preso e passou à reserva. Encontrei a documentação daquele período no Arquivo Público do Estado do Rio de Janeiro, nos registros do Departamento de Ordem Política e Social (Dops). Na pasta de Nazaire, consta que ele foi preso em Santo Antônio de Pádua, no Rio de Janeiro, onde atuava com o codinome Lauro e trabalhava como técnico de rádio. No livro que escreveu, não há referências àquele momento.

Quando a Petrobras foi criada, ele foi empregado como técnico em manutenção, mas ficou pouco tempo na estatal. No golpe militar, em 1964, perdeu os direitos políticos e o emprego. De volta à sua Abade natal, trabalhou em vários empregos. Com o fim do regime militar, foi anistiado e readmitido na Petrobras. É o associado mais antigo do Sindicato dos Petroleiros do Pará, Amazonas, Maranhão e Amapá. Justiniano Prado de Carvalho, diretor do sindicato, destacou duas características que Nazaire mantinha mesmo na idade avançada: a persistência em seus objetivos e a preocupação com as questões sociais, que o levaram a manter uma escola para crianças carentes na sua comunidade com a ajuda das quatro filhas. Ele bancava os salários dos professores, os uniformes e o material escolar, sem ajuda do governo.

As filhas de Nazaire não souberam informar como ele conseguiu a retransmissora, e eu não pude entrevistá-lo por telefone, dada a sua audição deficiente. A portaria que autorizou a retransmissora foi assinada pelo ex-ministro Sérgio Motta, em 1997, no primeiro governo de Fernando Henrique Cardoso. Motta foi um militante da esquerda na juventude, tendo sido um dos quadros da Ação Popular, organização oriunda da Juventude Universitária Católica. Ele morreu em 1998 de insuficiência respiratória, e levou consigo a explicação para o benefício dado a Nazaire.

# O taxista que ganhou
# duas TVs no Acre

Dizem que um raio não cai duas vezes no mesmo lugar. Para a sorte, porém, não parece haver limite de coincidência. Valcy de Souza Campos é um homem de poucas palavras. E de muita "sorte". Ele foi contemplado com dois canais de retransmissão de TV em governos distintos, e para a mesma cidade: Senador Guiomard, na região metropolitana de Rio Branco, capital do Acre.

Ex-taxista, Valcy ficou nacionalmente conhecido em maio de 1997, durante o escândalo sobre a compra de votos para a aprovação da emenda constitucional que permitiu a reeleição para presidente da República, governadores e prefeitos. O nome dele apareceu por causa da divulgação de um telefonema em que o então deputado federal Ronivon Santiago, do Acre, afirmava ter recebido o canal 40, em Senador Guiomard, do então ministro das Comunicações, Sérgio Motta, em troca de seu voto pela reeleição.

O canal havia sido autorizado à empresa VN Imagem e Som, da qual Valcy e a mulher, Nilza Freitas, figuravam como proprietários. Ele era taxista e ela, manicure. Moravam em uma casa emprestada pela mãe dela e, segundo reportagens publicadas no período, foram cabos eleitorais de Ronivon na campanha para deputado federal de 1994. A emissora foi instalada em um cômodo de seis metros quadrados, onde Valcy e dois ajudantes operavam os equipamentos.

Quando o escândalo estourou, a *Folha de S.Paulo* enviou ao Acre os jornalistas Patrícia Zorzan e Xico Sá, que entrevistaram Valcy. Ele tinha vendido o táxi para pagar dívidas, e a única fonte de renda da família era o salário da mulher. Apesar dos indícios de que não possuía recursos para manter a emissora, ele sustentou que não tinha um sócio oculto. "A TV é só minha. Até pedi a ajuda de alguns políticos para poder instalá-la, mas, como em troca eles exigiam parceria no negócio, fiz tudo sozinho."

O caso caiu no esquecimento assim que o deputado Ronivon renunciou ao mandato, em maio de 1997. O ex-taxista voltou ao anonimato e por uma década e meia não se ouviu falar mais dele. Ronivon conseguiu reeleger-se para deputado federal em 2002, mas seu mandato foi cassado pelo Tribunal Regional Eleitoral do Acre, três anos depois, por compra de votos na campanha.

Valcy também perdeu o canal 40, mas esse fato sequer foi notado pela imprensa. Em abril de 2013, o portal de notícias AC 24 Horas, do Acre, divulgou que a Igreja Assembleia de Deus de Rio Branco havia comprado a emissora do empresário Edilberto Pinheiro por 1,5 milhão de reais (equivalentes a 750 mil dólares, na época), quitados com contribuições dos fiéis. Valcy já não fazia parte da sociedade quando houve a transação.

Em 2005, ele entrou com pedido de um novo canal de retransmissão para a cidade de Senador Guiomard. E, mais uma vez, surgiu um político para apadrinhar a causa: a então deputada federal Perpétua Almeida, do PCdoB. No site da Câmara Federal consta que ela enviou um requerimento ao então Ministério das Comunicações em que recomendava a aprovação do pedido. "A geração de emprego, além da oferta de serviços de cidadania na referida cidade, combinada com atividades de lazer e entretenimento justificam a necessidade de um canal retransmissor que atenda a demanda", foram os argumentos da parlamentar.

O processo foi aprovado em junho de 2010 pelo então ministro José Artur Filardi, do grupo político do ex-senador Hélio Costa (PMDB), de Minas Gerais. Valcy obteve a outorga do canal 25 em nome da empresa Rede Quinari de Comunicações, da qual detinha 99% das cotas. O 1% restante estava em nome de sua mulher.

Entrevistei-o duas vezes, por telefone, em 2015. Mas ele me deu curtas explicações sobre os dois canais:

— O senhor vendeu o canal 40?

— Tive problemas e passei adiante.

— Problemas financeiros?

— Mais ou menos isso. A gente passou para uma pessoa aí. Fiz uma besteira e graças a Deus consegui outra TV, que vai ser a minha aposentadoria.

— Saiu na internet que o canal 40 foi revendido a uma igreja por um milhão e meio de reais.

— Tem essa fofoca.

— O senhor vendeu por menos?

— Não quero comentar. Eu estava com problema e passei a TV adiante pra resolver.

— Para quem o senhor vendeu o canal 40?

— Faz tanto tempo que eu não me lembro.

— O senhor era taxista. Por que decidiu montar uma TV?

— Porque eu gosto. Fico feliz quando alguém assiste à minha TV.

— Como o senhor conseguiu o segundo canal? Foi com ajuda de algum político?

— Eu não desisto fácil das coisas. Sou brasileiro. Tenho o mesmo direito de ter uma TV que um gari ou o presidente da

República. Eu montei um projeto e corri atrás. Demorou quase dez anos para eu conseguir o segundo canal.

— O senhor foi a Brasília para isso?

— O processo de retransmissora é técnico. Padrinho político funciona, mas também funciona a força da gente. Telefono, mando e-mail e memorando.

— Quanto vale uma retransmissora de TV em Senador Guiomard?

— A minha não tem preço. Vai ficar para os meus filhos e netos.

A crise econômica ceifou milhares de empregos de jornalistas a partir de 2014, e o Acre não escapou do turbilhão. Gerson Rondon, um dos mais conhecidos repórteres de televisão do estado, foi vítima do "passaralho" (termo usado por jornalistas como sinônimo de demissão coletiva) em 2015, quando tinha 25 anos de experiência e passagem pelas afiliadas locais de todas as grandes emissoras. Ficou desempregado aos 51 anos, e já pensava em deixar o estado quando um colega lhe sugeriu comprar uma participação na emissora de Valcy e produzir um telejornal independente. Até então, ele não sabia da existência da TV Quinari.

Rondon e um cinegrafista, que também estava desempregado, compraram 10% do capital e começaram a produzir o *Rede Brasil Notícias* e a viver uma aventura diária. Senador Guiomard está a 24 quilômetros de Rio Branco e recebe a programação de todas as emissoras da capital pelo sinal aberto, com boa qualidade. Isso significa que a TV Quinari enfrenta a concorrência das redes maiores, que disputam os anunciantes.

O telejornal entrou no ar em 2016 e chegou ao final do primeiro ano sem dar lucro. Os dois jornalistas viviam numa corrida entre as duas cidades. Como a emissora não tinha estúdio em Senador Guiomard, o telejornal era editado e gravado na capital, na véspera de ir ao ar. No final do dia, um dos dois era encarregado de levar o DVD com a gravação até a emissora. O jornal entrava no ar às 6h30, com três reprises ao longo do dia. A tenacidade de Rondon foi o que mais me chamou a atenção quando o entrevistei. "Não tenho nem o direito de ficar doente, porque se eu me ausentar não há quem apresente o telejornal", disse ele. Perguntei-lhe como se posicionava em relação ao histórico de Valcy e se haveria algum sócio político oculto na emissora. "Ele me garantiu que não, e eu confiei na palavra dele", respondeu.

# Perdidos na Amazônia

O agricultor Valdevino Ribeiro da Silva deixou a cidade de Tangará da Serra, em Mato Grosso, junto com a mulher e o filho pré-adolescente para tentar um futuro melhor em Rondônia. Tinha acertado um emprego em Chupinguaia e, por isso, mandou a mudança por caminhão e seguiu de ônibus com a família.

Mas a Amazônia é uma vastidão desconhecida até para os que nasceram lá. O trabalhador humilde errou a localização de Chupinguaia e onze dias depois de sair de Tangará da Serra desembarcou em Rolim de Moura. Tinha percorrido 750 quilômetros e trocado de ônibus várias vezes. Perdeu o rumo e passou do destino almejado. O dinheiro que levou de casa se esgotou ao longo da viagem. Sem um real no bolso, a família foi acolhida em uma casa de apoio para dependentes químicos.

A desventura do agricultor foi mostrada na edição de 17 de janeiro de 2017 do telejornal *Balanço Geral*, exibido pela afiliada local da Record de Rolim de Moura, a SIC TV (Sistema Imagem de Comunicação), canal 18. O apresentador Almir Satis se sensibilizou com o drama da família e fez uma campanha para recolher dinheiro para que pudessem finalmente chegar ao destino. "Nós

329

num sabia onde era Chupinguaia", relatou Valdevino, ao lado do filho e da mulher cabisbaixos. Não foi o primeiro errante entrevistado por Satis em Rolim de Moura. Segundo o repórter, esta é uma pauta recorrente no seu noticiário. Ele chegou a registrar o reencontro de parentes que não se viam havia cinquenta anos. Eram migrantes e tinham se desgarrado uns dos outros na Amazônia.

Satis também viera de longe, do Ceará, e chegou ainda menino a Rondônia. Trabalhou no campo até os 24 anos. Graduou-se em marketing, mas sua paixão sempre foi o jornalismo. De tipo franzino, que o fazia parecer ter bem menos do que seus 41 anos, tinha que "se virar nos trinta" para pôr o jornal no ar. Sua equipe de reportagem era ele e uma repórter, além de um cinegrafista e do pessoal da edição. O telejornal exibia em média seis matérias por dia, mas parte do material era fornecido por emissoras do grupo localizadas em municípios vizinhos.

A Rede Record é representada em Rondônia pela SIC TV, do ex-deputado estadual Everton Leoni. Gaúcho de Porto Alegre, ele começou sua trajetória como repórter de rádio, no Rio Grande do Sul. Chegou a Rondônia no começo dos anos 1980 e tornou-se o maior empresário de radiodifusão do estado. Ao final de três mandatos na Assembleia Legislativa, foi denunciado à Justiça com outros dezenove ex-deputados por desvio de recursos públicos. Em 2016, Leoni foi condenado, em primeira instância, a dez anos e seis meses de prisão, e recorreu da sentença em liberdade. O caso teve repercussão nacional, mas não abalou seu prestígio empresarial. Em 2017, o grupo possuía vinte retransmissoras afiliadas à Record com a marca SIC TV, e quatro afiliadas à Record News.

A base da economia de Rolim de Moura é a criação de gado e a agricultura. Portanto, tudo o que afeta o desempenho no campo tem espaço na pauta das televisões locais. O inverno amazônico vai de dezembro a abril. O clima continua quente, mas a temperatura é um pouco mais amena do que a do verão, por serem meses chuvosos. Em Rondônia, as tempestades de inverno são acompanhadas de muitos raios. Como se sabe, as vacas são atraídas pelas árvores, sob cujos galhos costumam se proteger da chuva e do sol, e estas atraem os raios.

O resultado dessa combinação foi a morte em série de 44 vacas, bezerros e bois, todos atingidos por descargas elétricas num intervalo de apenas dez dias, noticiada no *Balanço Geral* ao longo de março de 2017. Os incidentes foram tema de duas reportagens veiculadas pela emissora. No primeiro lote, morreram 38 cabeças de gado em uma fazenda em Alto Paraíso. No segundo morreram mais seis, numa fazenda em Novo Horizonte do Oeste. O proprietário filmou os animais estendidos sob a árvore partida ao meio pelo raio e enviou as imagens para a emissora.

Outro tema recorrente são os conflitos agrários: invasões de fazendas por trabalhadores e as desocupações a mando da Justiça para reintegração de posse. Como um repórter que trabalhava na roça ao lado do pai para ajudar no sustento da família cobre esses eventos? Terá um olhar diferenciado? Será mais solidário aos trabalhadores do que o repórter de origem urbana? Em busca de resposta para essas perguntas, me detive em uma reportagem de Almir Satis sobre conflito agrário.

Em novembro de 2016, ele foi enviado pela SIC TV à Fazenda Santa Elina, no município vizinho de Corumbiara, para fazer uma reportagem sobre o assassinato do vaqueiro José Alves da Silva por supostos integrantes da Liga dos Camponeses Pobres, dissidência do Movimento dos Trabalhadores Rurais Sem Terra (MST). Segundo a reportagem, dez homens mascarados e armados renderam cinco funcionários da fazenda, que foram despidos e torturados. O vaqueiro foi baleado e esfaqueado no abdômen. Os agressores fugiram depois de queimar as roupas das vítimas.

Um mês antes do crime, a Polícia Militar havia retirado da fazenda 150 integrantes da Liga dos Camponeses Pobres que ocuparam uma faixa da propriedade por oito meses. Quando Almir e o cinegrafista chegaram ao local, só encontraram as cinzas onde as roupas foram queimadas. Ali mesmo o repórter gravou a versão dada pela polícia, e relembrou que a fazenda havia sido palco do maior conflito agrário registrado até então no estado, o Massacre de Corumbiara, ocorrido em agosto de 1995, que deixou dez mortos, entre eles uma criança e dois policiais. Eis como o repórter descreveu a agressão aos empregados e a morte do vaqueiro:

— Criminosos intitulados trabalhadores da Liga dos Camponeses Pobres voltam a causar terrorismo na fazenda Santa Elina e matam um vaqueiro com requintes de crueldade. Os marginais começaram a espancar as vítimas violentamente, usando facão e pedaços de madeira. A tortura durou cerca de meia hora, e só acabou quando os criminosos atiraram quatro vezes contra o vaqueiro. Um dos agressores desferiu um golpe de faca na barriga do vaqueiro, deixando as vísceras expostas. Depois o bando falou que pertencia à Liga dos Camponeses Pobres e prometeu retornar para destruir toda a fazenda. O bando também reclamou da ação da polícia na reintegração de posse ocorrida em 18 de outubro, e deixou claro que iria se vingar.

A TV mostrou imagens desfocadas do corpo do vaqueiro estendido no chão, cedidas pelo site Comando 190, que só trata de assuntos policiais e é alimentado com fotos e vídeos fornecidos pelas delegacias policiais dos principais municípios da região. A reportagem de Almir Satis sobre o assassinato do vaqueiro e a agressão aos empregados foi ilustrada com imagens aéreas, filmadas do helicóptero da polícia, da expulsão das 150 pessoas da fazenda no mês anterior. O vídeo mostrou os policiais com escudos e cães que avançavam em bloco, como um pelotão, e o recuo dos ocupantes encapuzados, que formavam outro pelotão.

Perguntei a Almir Satis por que usou os termos "terrorismo", "bando" e "marginais". "Eu os chamei de criminosos porque torturaram os empregados e assassinaram um vaqueiro. E são bando porque agiram em grupo. Para mim, não há outra forma de definir o que fizeram", afirmou. Indaguei-lhe, então, se o fato de ter sido trabalhador rural não influenciava seu olhar sobre os conflitos agrários. Sua resposta mostrou que tinha uma posição sensível e elaborada sobre o assunto.

— Esse é um tema que mexe com meus sentimentos. Saber que o trabalhador só quer um alqueire de terra para sustentar sua família, enquanto há grandes fazendeiros que ocupam irregularmente áreas da União. Invasão de propriedade é ilegal, mas é preciso ver o contexto que existe por trás. Houve muita falcatrua na forma como os fazendeiros se apropriaram de terras e, infelizmente, o poder protege os grandes. Mas esta é uma opinião pessoal. Procuro fazer as reportagens da forma mais imparcial possível.

Em 2017, Rolim de Moura era a sexta cidade em população do estado de Rondônia, com 56 mil habitantes. Além da SIC TV, outras duas retransmissoras exibem programação local: a Rede-TV! Rondônia (canal 6) e a TV Allamanda (canal 8). A primeira pertence ao Grupo Sistema Gurgacz de Comunicação (SGC), do senador pedetista e ex-prefeito de Ji-Paraná, Acir Gurgacz. A TV Allamanda pertence às filhas de Rômulo Villar Furtado, o homem que comandou o então Ministério das Comunicações, como secretário-executivo, por dezesseis anos. Villar Furtado foi o segundo na hierarquia de poder do ministério nos governos dos generais Ernesto Geisel e João Baptista Figueiredo e do primeiro presidente civil após a ditadura, José Sarney. Ele autorizou duas concessões de televisão (TV Cacoal, canal 9, e Porto Velho, canal 13) e 23 retransmissoras de televisão em Rondônia para empresas em nome de sua então mulher, a deputada federal Rita Furtado (falecida em 2011), e das filhas.

Em 1995, como repórter da *Folha de S.Paulo*, eu o interpelei sobre esse assunto e ele respondeu à minha pergunta com uma provocação: "Não há ilegalidade alguma no fato de eu possuir emissoras. E, se é só isso que meus adversários têm contra mim, depois de dezesseis anos como secretário executivo do Minicom, estão me dando um atestado de bons antecedentes".

# Na minha TV mando eu!

"Aqui a gente brinca de fazer televisão", resumiu o bem-humorado Júlio César Pitombo, proprietário da afiliada do SBT em Xinguara, no sul do Pará. O empresário admitiu cobrar pagamento dos políticos para entrevistá-los fora do período eleitoral. "Eu não bajulo ninguém. O político que quiser aparecer vai ter que gastar algum. Ele vai ter que pagar alguma coisa pra sair, se não, eu não faço."

Ele não é exceção. Em vários estados da Amazônia Legal, é praxe o político pagar para ser entrevistado pelas retransmissoras quando quer se promover. Com uma equipe pequena, de cinco funcionários, o empresário afirmou que sua sobrevivência não dependia da TV e que o faturamento que obtinha com a venda de anúncios e de espaços no noticiário mal cobria as despesas. "É um pequeno negócio, mas se fechá-lo vou deixar cinco pessoas na mão", acrescentou Pitombo, referindo-se aos empregados.

A afiliada SBT de Xinguara estava a cargo do Sistema Marajoara de Comunicação, empresa de Pitombo, mas o registro na Anatel era em nome da RCR, do vereador e ex-prefeito de Marabá Nagib Mutran. O vereador possuía oito canais de retransmissão de TV no sul e sudeste do Pará em nome da RCR espalhados pelas cidades de Altamira, Conceição do Araguaia, Itupiranga, Jacundá, Parauapebas, São João do Araguaia e Marabá. Mutran vendeu seis canais (só ficou com os de Marabá) a compradores diferentes, o que tornou a regularização muito complexa.

Estive em Xinguara em 2015. A cidade, cortada pela rodovia BR-155, contava então com 42 mil habitantes. Entrevistei Júlio César Pitombo no hall do hotel Bravos, na entrada da cidade, e em seguida visitamos as instalações da TV. A pequena emissora funcionava em uma casa de quintal caprichado, plantado com pitangueiras e coqueiros, e jardim florido na entrada. As antenas parabólicas que captam a programação do satélite foram colocadas no quintal, entre as árvores frutíferas. No estúdio de gravação do telejornal, uma grande foto de Pitombo ao lado de Silvio Santos indicava que ele tinha contato com o fundador do SBT. Deparei-me com fotos como aquela em várias outras retransmissoras de TV no interior da Amazônia, o que evidenciava uma estratégia de Silvio Santos de prestigiar os pequenos parceiros.

Há duas categorias de afiliados do SBT na região: os que respondem diretamente ao Grupo Silvio Santos em São Paulo e os que estão ligados comercialmente à afiliada SBT da capital do estado. Os que se entendem diretamente com a sede paulista têm algumas vantagens, como a participação na receita da venda de anúncios veiculados na rede nacional.

A economia de Xinguara é baseada no agronegócio, sobretudo criação de gado de corte e plantio de soja. A prefeitura possui dois canais de retransmissão de TV, mas não os utilizava quando passei por lá. Um dos canais do município estava cedido à Igreja Adventista do Sétimo Dia, para retransmissão da TV Novo Tempo.

Pitombo cuidava da produção de leite da fazenda quando soube da oferta de um canal de televisão em Xinguara, e decidiu diversificar seus negócios. Construiu o prédio para abrigar os equipamentos e o estúdio e colocou a emissora para funcionar, embora não tivesse até então nenhuma experiência no ramo.

A emissora contava com apenas cinco funcionários quando estive lá. Dois eram repórteres e um deles apresentava o telejornal *Fala Cidade*. Pitombo ocupou a função por seis anos, mas uma cirurgia no pescoço prejudicou sua voz. "Mas, se falta um funcionário, eu edito e filmo", afirmou-me. A maioria das reportagens exibidas pela TV em 2016 e no ano seguinte foi feita pela repórter Vânia Cardoso. Os temas predominantes diziam respeito ao cotidiano da cidade: buracos nas ruas, esgoto a céu aberto, roubos de motos, informações da administração municipal e outras notícias amenas.

Xinguara frequentou o noticiário nacional por muitos anos em razão de conflitos agrários e das ações do governo federal para combate ao trabalho análogo ao escravo. Eu própria estive no município, em 2004, para fazer uma reportagem sobre o assunto. Chamou-me atenção a ausência do tema no noticiário da TV. A presidente do Sindicato dos Trabalhadores Rurais de Xinguara, Rosenilza Batista Souza, explicou-me que o trabalho escravo havia diminuído muito em razão das incursões da Polícia Federal nas fazendas e das punições aplicadas aos proprietários pelo Ministério do Trabalho. Os fazendeiros e os empreiteiros de mão de obra passaram a registrar os empregados e a cumprir as exigências trabalhistas. "Não digo que o problema tenha sido 100% eliminado, mas foi muito reduzido, sem dúvida", disse ela.

Pitombo quase fechou sua televisão no início de 2015. Estava estressado e precisou investir na modernização dos equipamentos para preservar a empresa e sua equipe. Na ocasião em que o entrevistei, a emissora tinha uma folha salarial de 10 mil reais por mês, que correspondiam a pouco mais de doze salários mínimos em valores da época. Mesmo assim, era um custo alto para o pequeno orçamento da TV.

Como não havia outra emissora com programação local, o concorrente do SBT de Xinguara eram as antenas parabólicas que captam os canais das outras redes de televisão diretamente do satélite. Pitombo disse que a sobrevivência de sua TV era garantida pela programação local: "As famílias possuem a parabólica, mas mantêm uma televisão com antena comum na cozinha para captar minha TV", afirmou. Rosenilza Batista Souza disse ser telespectadora assídua do *Fala Cidade*. "Saber o que acontece na comunidade é importante para nós", afirmou.

Questionei o empresário sobre o futuro de sua televisão e sobre a fragilidade jurídica das retransmissoras, uma vez que, legalmente, o ministério pode cancelar as outorgas, ao contrário do que ocorre com as concessões das geradoras. "Se o governo decidir cancelar as outorgas, todos vamos brigar pelo direito adquirido. A grande maioria das televisões da Amazônia é de político. Então, com certeza, o que eles conseguirem para eles, nós vamos conseguir também."

O empresário mostrou-se orgulhoso de sua independência política. Disse que cobrava de trezentos a quinhentos reais para entrevistar políticos interessados em divulgar suas ideias e projetos, fora do período eleitoral.

— E se o político quiser espaço para atacar o adversário? — perguntei.

— Não aceito. No passado, fiz uma reportagem sobre uma obra inacabada da prefeitura. O secretário municipal ameaçou cancelar o contrato de publicidade de 5 mil reais por mês. Fizemos a matéria e ficamos um ano sem verba da prefeitura. Nunca me intimidei. Na prefeitura manda o prefeito. Na minha TV mando eu!

— Você vislumbra possibilidade de crescimento para sua emissora?

— Não, porque o comércio local não tem renda.

# Uma TV na Cabeça do Cachorro

No interior do Amazonas não há retransmissoras de TV de empresários ou políticos locais que funcionem como unidades de negócio independentes. Todas as outorgas de retransmissão pertencem às redes geradoras. O fenômeno é atribuído ao isolamento dos municípios e ao vazio demográfico. O único caso que encontrei foi a TV Quirino, canal 10, de São Gabriel da Cachoeira, região isolada na fronteira do Brasil com a Colômbia e a Venezuela, conhecida como Cabeça do Cachorro. O mapa geográfico do município lembra o formato da cabeça do animal.

A pequena retransmissora pertence a um político: o ex-prefeito Raimundo Quirino Calixto, que ocupou o cargo em dois mandatos — 1986 a 1988 e 2001 a 2004. Calixto disse que sempre foi político e que a emissora não influenciou seu desempenho nas urnas. De fato, ele não se reelegeu em 2004 e foi novamente derrotado na eleição para prefeito em 2008, quando concorreu pelo PRP.

Calixto conseguiu o canal em 1988, por portaria do então ministro das Comunicações, Antonio Carlos Magalhães. A TV estava em franco declínio em 2015, e já não produzia mais programação local quando o entrevistei, por telefone. No início, a TV retransmitia o SBT e tinha noticiário próprio. Mas o contrato com o grupo paulista não foi renovado, e Calixto passou a retransmitir o sinal da RedeTV!. Por fim, passou a veicular a programação da Rede Vida, da Igreja católica, na qual incluía os anúncios locais.

O ex-prefeito ganhava a vida como comerciante de produtos eletrônicos e não dependia financeiramente da emissora. Mas ela possuía valor econômico. Na campanha eleitoral de 2008, Calixto informou ao TSE que a TV valia 90 mil reais.

O vereador Jerônimo Almeida Ferreira, do PTB, testemunhou que o ex-prefeito é uma exceção à regra de que políticos usam meios de comunicação para atacar adversários e se promover. Para o vereador, a emissora se enfraqueceu por causa da proliferação das antenas parabólicas. Como não existem outros canais na cidade, a população não se sentia estimulada a colocar uma segunda antena para captar o sinal local. Ele próprio confessou que não assistia à programação da TV Quirino havia vários anos.

# Entre os Batalha e os Veloso

O repórter Nilton Carlos Almeida entrou no hospital municipal de Pio XII, no interior do Maranhão, e filmou com seu celular as péssimas condições do prédio: mofo nas paredes e no teto, móveis enferrujados e poltronas rasgadas. Até o filtro de água estava quebrado. Ele foi até a lavanderia e entrevistou Meire Dalva da Silva, uma humilde funcionária da prefeitura que só tinha uma pedra de sabão e um tanque de alvenaria esburacado para remover o sangue grudado nos lençóis.

A reportagem foi exibida no dia 27 de maio de 2015 pela TV Pio XII, canal 11. A funcionária implorava por um tanquinho elétrico — a versão mais rudimentar das máquinas de lavar roupas —, como o que ganhara de presente da filha no Dia das Mães. Ela estava sem uniforme ou qualquer equipamento de proteção, e carregava uma bacia com lençóis molhados quando foi entrevistada pelo jornalista.

— O que está acontecendo? — perguntou o repórter.

— Não tenho o tanque que eu pedi faz tempo. Tenho só minhas mãos [para lavar as roupas].

— O que está faltando?

(Ela mostra o tanque de alvenaria com azulejos quebrados e a bucha de material plástico com o pedaço de sabão.)

— As bactérias ficam tudo aqui pegando em mim e é com esta buchinha que eu tiro o sangue, porque não tenho tanque.

— A senhora é lavadeira concursada?

— Concursada desde 1997. Tem dezoito anos que trabalho aqui.

— A senhora quer o tanquinho para deixar a roupa de molho?

— Pra tirar a catinga de sangue. Igual ao que ganhei de presente da minha filha, que só ganha um salário mínimo. Ela me deu no Dia das Mães. É bom demais! Custou quatrocentos reais. Agora parece que custa quinhentos reais.

A lavadeira apontou o teto com marcas de infiltração e prosseguiu em sua queixa:

— Olha a goteira no forro. Ele amolece e cai nas nossas cabeças.

— Falta alguma coisa mais na lavanderia?

— Sabão. O sabão aqui é só uma merrequinha.

— Eles te entregam só uma barra de sabão?

— Só um pacotinho.

— Esse é para hoje? — pergunta o repórter, apontando um pequeno pedaço de sabão.

— Esse foi de ontem. O meu está guardado para amanhã.

— O sabão é regrado?

— É regrado. Temos de economizar tudo.

A TV Pio XII foi inaugurada em janeiro de 2015 e fechada seis meses depois pelo então prefeito, Paulo Veloso, do PRB, por falta de alvará de funcionamento, que cabia à própria prefeitura emitir. O prefeito enviou o procurador do município à emissora para lacrar os equipamentos. A interdição foi filmada e exibida ao vivo pela TV. Uma lei sancionada pelo mesmo prefeito tinha informatizado a emissão de alvará, mas o sistema da prefeitura não registrava os processos. "Por que o município não cumpre a lei?", gritou o repórter Nilton Carlos diante do procurador impassível. Ao ver que estava sendo filmado, o procurador tentou impedir a gravação.

— Estou exercendo meu poder de polícia — disse o procurador.

— E eu, o meu poder de jornalista — respondeu ao fundo o cinegrafista.

Moradores protestaram em frente à TV, enquanto os jornalistas eram levados para a rua por policiais. O prefeito poderia ter resolvido o problema com a emissão da licença, mas preferiu calar o incômodo. A emissora permaneceu lacrada até o final da gestão de Veloso.

Pio XII seria apenas mais um município pequeno e pobre do Maranhão não fosse por um detalhe: desde o final dos anos 1980 não tinha surgido nenhuma força política capaz de romper a alternância de poder entre as famílias Batalha e Veloso. Por coincidência, os patriarcas das duas famílias tinham o mesmo nome, Raimundo. Para diferenciar-se, o líder dos Batalha ficou conhecido como Mundiquinho. Mas os dois se nivelaram na força política. Cada um deles foi prefeito da cidade por três mandatos.

A partir de 2012, a disputa pelo poder entre as famílias transferiu-se para a segunda geração, com a eleição de Paulo Roberto Veloso, filho de Raimundo. Em 2016 os dois clãs voltaram a se enfrentar nas urnas, e Carlos Batalha, sobrinho de Mundiquinho, foi eleito.

O que chamou a atenção no pleito de 2016 foi Batalha ter sido eleito pelo PCdoB. Ele e outros 39 prefeitos do Maranhão. A explicação para a maré esquerdista no interior do estado naquela eleição é simples: tratava-se do partido do então governador Flávio Dino, o qual mobilizou a máquina do estado para conquistar prefeituras.

Pio XII fica a 270 quilômetros de São Luís. Segundo o IBGE, a população do município era de 21 mil habitantes em 2016 — mil a menos do que apontado no censo demográfico de 2010. Um indicador de sua pobreza era a alta taxa de analfabetismo: 31% da população com idade acima de quinze anos não sabiam ler nem escrever, o que ajudava a explicar o quadro político local.

A prefeitura possui uma retransmissora de televisão — TV Lagos, canal 4, afiliada à Rede Difusora (SBT) — que aparece e desaparece de acordo com o rodízio das duas famílias. Quando os Batalha estão no poder, ela fica desativada. Quando assumem os Veloso, a emissora ressurge. Em julho de 2015, na gestão de Paulo Veloso, ela renasceu para defender a gestão do prefeito.

A TV Lagos foi entregue ao irmão de Paulo Veloso, o músico Denis Veloso, e tinha uma estrutura mínima: um repórter, um cinegrafista e um técnico para operar a chamada "mesa de corte", ou seja, o equipamento que interrompe o sinal emitido pela difusora de São Luís para entrada dos comerciais e do jornal local. O telejornal era apresentado pelo assessor de imprensa da prefeitura.

Em 2015, surgiu um elemento inesperado no cenário político local: a TV Pio XII, canal 11. O jornalista Nilton Carlos Almeida (mais próximo aos Batalha) dirigia a rádio comunitária da cidade quando a Rede Meio Norte (grupo de televisão piauiense) lhe falou da brecha legal que permitia o funcionamento de canais de TV sem a outorga da Anatel em pequenas cidades.

Ele se referia à portaria assinada em novembro de 2012 pelo ex-ministro das Comunicações Paulo Bernardo que criou a "política pública de garantia de acesso da população à programação da TV aberta". Essa portaria determinou que cada município deve ter pelo menos três canais de televisão. Desde então, os fiscais da Anatel deixaram de lacrar emissoras onde não houvesse pelo menos três canais legalizados. A cidade de Pio XII só possuía dois: o da prefeitura e um canal educativo do governo federal que estava desativado. Assim, o campo estava livre para a implantação da nova emissora.

A TV Pio XII foi constituída em nome de Jorge Castro, auditor fiscal da Secretaria de Fazenda do Estado do Maranhão. Ele deu entrada ao pedido do canal na Anatel e com o processo em tramitação inaugurou a emissora. A fiscalização da Anatel foi chamada pelo grupo político do prefeito, mas os fiscais checaram as especificações técnicas do retransmissor e liberaram o funcionamento.

De janeiro a julho de 2015, a TV Pio XII exibiu o telejornal *A Voz do Povo* e expôs as mazelas da administração de Paulo Veloso: ruas esburacadas e sem iluminação pública, falta de merenda escolar, péssimas condições do hospital municipal, entre outras. O jornal era apresentado por Jota Luís, um jornalista experiente que havia exercido a função em outros municípios da região, como Olho d'Água das Cunhãs, Vitorino Freire e Zé Doca. Uma de suas reportagens na TV Pio XII foi sobre a circulação de animais na BR-316, que passa pela cidade. Ele apresentou a matéria montado em um jegue, numa margem da perigosa rodovia.

Depois que a emissora foi lacrada, Jota Luís deixou a cidade em busca de emprego. Eu o localizei um ano e meio depois, em janeiro de 2017, em São Mateus do Maranhão, onde trabalhava como repórter e apresentador do *Agora São Mateus* na TV Amazonas, outra afiliada da Rede Meio Norte.

Sem a TV Pio XII em seus calcanhares, a TV Lagos entrou no ar em julho de 2015. Conversei por telefone com Denis Veloso, então diretor da emissora. Na ocasião, o clã dos Veloso enxergava o proprietário da TV adversária, Jorge Castro, como um candidato potencial a prefeito em 2016. "É um filho da terra que ficou rico na capital e está voltando para ser político. Mas, para se estabelecer na política, é preciso ter raiz. E aqui já tem duas raízes", disse Denis, referindo-se aos Batalha e aos Veloso. A previsão de que Castro sairia candidato não se confirmou.

Com o fechamento da TV Pio XII, o canal 4 da prefeitura ficou livre para alardear a gestão municipal. A construção da praça e a iluminação da BR-336 dentro da área urbana foram noticiadas com destaque no primeiro trimestre de 2016, bem como as demais obras realizadas pela prefeitura. Era ano eleitoral e Paulo Veloso concorreria à reeleição pelo PSDB, mas um incêndio acidental tirou a emissora do ar em abril e a cidade passou o resto do ano sem programação local na TV.

Com a posse do novo prefeito, Carlos Batalha, recomeçaram os trâmites para a volta da TV Pio XII. A prefeitura expediu, finalmente, o alvará e a emissora passou a retransmitir a TV Meio Norte, inicialmente sem programação local. Em abril de 2017, quando entrevistei Nilton Carlos, o retorno do telejornal *A Voz do Povo* estava em preparação.

# "Maria do Barro", a repórter de Cacoal

"Não tenho nada para responder, meu anjo. Deixa para outro dia. Não me leve a mal", respondeu Robson Sabino da Silva ao ser abordado pela repórter Ana Maria Hack, da TV Allamanda, afiliada SBT, na saída do fórum de Cacoal, em Rondônia. De camiseta listrada e jeans, ele parecia tão calmo que se podia imaginar que estava envolvido em algum processo judicial de menor importância. Mas não.

O jovem foi condenado a 25 anos de cadeia por um dos crimes mais brutais da história da cidade. Matou com 46 facadas a professora do pré-escolar Nadir Barbosa de Souza, sua ex-namorada, 22 anos mais velha do que ele. O crime aconteceu diante dos alunos, que, apavorados, se aglomeraram em um canto da sala. Depois de constatar que a ex-namorada estava morta, ele passou a faca no próprio pescoço e deitou-se ao lado da vítima.

O juiz lembrou em sua sentença que um rio de sangue inundou o chão da sala de aula, sobre o qual algumas crianças menores dormiam, e definiu o assassino como uma pessoa incapaz de lidar com a frustração e que se tornava agressivo quando rejeitado.

O crime foi reconstituído em detalhes e exibido em uma

série de reportagens de Ana Maria Hack, uma moça de feições delicadas que começou a trabalhar em televisão aos treze anos, em um programa infantil. Aos dezoito, ganhou uma vaga na afiliada Record de Cacoal para cobrir os problemas da periferia da cidade: buracos nas ruas, falta de iluminação, acúmulo de lixo etc. Ela punha os pés na lama de salto alto e figurino caprichado e rapidamente chamou a atenção do público. Os colegas a apelidaram, carinhosamente, de Maria do Barro, numa referência à personagem da novela televisiva mexicana *Maria do Bairro*, reproduzida pelo SBT.

Quando fez a série sobre o assassinato da professora, Hack tinha 24 anos, mas já era uma profissional de TV experiente. O crime foi destaque por quatro dias no telejornal da TV Allamanda, o *Comando Policial*, e culminou com a cobertura do julgamento. A história foi contada em capítulos — funcionários da emissora fizeram o papel de atores e representaram a cena do assassinato.

Os pais da vítima e um médico psiquiatra foram ouvidos, além do próprio Robson Sabino, que foi entrevistado por ela na Casa de Custódia de Rolim de Moura, onde ele aguardava o julgamento havia dois anos. Ele teve de ser retirado de Cacoal para não ser linchado pela população revoltada.

Com a mesma calma que exibiria dias depois no julgamento, Robson Sabino da Silva disse à repórter que procurou a ex-namorada sem a intenção de matá-la — apesar de levar uma faca escondida sob a roupa — e que não sabia explicar se matara por ciúmes ou por impulso. "Estou tipo assim muito arrependido, mas arrependimento não faz as coisas voltarem atrás. [...] É melhor eu morrer do que estar vivo. Se eu morrer amanhã é lucro", afirmou.

Conversei com a repórter por telefone, em abril de 2017, curiosa para saber mais detalhes de sua vida profissional e da cobertura jornalística do assassinato da professora. Ela me disse que teve um arrepio de pavor quando o assassino a tratou por "meu anjo" na saída do fórum, embora se considerasse habituada com a violência.

As coisas aconteceram muito rápido na vida de "Maria do Barro". Filha de um pedreiro e de uma dona de casa que vendia cachorro-quente para ajudar no sustento da família, ela se destacou como repórter sem ter tido nenhuma qualificação formal como jornalista. Como começou a trabalhar na adolescência, não teve tempo para fazer faculdade, pelo menos até o momento em que a entrevistei.

Hack casou-se aos 21 anos com um agente penitenciário e foi mãe no ano seguinte. Passou então a se dar conta de que sua vida girava em torno da violência. Suas reportagens ganhavam mais repercussão à medida que se aprofundava na investigação de crimes, e ela se tornou, segundo sua própria definição, uma repórter investigativa sem tempo para qualquer outra coisa que não fossem os assuntos policiais.

Acostumou-se a dormir maquiada e vestida para o trabalho nos fins de semana e feriados em que estivesse de plantão. A qualquer hora da noite que o telefone tocasse, com aviso de um novo crime ou de acidente na perigosa BR-364, que corta a cidade, estava pronta para chegar ao local antes dos concorrentes.

Ela foi premiada pelo Ministério Público de Rondônia em 2015 por uma reportagem sobre a criminalidade entre menores em Cacoal. No mesmo ano, a TV Allamanda a premiou por outra reportagem, sobre o crime de pistolagem no município Ministro Andreazza, vizinho de Cacoal. Paradoxalmente, essa reportagem a levou a questionar sua relação com a violência e a deixar o jornalismo policial em janeiro de 2017.

Mário Andreazza foi um dos mais conhecidos ministros civis do regime militar, tendo chefiado a pasta dos Transportes nos

governos dos generais Costa e Silva (1967-9) e Emilio Garras-
tazu Médici (1969-74) e do Interior no governo do general João
Baptista Figueiredo (1979-85). É também o nome de um pequeno
município de Rondônia, localizado a dez quilômetros de Cacoal
e a 452 quilômetros de Porto Velho, a capital do estado.

Em 2015, uma série de assassinatos em Ministro Andreazza
despertou a atenção do diretor da TV Allamanda, Valdeci Lopes, que enviou uma equipe de reportagem ao local. A jornalista
Ana Maria Hack foi escolhida para a tarefa, e o produto final da
apuração foi exibido no telejornal *Comando Policial* no dia 25
de outubro. À primeira vista, o telejornal chama a atenção pela
viatura policial que decora o estúdio. O carro foi adquirido em
um ferro-velho e reformado. A decoração deixa evidente a prioridade do conteúdo do telejornal.

A repórter começou a série fornecendo um pequeno perfil
da cidade: cerca de 10 mil habitantes, 70% dos quais residentes
na zona rural. Treze homicídios e oito tentativas de assassinato
tinham sido registrados em Ministro Andreazza desde 2014. O
delegado Frankie de Souza foi um dos entrevistados e reconheceu
a dificuldade para elucidação dos crimes e identificação do mandante. "Os crimes aconteceram à luz do dia, e diversas pessoas
testemunharam, mas temem depor na delegacia pela gravidade.
Quem garante que elas também não serão vítimas?", indagou o
delegado.

A equipe da TV registrou as ruas vazias após o anoitecer e
o receio dos moradores em emitir qualquer comentário sobre
a violência. O agricultor Manoel Oliveira foi um dos poucos a
falar abertamente sobre o receio da população em abrir a boca.
"Nem que a gente saiba uma coisinha, oh!!", disse o agricultor
fazendo o gesto do dedo no gatilho. "Falou alguma coisa, oh,
bala!!!", concluiu o homem.

Segundo a reportagem, circulava na cidade uma lista com cerca de vinte nomes de pessoas "graúdas" que estariam "juradas de morte". O presidente da Câmara Municipal negou que houvesse a tal lista, enquanto o então prefeito, Neuri Carlos Persch, do PTB, admitiu a fragilidade da segurança e clamou por reforço policial. Ministro Andreazza contava com apenas treze policiais.

A reportagem se revelou premonitória. Em janeiro de 2017, quatro dias depois de ter deixado o cargo de prefeito, Neuri Perch foi executado com sete tiros na porta da casa da mãe. O crime foi praticado por dois pistoleiros em uma moto.

Depois da morte do ex-prefeito, a repórter pediu demissão. "As vidas do meu marido e do meu filho de dois anos e meio estavam em risco. Eu morava a sete quilômetros da emissora, na área rural. Saía de casa às seis horas da manhã e retornava à noite. Vivia com medo", disse ela. Ana Hack mudou-se com a família para Porto Velho e foi contratada como repórter pela TV Novo Tempo, da Igreja Adventista do Sétimo Dia, da qual é integrante.

Uma reportagem exibida em novembro de 2012 pela TV Meridional, afiliada Bandeirantes em Cacoal, mostra a força da cultura rural. Um jovem de chapéu de palha amola sua foice no meio do matagal que invadira o Parque dos Lagos, principal ponto de lazer local. Em seguida, ele golpeia o mato com gestos precisos, evidenciando familiaridade com aquele tipo de trabalho, e em poucos minutos abre uma clareira no parque.

O jovem é o repórter Diego Figueiredo Maia, que tirou o mato para demonstrar que o trabalho era fácil e que não havia motivos para a prefeitura deixar o parque abandonado. Durante a capina, ele encontrou uma cobra e mostrou o animal vivo para a câmera durante o telejornal *Cacoal Alerta*. A reportagem teve como fundo musical a música sertaneja "Meu sítio, meu paraíso", de Zé do Rancho, tão apreciada por aquelas bandas:

*Quanto mais o tempo passa, mais aumenta a vontade*
*De deixar esta cidade e voltar pro interior*
*No lugar da fumaceira, esta vida agitada*
*Vou andar pela invernada e sentir cheiro de flor.*

Depois de limpar parte do terreno, Diego entrevistou um morador que passava pelo local sobre a importância do parque: "Temos ciúmes disso aqui tanto quanto temos ciúmes da esposa da gente", disse o homem, que afirmou ser motorista de ambulância. O esforço do repórter surtiu efeito, e três dias depois a prefeitura mandou uma equipe concluir o trabalho. Quando o entrevistei, em 2017, ele trabalhava na TV Allamanda e foi apontado pelo diretor como o principal repórter da emissora.

## O PEDÁGIO DOS CINTA-LARGA

No dia 25 de abril de 2017, cerca de 3 mil índios ocuparam a Esplanada dos Ministérios, em Brasília, para protestar contra a Proposta de Emenda Constitucional que transferia do Executivo para o Legislativo a decisão sobre a demarcação de terras indígenas. No dia seguinte ao protesto, os principais jornais exibiram na primeira página fotos de índios com flechas apontadas para o Congresso Nacional.

Entre as etnias presentes estavam os Cinta-Larga, que enviaram cerca de oitenta representantes à capital federal. Os índios saíram da região de Vilhena, em Rondônia, em dois ônibus fretados. A SIC TV de Cacoal, afiliada Record, noticiou no *Balanço Geral* como os índios arrecadaram dinheiro para custear a viagem.

Uma semana antes do protesto em Brasília, cerca de cinquenta Cinta-Larga ocuparam um trecho da rodovia federal BR-174, próximo a Vilhena. Com arco e flecha em punho, eles paravam os carros e cobravam pedágio dos motoristas, com a justificativa de que iriam a Brasília manifestar sua insatisfação política com o governo. O episódio foi narrado pelo repórter Aroldo Tavares.

O telejornal é retransmitido simultaneamente para os municípios vizinhos Pimenta Bueno, Ministro Andreazza e Espigão do Oeste. O apresentador, Jorge Pavão, entrou para o jornalismo aos 35 anos, relativamente tarde quando comparado aos demais jornalistas da região, que começam adolescentes. E já estreou como apresentador na afiliada da rede CNT. Antes de se tornar jornalista, foi bancário e formou-se em marketing.

Ele imprimiu sua marca no *Balanço Geral* com a "dancinha do Pavão", quando rodopia pelo estúdio ao som do jingle do programa. Produzido por uma equipe de seis pessoas — dois repórteres, dois cinegrafistas, editor e produtor —, o telejornal mescla o noticiário local com reportagens fornecidas pelas demais afiliadas Record no estado. Para cada assunto abordado, Pavão tem um comentário ou uma opinião a emitir.

No final de abril de 2017, o jornal exibiu uma reportagem produzida pela SIC TV de Porto Velho sobre a decisão do comitê de direitos humanos do estado de inspecionar presídios, asilos e unidades de recuperação de menores para apurar a ocorrência de tortura. Pavão comentou: "Em asilo, eu concordo [...] mas nos presídios não precisava, não". Na sequência, tentou corrigir, mas a emenda saiu pior: "A lei é para ser cumprida. Violência não é tolerável. E vai gerar emprego. Esta é a parte boa da coisa", disse ele. A matéria informava que seriam contratados profissionais para auxiliar nas inspeções.

Há que se reconhecer que não é fácil encarar uma travessia diária de noventa minutos diante das câmeras sem escorregões. Para conquistar a audiência, o apresentador precisa não só informar, mas também entreter os telespectadores, e com frequência se expõe ao ridículo. O antecessor de Pavão, Rodney Soares, anunciou que imitaria o artista que o público escolhesse, e a maioria votou por Ney Matogrosso. Ele cumpriu a promessa e, fantasiado, rebolou ao som de "Homem com H". Pavão, por sua vez, conquistou a criançada ao repetir no estúdio a dança que um sobrinho fazia em casa.

# Epílogo
# Risco de extinção

Tal como a floresta e os animais que habitam a Amazônia, as pequenas televisões retratadas neste livro correm risco de extinção. A implantação da TV digital pode representar o fim para retransmissoras situadas nos locais mais remotos e sem dinheiro para migrar seus sistemas para a nova tecnologia.

O desligamento do sinal analógico começou em 2016 e seria completado nas capitais e principais cidades no final de 2018. Mas, no restante do território, no chamado Brasil profundo, o apagão foi programado para o final de 2023.

Nas vezes em que percorri a região amazônica para pesquisar a realidade das retransmissoras, ouvi prognósticos pessimistas sobre seu futuro. As mais estruturadas avaliavam que as pequenas não teriam recursos para comprar os equipamentos e fazer a migração e ainda que muitas não conseguiriam as outorgas dos canais digitais, por estarem em desacordo com a legislação.

A se confirmar o prognóstico, as histórias relatadas neste livro poderão ser os únicos registros da existência das pequenas retransmissoras que floresceram na Amazônia a partir dos anos 1990 e do tipo de jornalismo que praticaram. O Brasil perderá com este desaparecimento, porque, apesar das deformações, que são muitas, elas disseminam informação e dão voz aos que não têm a quem recorrer.

Quando iniciei minhas pesquisas, em 2014, estava preocupada em descobrir quem controlava as retransmissoras, e quantas estavam em mãos de políticos e de igrejas. À medida que mergulhei naquele universo, me dei conta de que a propriedade era fluida e mutável, e que mais importantes do que os donos das emissoras são os jornalistas que lhes dão vida e o conteúdo que produzem.

Foram quase três anos de imersão no universo daqueles profissionais, que mostram as faces de um Brasil desconhecido e da profissão fascinante que abraçamos e da qual sempre fui apaixonada defensora.

# Agradecimentos

Aos jornalistas que abriram seus corações e mostraram com entusiasmo e paixão como se faz jornalismo nos confins da Amazônia, meu respeito e admiração.

A Graciela Selaimen, coordenadora de Programas da Fundação Ford Brasil.

A Antônio Francisco Araújo, Dora Guimarães, Geraldo Francisco Araújo, Ivone Gonçalves, Natália Viana, organização Artigo 19 Brasil, Suzy Santos e a todos os que contribuíram para viabilizar esta empreitada.

Sabedora de que somos falíveis, peço antecipadamente perdão pelos eventuais erros e omissões.

A jornalista que começou este livro não é a mesma que o concluiu. A experiência modificou positivamente meu olhar sobre o exercício da profissão.

# Créditos das imagens

1-12; 14-39; 41, 42; 45, 46; 48: Acervo pessoal da autora.
13, 40, 43, 47, 49: Acervo pessoal dos fotografados.

ESTA OBRA FOI COMPOSTA PELA ABREU'S SYSTEM EM INES LIGHT
E IMPRESSA EM OFSETE PELA GRÁFICA BARTIRA SOBRE PAPEL PÓLEN SOFT DA
SUZANO PAPEL E CELULOSE PARA A EDITORA SCHWARCZ EM OUTUBRO DE 2017

A marca FSC® é a garantia de que a madeira utilizada na fabricação do papel deste livro provém de florestas que foram gerenciadas de maneira ambientalmente correta, socialmente justa e economicamente viável, além de outras fontes de origem controlada.